AF125370

Franz Xaver Andlaw-Birseck

Mein Tagebuch

Auszüge aus Aufschreibungen der Jahre 1811 bis 1861 zusammengestellt

Franz Xaver Andlaw-Birseck

Mein Tagebuch
Auszüge aus Aufschreibungen der Jahre 1811 bis 1861 zusammengestellt

ISBN/EAN: 9783744699495

Hergestellt in Europa, USA, Kanada, Australien, Japan

Cover: Foto ©ninafisch / pixelio.de

Weitere Bücher finden Sie auf **www.hansebooks.com**

Mein Tagebuch.

Auszüge

aus Aufschreibungen der Jahre 1811 bis 1861

zusammengestellt

von

Franz Freiherrn von Andlaw.

Zweiter Band.

Frankfurt am Main.
J. D. Sauerländer's Verlag.
1862.

Inhalts - Verzeichniß.

Italien während der Jahre 1860 und 1861. Oesterreich und
Preußen. Der Papst und die Kirche. Die Nationalitäten.
Amerika. Konstanz. Der Bodensee und die östliche Schweiz.
St. Gallen und die beiden Appenzell. Zürich. Das große
Schützenfest und der Gesandtenkongreß (1859). Die Herzogin von
Parma. Graf Colloredo. Maria-Einsiedeln. Die Eidgenossen-
schaft. Zwei Winter in Straßburg; Physiognomie dieser Stadt;
Dompredigten und fromme Vereine. Ableben des Markgrafen Wil-
helm und der Großherzogin Stephanie von Baden. Vor-
gänge in Oesterreich. Die drei Selbstmorde. Baden-Baden.
Louis Napoleon und die deutschen Fürsten (Juni 1860).
Die Universitäts-Secularfeier in Basel. Wohnsitz in Baden-Baden.
Bekannte. Die Saison von 1861. Attentat auf den König
von Preußen. Allgemeine Lebensansichten. Betrachtungen
über Literatur, schöne Künste u. s. w. Die neuen Zeichen der
Zeit. Schluß.

Neunter Abschnitt.

(1835 — 1838.)

In Karlsruhe wurde ich nun in das eigentliche Geschäftsleben des Ministeriums selbst eingeführt und arbeitete in demselben als vortragender Rath unter der kundigen Leitung des Freiherrn v. Blittersdorf. Er war nicht nur der fähigste, unterrichtetste und tüchtigste aller meiner Chefs, er war mir auch ein wohlwollender Freund, zu dem ich nach seinem Rücktritte in vertraulicher Beziehung und öfterem Briefwechsel stand. Dieser Staatsmann, ausgezeichnet in der Feder, noch so verwickelte Fragen leicht und klar auffassend, mit einem seltenen Scharfblick und ebenso rechtlichem Sinne, war durch acht Jahre an der Spitze der politischen Verwaltung Badens. Ein unparteiischer Geschichtschreiber kann, im Rückblicke auf die Leistungen der Minister vor und nach ihm in jenem Lande, sich nur zu Gunsten der Wirksamkeit Blittersdorf's entscheiden. Wäre seine Haltung ruhiger, weniger leidenschaftlich, seine Persönlichkeit minder schroff, für andere, besonders eitle, mittelmäßige Menschen weniger verletzend gewesen, nicht leicht hätte sich für jeden deutschen Bundesstaat ein besserer Ministerpräsident finden können. Gewandt und kenntnißreich auf dem Gebiete der Politik, war er es auch in den höheren Finanzfragen; nach allen Richtungen hin blieb seine Thätigkeit stets eine unermüdliche.

Außer einigen Besuchen in Freiburg führte mich im Sommer 1836 meine neue Bestimmung auch nach Mainz, wo ich mit dem Commissariat in Rheinschifffahrtsangelegenheiten betraut wurde — ein mir bisher ganz fremdes Feld der Wirksamkeit. Ich werde diese Episode meines Lebens in einem besonderen Bilde zusammen=fassen. Ende Oktober wurden wir von der seltsamen Kunde über=rascht, daß mitten im Frieden Louis Napoleon es versucht hatte, die Festung Straßburg einzunehmen, die Garnison durch List und Drohung zu gewinnen. Es war wohl das Vorspiel, wenn nicht eine Parodie der künftigen Kaiserwürde. Der Prätendent ver=schwand ungestraft in Amerika, während man seine Mitschuldigen, wohl ihres unsinnigen Unternehmens wegen, für unzurechnungs=fähig erklärte. Ist, wie man erzählte, wahr, daß Königin Hortense ihre Freude über dieß Mißlingen der That äußerte, weil ihr Sohn als Kaiser sich selbst wie ganz Frankreich in's Verderben bringen würde, so macht dieß ihrem, durch Mutterliebe nicht getrübten Scharfsinne alle Ehre.

Im November wurde ich beauftragt, im Namen des Groß=herzogs den von seiner Vermählung mit der Prinzessin Elisabeth von Preußen von Berlin nach Darmstadt zurückkehrenden Prinzen Karl von Hessen zu begrüßen. Eine Reihe heiterer Hof= und andere Feste, Gallatheater, Beleuchtung u. s. w. fand zu Ehren des jugendlichen Fürstenpaares statt und der kleine, aber glänzende

Hof zeigte sich dabei im freundlichsten Lichte. Die meisten deutschen Staaten, auch einige auswärtige, waren dabei durch Gesandte vertreten. Jetzt nach einer 25jährigen, durch hoffnungsvolle Kinder gesegneten, glücklichen Ehe sah man die schönen Erwartungen in vollem Maße erfüllt, welche sich damals an jene Verbindung knüpften.

Der großherzogliche Hof in Karlsruhe lebte mehr zurückgezogen; es fanden zwar von Zeit zu Zeit große Diners, Bälle und Feste statt, doch wurden leider kleinere Zirkel, welche in einem so liebenswürdigen Familienkreise wünschenswerth erschienen, immer seltener. Ein Prinz — Karl, eine Prinzessin — Marie, waren 1832 und 1834 geboren. Der Hof wie der Militärstaat war gut zusammengesetzt: v. Freistedt, v. Seldenek, v. Krieg, v. Röder und andere theils wissenschaftlich gebildete, theils treu ergebene Adjutanten und Oberoffiziere. Großhofmeister war der feingebildete, edle Freiherr v. Berkheim; dem Oberhofmarschallamte standen nach der Reihe Ehrenmänner, wie v. Gayling, v. Dubois, F. v. Röder, vor. Eine freundliche, dankbare Erinnerung werde ich aber stets dem Oberkammerherrn v. Edelsheim bewahren, dem ich von frühester Jugend an bis zu seinem 1840 erfolgten Tode in Anhänglichkeit ergeben war. Als Hofmann von einem überaus taktvollen Gefühle für das Schickliche, verband er damit einen offenen, rechtlichen Charakter. Sein Umgang war belehrend und erheiternd zugleich. Eine liebende, vortreffliche Gattin — später Obersthofmeisterin der Großherzogin Sophie — vier frisch aufblühende Kinder verschönerten sein durch Taubheit getrübtes Alter und erhielten seinen frohen Muth, seine oft witzige Laune stets aufrecht. Strenge Pflichterfüllung war ihm dabei zur zweiten Natur geworden.

Der Markgraf Wilhelm versammelte öfters Gäste, während die Prinzessin von Nassau ihre anziehenden Abendunterhaltungen

. 1*

fortsetzte. Außer einigen einheimischen Häusern waren es dann wieder die Gesandten, welche die Geselligkeit belebten — Graf Buol, die Herren v. Otterstedt, v. Schimmelpenninck, v. Moltke u. a. Einen erfreulichen Zuwachs erhielt dieß Corps durch Ad. v. Bacourt, einen der geistreichsten, liebenswürdigsten franzö=sischen Diplomaten. Auch einige englische Familien, die Kennedy, Drumond, Fortescue u. a., sowie Russen hatten sich eingefunden, und der bekannte spanische Minister Zea Bermudez brachte den Winter in Karlsruhe zu. Wenn man diesen freundlichen Mann mit den ausdrucksvollen, schönen Gesichtszügen, mit seinem einfach=wohlwollenden Benehmen sah, konnte man leicht den entscheidenden Antheil vergessen, den er, mächtig in die Geschicke Spaniens ein=greifend, an der Thronbesteigung Isabellens genommen. Nur ein seltsames Leuchten der Augen ließ hie und da errathen, daß ihm, dem Gründer eines neuen Systems, politische Leidenschaften nicht fremd geblieben waren. Zea zur Seite stand eine Gattin von kugelförmiger Gestalt, eine gutmüthige, lebhafte Spanierin, wie ihr Gemahl gerne in Gesellschaft und gerne darin gesehen.

Um diese Zeit endete der Minister v. Berstett eine nicht alltägliche Laufbahn. Körperliche Leiden, Schlaganfälle hatten ihn heimgesucht; doch stets umgaben ihn liebreiche Verwandte und treue Freunde. Er theilte mit den meisten Staatsmännern das Geschick, sich nicht in eine neue Zeit finden zu können; er war übel gelaunt, mißbilligte Alles, was ohne sein Zuthun geschehen, und begriff nicht, daß sich immer wieder die Ansichten ändern, andere Männer auftreten und Niemand unentbehrlich ist. Seine festen Grundsätze, seine unläugbaren, auch vielfach erkannten Ver=dienste, sein ehrenwerther Charakter sichern ihm ein bleibendes Andenken in der badischen Geschichte.

Ein anderer Todesfall, weit unerwarteter, erregte Aufsehen. Graf Malte Putbus, ein junger, lebensfroher, allgemein beliebter

Mann, der preußischen Gesandtschaft attachirt, hatte sich auf der
Jagd erkältet und rasch führte ihn nach einigen Wochen eine sich
schnell entwickelnde Lungenkrankheit dem frühen Grabe zu. Tief
erschüttert standen wir am Sterbebette dieses 29jährigen, einzigen
Sohnes eines alten Geschlechtes. Sein Vater, der Fürst, war
nun ohne männliche Erben, sein Oheim Moritz nicht vermählt;
somit erlosch später die Familie, und Name wie Güter derselben
gingen auf einen Sohn der Gräfin Lottum-Putbus über.

Ein neues Element brachte der Kunstsinn des Großherzogs
in das Karlsruher Leben; er beschützte nicht nur, er beschäftigte,
er ermunterte auch viele inländische Talente, und eine Reihe von
Gebäuden, Gemälden und anderen Kunstwerken geben Zeugniß
von dem regen Antheile, dem feinen Geschmacke und dem richtigen
Verständnisse, welche den vortrefflichen Fürsten in Kunstsachen
beseelten. Die glänzend restaurirten Schlösser in Karlsruhe, Baden
und Eberstein, die Trinkhalle in Baden, später die Kunsthalle in
Karlsruhe, das Karl-Friedrich-Monument und so manches andere
sind bleibende Denkmale. Er wurde in diesem edlen Streben von
tüchtigen Kräften unterstützt, — Architekt Hübsch ist vor Allen
zu nennen — und gar viele Meisterwerke gingen aus den Händen
der Hofmaler Frommel, Winterhalter, Dietz, Fohr, Kirner, v. Bayer,
Grund, Schwind, des Bildhauers Reich u. a. hervor.

Auf das Theater, besonders die Oper und ihre Ausstattung,
wurde viel verwendet, und es gedieh zusehends unter der umsichtigen, thätigen Leitung des Grafen Leiningen. Eines Abends
hörte ich im Vorbeigehen Streit an der Kasse, wo ein Fremder,
der keinen Platz mehr fand, sich nicht abweisen lassen wollte. Ich
trat hinzu und erkannte in dem Theaterfreund — Rossini, den
ich früher viel gesehen. Ich führte ihn in die Loge des Inten-
danten, und wir brachten da zu dessen Freude einen interessanten
Abend zu. Man gab Bellini's „Norma", und Rossini sprach

sich sehr lobend über die Leistungen des Orchesters wie der Singenden aus, besonders befriedigte ihn in der Titelrolle Fr. B. Fischer, welche an jenem Abende besonders glücklich inspirirt war. Der berühmte Maestro, damals noch nicht 50 Jahre alt, war noch immer der heitere Lebensmann, der auf leicht errungenen, nicht verwelkten Lorbeern sich einem behaglichen „dolce farniente" hingab. Er wollte, wie er uns sagte, den Glanz seiner früheren Werke durch später vielleicht minder gelungene nicht trüben. Jeder Componist, behauptete er, trage eine gewisse Fülle von Melodieen in sich selbst umher; sei diese erschöpft, so vertrocknen mit der Tinte auch die Gedanken, und Musiker, die sich ausgeschrieben und jener Mahnung, rechtzeitig aufzuhören, nicht achten, werden matt, wiederholen sich und schaden ihrem früheren Rufe. Er führte uns Monsigny als merkwürdiges Beispiel dieser Art an. Dieser, Kammerdiener Ludwigs XV., fühlte plötzlich eine musikalische Ader in ihm entstehen, schrieb und componirte Tag und Nacht, und nachdem er ungefähr ein Dutzend Opern hervorgebracht, legte er die Feder nieder und kehrte zur vorigen Beschäftigung zurück. Wie in einer Goldmine war die Ader erschöpft, doch lebt sein Name fort in der Tonwelt, und einige seiner Werke, wie der ungemein liebliche „Deserteur", werden noch immer gerne gehört.

Im Laufe der Jahre 1836 und 1837 führte mich die zunehmende Kränklichkeit meines 70jährigen Vaters öfters nach Freiburg. Er hatte, seit er den Staatsdienst verlassen, auch bei steigender physischer Schwäche der gewohnten Thätigkeit entsagen müssen, viele zum Theil schmerzliche Verluste in seiner Familie erfahren, und überdieß stimmten ihn politische Ereignisse wie so manche andere schwere Sorge trübe. Bei diesen Ausflügen wohnte ich zwei erhebenden, aber seltenen Kirchenfeierlichkeiten in meiner Vaterstadt bei. Der erste Erzbischof Dr. B. Boll starb hochbejahrt und wurde in dem Münster beigesetzt; mit seinem

Grabe wurde die Reihe jener seiner Nachfolger eröffnet — eine imposante Trauerfeierlichkeit, der viele hochgestellte Beamten, ein großer Theil des Adels wie des Clerus beiwohnten. Mehrere Monate später war ich Zeuge der Einweihung des neuernannten Erzbischofs Dr. J. Demeter. War die Gestalt Boll's eine Ehrfurcht gebietende, so war jene des nunmehrigen Kirchenfürsten eine mehr gedrungene, doch seine Persönlichkeit freundlich, gewinnend. Mehr Mann der Schule, als der Kirche, verwaltete er sein hohes Amt nur einige Jahre. Seine Inthronisation vollzogen die Bischöfe von Mainz und Rottenburg, denen der Weihbischof Dr. Vicari assistirte, er, der als Nachfolger Demeter's einst auch in weiten Kreisen so bekannt und verehrt werden sollte. Die Ceremonie der Einweihung selbst lang, aber in ihren bedeutungsvollen Gebeten und Symbolen eine höchst ergreifende, wurde auch noch durch eine merkwürdige Rede erhöht, welche Bischof Keller aus dem Gedächtnisse in lateinischer Sprache hielt — eine ungewöhnliche Erscheinung in Deutschland. Große Gastmahle mit den üblichen Trinksprüchen und andere Feste, Deputationen, Fackelzüge u. dgl. begleiteten, als unvermeidliches Gefolge, diese kirchliche Feier.

Die badische Ständeversammlung im Jahre 1837 brachte denn auch wieder regelmäßig die Emotionen hervor, welche aufregende Sitzungen immer bewirken. Ich hatte den beiden, in der Zwischenzeit stattgefundenen Landtagen nicht beigewohnt; mit um so größerem Interesse folgte ich nun dem gegenwärtigen, welcher überdies für mich noch besondere Anziehungspunkte bot. Es war der erste Landtag, vor den Blittersdorf als Minister trat; er benahm sich bei den Verhandlungen mit mehr Ruhe und Selbstbeherrschung, als man von seinem eigenwilligen und lebhaften Sinne hätte erwarten dürfen. Auch meinen Bruder sah ich hier zum ersten Male als Abgeordneten des Adels in der ersten Kammer auftreten. Er entwickelte dabei ein nicht gewöhnliches

Rednertalent und vertheidigte besonders die Rechte der katholischen
Kirche mit mehr Muth und Geschick, als Erfolg. Seine Worte
waren jedoch nicht ohne Bedeutung, weil sie gerade vor dem
Wendepunkt gesprochen wurden, welcher in jener Frage bald darauf
durch das Kölner Ereigniß eintrat. — Jener Landtag gab aber
auch zuerst die Anregung zu einer anderen Prinzipienfrage, welche
später mit immer steigender Erbitterung besprochen wurde. Konnte
die Regierung den zu Abgeordneten gewählten Beamten den Urlaub
zu dem Eintritte in die Kammer verweigern? Das Ministerium
bejahte diese Frage aus dem Grunde, weil die Staatsdiener, schon
geschützt durch die Bestimmungen der Pragmatik, überdieß noch
bei ihrer Stellung den anderen Deputirten gegenüber bevorzugt
erscheinen. Diese letzteren bringen ihren eigenen Interessen durch
die Annahme eines Mandats vielfache Opfer, während die Beamten
in ihren Privatangelegenheiten dadurch selten etwas vernachlässigen
und neben ihrem Gehalte noch Diäten beziehen. Sollte nun, so
folgerte man, der Regierung nicht gestattet sein, ihren Dienern,
die aus Ehrgeiz, Eitelkeit, Oppositionsgeist oder aus irgend
anderen Gründen ihr feindselig gegenüber stehen, eine Erlaubniß
versagen zu können, welcher jeder Beamte zur Ausübung einer,
mit seinem bestimmten Geschäfte nicht zusammenhängenden Funktion
bedarf? — Die Kammern selbst aber huldigten natürlich einer
entgegengesetzten Ansicht, sahen in der Urlaubsverweigerung eine
Beschränkung des Wahlrechts und entschieden begreiflicher Weise
in der eigenen Sache zu ihren Gunsten. Die Beamten hingegen
befanden sich dabei in der besten Lage; setzten sie ihren Eintritt
durch, spielten sie in der Kammer eine Rolle; wurde der Urlaub
nicht ertheilt, so stellten sie sich als Opfer der Willkür hin,
erlangten eine Art von Popularität, und im schlimmsten Falle
blieb ihnen immer der Ruhegehalt. Es zeigte sich bei diesem
Anlaß wiederholt, wie gefährlich es für die Ruhe solcher Staaten
ist, Prinzipienfragen auf die Spitze zu treiben. In Frankreich

und England, auf welche man sich immer so gerne berief, kannte man solche Konflikte nicht, weil dort die Verfassung dafür gesorgt hatte, und keine konstitutionelle Regierung auf die Länge mit unabsetzbaren Beamten bestehen kann. — Außer den gewöhnlichen Reibungen, persönlichen Angriffen und einigen heftigen Auftritten ging jener Landtag, wenn auch nicht immer friedlich, doch wenigstens ohne Bruch vorüber.

––––––––––

Im Juli 1837 kehrte ich in meiner Eigenschaft als Wasser-mann — so nannte man die Rheinschifffahrts-Commissäre — zum dritten Male nach Mainz zurück, wo mich immer eine erwünschte Thätigkeit erwartete. Es war eine wahre Lust, näher mit dem herrlichen Flusse in Berührung zu kommen, mit seinem Handel, seiner Schifffahrt, den Uferbauten, den Brücken, dem lebhaften Personen- und Waarenverkehre bekannt zu werden. Ich fand mich da mit den Bevollmächtigten der sechs anderen Uferstaaten zusammen, berieth mit ihnen die mannigfachen Fragen, welche der Commission zur Prüfung vorlagen, und die sich selbst auf Schlichtung von Rechtsstreitigkeiten in letzter Instanz erstreckten. Hatten wir am Rathstische uns mit der Statistik des Rheins beschäftigt, so zogen an unseren Augen zu jeder Stunde zahllose Dampfschiffe, sich kreuzend, vorüber. Dazu die reizend gelegene Stadt, von dem majestätischen Dome überragt, das wundervolle Panorama des Rheingaues, von waldigen Höhen begrenzt, die Nähe von Bieberich, Wiesbaden — in der Festung selbst ein reges Garnisonsleben, die österreichischen, die preußischen Regimentsmusiken jeden Abend ertönend!

Dießmal bewohnte Prinz Wilhelm von Preußen als Gouverneur das großherzogliche Schloß. Obwohl schon in Jahren vorgerückt, bewegte sich der Prinz mit den feinen Zügen und in seiner eleganten Haltung mit Leichtigkeit. Er war von seiner

durch Geist und weibliche Tugenden ausgezeichneten Gemahlin —
einer Prinzessin von Hessen-Homburg — und der jugendlichen
Prinzessin Marie begleitet. Der Gouverneur war vom General
v. Müffling und vielen anderen preußischen Stabsoffizieren
umgeben, und der österreichische Commandant, General v. Piret,
wetteiferte mit jenen Herren in gastfreier Bewirthung der zahl=
reichen Fremden. Auch der kleine Hof war ungemein belebt; die
fürstlichen Familien aus Darmstadt und Nassau waren öftere
Gäste; ich sah da den König von Württemberg, den Markgrafen
Wilhelm von Baden und Gemahlin, den Herzog von Cambridge,
Oscar von Schweden u. a. m. Ueberdieß brachte uns beinahe
jedes der vielen täglich landenden Dampfschiffe Fürsten, Generale,
Diplomaten, reisende Gelehrte in großer Zahl, Freunde und Be=
kannte aus allen Gegenden. Aus meinen Fenstern sah ich diesem
bunten Treiben zu und hatte nicht selten in den vier Stockwerken
meines Gasthofes Ankommende zu begrüßen. Zum ersten Male
traf ich hier mit dem Obersten v. Radowitz zusammen. Dieser,
Militär und Staatsmann zugleich, hatte nach einer ungewöhnlichen
Laufbahn in der Meinung Vieler eine glänzende Zukunft. Ein
streng sittlicher Mann von edlem Charakter, verband er mit
geistiger Begabung ein unermeßliches Wissen und oft hinreißende
Beredtsamkeit. Dabei wurde er von einem imponirenden Aeußern
unterstützt. Mich selbst zog mehr die ehrenvolle Richtung, der er
folgte, als seine gemessene, für Manche selbst abstoßende Persön=
lichkeit an. Mit ganzer Seele dem Kronprinzen von Preußen
ergeben, mit dem er in mancher Beziehung geistesverwandt war,
jagte er mit ihm, ein feuriger Geist, nach nie zu erreichenden
Idealen. Radowitz sagte mir einst in Mainz, er habe dem Kron=
prinzen für seinen Regierungsantritt als Motto die Worte Hamlet's
bestimmt: „Die Welt ist aus den Fugen; wehe mir, daß ich dazu
berufen, sie wieder einzurichten!" Friedrich Wilhelm IV. hat
jedoch leider die Welt nicht einzurichten vermocht, wenn es auch

an mehr oder minder gelungenen Versuchen dazu nicht gebracht. Was würde aber Radowitz wohl erst zu der Aufgabe gesagt haben, welche dem König Wilhelm I. geworden?

Eines Tages erschien in Mainz, den Wenigsten, wohl nur Piret's bekannt, bei denen sie wohnte, eine nicht mehr ganz junge, aber dabei so schöne und liebliche Frau, daß sie Aller Augen auf sich zog. Es war eine Wittwe aus Gratz, Baronin v. Schimmel= pennink, welche ich dort vor Jahren gesehen hatte. Bald sprach man von einer nahen Verbindung mit dem Prinzen Philipp von Hessen-Homburg, und die Prinzessin Wilhelm entschloß sich nun, auf den Wunsch ihres Bruders, mit ihrer gewohnten leutseligen Huld die Bekanntschaft ihrer künftigen Schwägerin zu machen. Ihre anmuthige Erscheinung wie ihr bescheidenes Auftreten in einer so ausnahmsweisen Lage brachten den günstigsten Eindruck hervor. Ich sah sie später nie wieder. Kurze Zeit nachher wurde sie mit dem Titel einer Gräfin von Naumburg dem Landgrafen angetraut, starb jedoch nach einigen Jahren einer, wie man sagt, glücklichen Ehe. Prinz Philipp selbst aber, wohl der ausge= zeichnetste unter den fünf Brüdern, welche — ein seltener Fall — nach der Reihe ohne männliche Erben regierten, war seiner ein= nehmenden Persönlichkeit wegen allgemein beliebt; früh in öster= reichische Kriegsdienste eingetreten, fiel er zur Zeit der französischen Republik — weil man ihn für einen Herrn v. Anblaw von Homburg hielt — in Gefangenschaft, und nur seiner Jugend und vortheilhaften Erscheinung wie seiner Geistesgegenwart verdankte er die Rettung seines Lebens. Dann tapfer im Felde, tüchtig als Militärcommandant, während des Friedens liebenswürdiger Gesellschafter, wohlwollend, großmüthig, gelangte er erst im späteren Alter zur Regierung seines kleinen, sich durch eine permanente Spielhölle nicht gerade vortheilhaft auszeichnenden Landes. Nach einigen Jahren schon starb auch, kaum vermählt, als Wittwer der geistreiche, leutselige Fürst.

Ich verließ Mainz einige Tage vor der Enthüllung des Guttenberg-Monuments (15. August), und später einem anderen Rufe folgend, kam ich nicht mehr dahin zurück.

Kaum in Karlsruhe wieder angelangt, übernahm ich während einer mehrwöchentlichen Abwesenheit Blittersdorf's die Leitung des Ministeriums.

In der politischen Welt hatte sich während dieser Zeit Manches zugetragen; der Tod Wilhelms IV. erhob die jungfräuliche Victoria auf den englischen Thron, und während sich der junge, erste Beherrscher Neugriechenlands eine muthige, für Hella's Sache begeisterte Prinzessin von der fernen Nordsee zur Braut erwählte, vermählte sich in Fontainebleau der Herzog von Orleans — voraussichtlich einst Frankreichs König — mit der mecklenburgischen Helene. Mit dem Ministerwechsel in England und Frankreich verbanden sich andere wichtige Fragen. Ludwig Philipp, nun im eigenen Lande weniger bedrängt, suchte die Armee zu beschäftigen, welche mit seinen jungen Söhnen durch siegreiche Gefechte die Grenzen der französischen Herrschaft in Algier immer weiter ausdehnte. — Auch in Deutschland war wieder Ruhe zurückgekehrt; dagegen warfen zwei Fürsten Brandfackeln aus, welche nicht allein ihre Staaten ergriffen, sondern eine weiter gehende, nachhaltige Bewegung hervorriefen. Der Herzog von Cumberland war kaum König in Hannover geworden, als er durch seine, die Verfassungsrechte beeinträchtigenden Maßregeln die größten Wirren veranlaßte. Mit diesen politischen Zerwürfnissen hielten die kirchlichen in Preußen gleichen Schritt, nachdem es die Regierung versucht hatte, den pflichtgetreuen Sinn des greisen Erzbischofs v. Droste in Köln durch gewaltsame Wegführung und Gefangenschaft zu beugen.

In den letzten Stunden des Jahres 1837 wurde ich durch den Besuch Karl v. Hügel's freudig überrascht. Er kehrte von seiner sechsjährigen Weltumsegelungsreise über Karlsruhe nach Wien zurück. Er hatte Aegypten, Syrien, Arabien durchreist und sich längere Zeit in Ostindien aufgehalten. Dieß letztere interessante Land mit allen seinen Nachbarstaaten und Inseln machte er zum Gegenstand besonderer Studien, besuchte von da aus einen Theil von Japan, Australien, das Himalayagebirge, und nahm seinen Rückweg endlich über Calcutta und das Cap der guten Hoffnung. Mit reichen botanischen und anderen naturhistorischen Schätzen — die später vom Staate angekauft, eine eigene Sammlung bilden — kam er nach Hause; er hatte seine Zeit gut benützt, sein Gedächtniß mit den herrlichsten Erinnerungen für das ganze Leben geschmückt, die Erzählungen seiner Schicksale in einem Tagebuche niedergelegt. Erst nach Jahren sollte ich ihn in Wien wiederfinden, wo sich ihm ein neuer Wirkungskreis eröffnete.

Anfangs 1838 fand in Karlsruhe der s. g. Eisenbahn-Landtag statt. Man wollte diese neue Erfindung auch für das Großherzogthum fruchtbringend anwenden; doch stieß man allzubald auf unerwartete Hindernisse. Es war weniger die Schwierigkeit des Terrains oder der Kostenpunkt, welche zurückschreckten; die Neuheit der Sache, verbunden mit der Rücksicht auf die im Verhältniß zu seiner Breite viel zu weit ausgedehnte Länge des Landes, riefen Bedenken hervor; man fürchtete die Schifffahrt zu beeinträchtigen, Privatinteressen zu verletzen, durch zu rasche Beförderung der Fremden wie der Frachten Gasthäuser und Handwerke, ganze Ortschaften zu Grunde zu richten. Doch bald siegte die Nothwendigkeit über alle Zweifel; man konnte sich nicht von den Nachbarstaaten überflügeln, den Verkehr entziehen lassen, und so bedeckte sich denn das Land bald mit Schienen. Der Minister des Innern, Winter, hatte nach einer glänzenden Rede die Tribüne in der Kammer kaum verlassen, als er vom Schlage gerührt starb.

Melancholisch sieht nun sein ehernes Standbild auf die an ihm vorüberziehenden Eisenbahnen mit ihren dampfenden Maschinen herab.

Ende Februar wurde ich zum großherzoglichen Geschäftsträger am königlich bayerischen Hofe in München ernannt und verließ Karlsruhe in den letzten Tagen des März, um mich über Freiburg und Schaffhausen an den Ort meiner neuen Bestimmung zu begeben.

Zehnter Abschnitt.

(1838 — 1843.)

Die Verfetzung nach München kam mir fehr erwünfcht. Auf einer Seite froh, meine Thätigkeit wieder einer Vertretung an einem auswärtigen Hofe zuwenden zu können, hatte ich auf der anderen auch feit meiner Jünglingszeit eine gewiffe Vorliebe für Bayern bewahrt. Die Gefchichte, die geographifche Lage diefes Landes, die Sitten feiner Bewohner zogen mich an. Um den alten, deutfchen, kerngefunden Stamm hatten fich im Laufe der Jahrhunderte andere Länder und Völkerfchaften gruppirt. Seine

Grenzen bald weit über die heutigen, wie seine Macht übermäßig ausdehnend, sah es sich dann wieder bedroht, besiegt, verkleinert. Einige Male ganz aufgegeben, erhob es sich jedoch bald wieder, und blüht nun, wie nie zuvor — ein schönes Königreich. Seit undenklichen Zeiten von einer einheimischen Dynastie — der ältesten aller nun bestehenden — beherrscht, sah es seine Bewohner wie ihre Treue zu den angestammten Fürsten, so auch ihren, von den Vätern ererbten Glauben fest bewahren. Mit den hergebrachten Sitten und Gebräuchen verband sich ein religiöser Sinn, und ruhiger als in anderen deutschen Ländern entwickelten sich hier, von den revolutionären Stürmen weniger berührt, die neuen Verfassungsformen. Diese behagliche Ruhe theilte sich dann auch den Bewohnern in Beziehung auf die außerhalb ihres nächsten Gesichtskreises liegenden Ereignisse mit. Man nahm in Bayern, das weniger abgeschlossen, als früher Oesterreich, doch nur so viel Interesse an den Außendingen, als es die alltägliche Neugierde mit sich bringt, welche die Nachrichten in den Zeitungen einflößten. Mit der augenblicklichen Lage und einem bescheidenen Maße politischer Freiheit zufrieden, sehnte man sich weder nach Veränderungen, noch war man lüstern, gewagte Versuche anzustellen, wie sie uns andere, selbst deutsche Staaten zeigten. Der König Ludwig, von dem Sinn und der Bedeutung der schönen Geschichte seines Landes durchdrungen, stellte es sich zur ersten Aufgabe: dieß glänzende Vermächtniß — den historischen Ruhm des ihm von Gott anvertrauten Reiches — rein zu erhalten. Ihn trieb nicht, wie so manche Vorgänger, Eroberungssucht oder der Durst nach Lorbeern auf blutigem Schlachtfelde; es verleitete ihn nicht der Ehrgeiz, die Hand nach fremden Kronen auszustrecken, und mehr als alle früheren Regenten kann sich König Ludwig den Namen eines „Friedensfürsten" beilegen. Nach einigen Schwankungen ergab er sich, in einer überdieß ganz friedlichen Zeit, rückhaltlos der eifrigen Pflege der Künste, und seinem schöpferischen Geiste verdankt man

die bewunderungswürdigsten Werke der Architektur, während er
Künstler fand, deren Hände sich in Gemälden und Bildhauer=
arbeiten überboten. Selbst die Festungsbauten, die der König
unternahm, sollten nur zum Schutze vor Gefahren, zur Ver=
theidigung dienen. Aber nicht nur in München, auch aller Orten
in Bayern geben Kunstbauten und Sammlungen Zeugniß von
dem Geschmacke wie dem unermüdlichen Wirken des königlichen
Mäcen. Hier erheben sich großartige Ruhmeshallen, dort erstehen
ehrwürdige Gotteshäuser in erneutem Glanze, hier bedecken sich die
Plätze der Städte mit Standbildern von Erz, dort erinnern Denk=
male, Kapellen, Stiftungen u. dgl. m. an geschichtliche Momente;
endlich, während Eisenbahnen das ganze Königreich durchzogen,
fand der König Zeit und Geld, eine Idee wieder auszuführen,
welche Karl der Große vor tausend Jahren aufgefaßt hatte — den
Donau=Main=Kanal!

Es gewährte mir demnach eine wahre Befriedigung, alle diese
Wunderwerke nach und nach entstehen, viele derselben vollendet zu
sehen. Man kann aber nicht von ihnen sprechen, ohne in den
Ton eines Fremdenführers zu verfallen; blieben sie für mich der
Gegenstand einer lebhaften, fortgesetzten Theilnahme, so wurden sie
auch allen Besuchenden zu einer nie versiegenden Quelle reiner
Kunstgenüsse. Wirkten daher schon jene historischen Erinnerungen
wohlthuend auf das Gemüth, so war, was die Gegenwart bot,
erhebend und lehrreich genug, um mir die in München verlebten
fünf Jahre nach allen Richtungen hin unvergeßlich zu machen.
Soll ich noch hinzufügen, daß der König mir stets überaus gnädig
war, ich zu den Ministern und meinen Collegen in den freund=
lichsten Geschäftsbeziehungen stand, die Geselligkeit in der heiteren
Stadt nichts zu wünschen übrig ließ, ein gutes Theater, vortreff=
liche Concerte manchen Winterabend verschönerten, im Sommer
die reizende Gebirgsnatur der nahen Alpen erquickte, so glaube
ich in kurzen Zügen meine Stellung wie die Eindrücke in München

bezeichnet zu haben. An einem anderen Orte*) verſuchte ich es, Skizzen von dem königlichen Hofe, der Geſellſchaft, den Bauten und Kunſtſchätzen Münchens zu entwerfen, von einigen hervor= ragenden Perſönlichkeiten, von Gelehrten und Künſtlern zu ſprechen, eine Ueberſicht der Politik und inneren Verwaltung Bayerns zu geben. Man wollte jene Aufzeichnungen zu flüchtig, zu wenig eingehend finden; ſollte ich aber pedantiſch ſo oft und viel beſſer Geſchildertes wiederholt beſprechen? Wollte ich ja doch zunächſt nur meine individuelle Auffaſſung feſthalten. Der mir nun geſtellten Aufgabe getreu, werde ich der Zeitfolge nach das dort Erlebte — einer Chronik des Tages gleich — erzählen und beginne, manches früher Berührte ergänzend, mit

1838.

Die erſte Zeit meines Aufenthalts war eine ungemein bewegte. Zu den gewöhnlichen Audienzen, Beſuchen u. dgl. kam auch noch die Anweſenheit der Großherzogin Stephanie, welche ich unver= muthet in demſelben Gaſthofe traf. Sie war mit der Prinzeſſin Marie auf ihrer Rückreiſe von Wien. Nach einigen Tagen empfing mich der König und unterhielt ſich über eine halbe Stunde auf das freundlichſte mit mir. Dankerfüllt ſpreche ich es aus, daß ſich ſein Benehmen gegen mich nie änderte, er immer gleich wohlwollend und geſprächig mit mir war, ich mochte ihm, was häufig geſchah, auf der Straße begegnen, oder ihn bei Hofe, in Concerten, auch in Tegernſee, Regensburg und anderen Orten ſehen. Immer wußte er mir etwas Verbindliches zu ſagen, oder gab ſeinen Aeußerungen eine originelle, oft witzige Wendung. — Die ruhige Würde und die einfache Art der Königin Thereſe nahm gleich für ſie ein. Sie ſah noch ſehr gut aus, und umgeben von ihrer zahlreichen Familie, war ſie das freundliche Bild einer

---

*) Erinnerungsbl. S. 185 bis 238.

deutschen Hausfrau auf dem Throne. Einen schönen, sinnreichen Ausdruck der Erinnerung an dieß eheliche Glück gibt die Medaille, welche die Brustbilder der Eltern wie der vier königlichen Kinder= paare schmücken mit der einfach rührenden Ueberschrift: „Des Himmels Segen."

Eines gleich freundlichen Empfanges hatte ich mich bei den übrigen Mitgliedern des königlichen Hauses in besonderen Audienzen zu erfreuen.

Erst nachdem sich die Majestäten nach Aschaffenburg, die Hoheiten auf ihre Landsitze oder in Bäder begeben, konnte ich mich etwas mehr auf dem Schauplatze meiner neuen Wirksamkeit umschauen, eine Uebersicht der gesandtschaftlichen Geschäfte gewinnen, die vorliegenden politischen und andere Fragen prüfen, mich den Mitgliedern des diplomatischen Corps nähern u. s. w. Mit dem Staatsminister des Aeußern, Freiherrn v. Gise, früher mir schon bekannt, stand ich immer in angenehmer Berührung, wenn ihn gleich eine durch Stellung wie Charakter hervorgerufene Zurück= haltung nur wenig zugänglich machte.

Das wichtigste Ereigniß jener Zeit für Bayern war die Entlassung des Fürsten Ludwig von Oettingen=Wallerstein und die Ernennung des Staatsraths v. Abel zum Minister des Innern. Es fiel diese Ernennung mit dem Tage meiner Ankunft — dem 1. April — zusammen. Sie bildet eine eigene Epoche in der bayerischen Geschichte, und von dieser Zeit an zogen sich unaufhörlich die Zerwürfnisse zwischen jenen zwei Staatsmännern fort, von denen jeder ein Verwaltungssystem verkörperte. Es ent= standen Parteien, die sich bei Hofe wie in der Gesellschaft, in den Kammern sowohl als in den Beamtenkreisen, im ganzen Lande entweder offen befehdeten oder im Stillen haßten. Diese Gegen= sätze fanden gleich einen Anlaß, schärfer hervorzutreten, als die Münchener Presse das Losungswort gab, für die Rechte des ver= folgten Erzbischofs von Köln einstehend, die kirchenfeindlichen Maß=

2*

regeln Preußens zu bekämpfen. Auch das diplomatische Corps blieb nicht ganz frei von diesen Einflüssen, und während ein Theil lebhaft über das „Für und Wider" verhandelte, durch seinen Anhang die eine oder die andere Partei verstärkte, hielt ich mit Andern auch hier an dem von mir stets befolgten Grundsatze fest, nur zu beobachten, und eine neutrale Stellung nur dann gegen eine erhöhte Thätigkeit zu vertauschen, wenn diese durch ganz besondere Umstände geboten oder durch bestimmte Weisungen unmittelbar veranlaßt war.

Männer mit geistigen und geselligen Vorzügen bildeten jenes Corps, an dessen Spitze der württembergische Schmitz-Grollenburg, wohl der älteste der deutschen Diplomaten, ein wohlwollend heiterer Greis, der aber leidenschaftlich eine Politik trieb, mit kleinstädtischem Klatsch nahe verwandt. Graf Colloredo, seit zwei Jahren österreichischer Gesandter, Graf Dönhof, — später Bundestagsgesandter — für Preußen beglaubigt, waren beide unvermählt, und ich schloß mich ihnen näher an; mit Ersterem insbesondere verband mich durch 20 Jahre eine immer gleich warme Freundschaft. Herr D. v. Severin trat in seiner Laufbahn gerade damals eine Glanzperiode an, deren Höhe er während der 25 Jahre, in welchen er Rußland in München vertritt, nicht mehr erreichte. Herr v. Bourgoing, ein angenehmer Gesellschafter, etwas zerstreut, betrieb mit besonderer Vorliebe chemische Studien und Alterthumskunde. Seinen Forschungen verdankt man die Lithophanie; sein Kabinet glich einer Werkstätte, der Salon einer Antikensammlung, in dem sich werthvolle Gegenstände mit geschmacklosem Rococo anhäuften. Diesem klugen, wissenschaftlich gebildeten Manne stand der englische Gesandte gegenüber, dessen geistige Eigenschaften nicht seinem berühmten Namen entsprachen: Lord Erskine, ein Ehrenmann, war als Politiker eine Nullität. Könneritz und Beust — beide nach der Reihe sächsische Geschäftsträger — wirkten später, jeder in seiner Sphäre, mit Auszeichnung

in Wien und Dresden. Bald nachher wurde das diploma=
tische Corps noch durch zwei Italiener vermehrt, von denen ich
seiner Zeit sprechen werde. Von den zwei in München lebenden
Töchtern des berühmten Ministers v. Stein war die eine mit dem
hannöverischen Gesandten, Grafen von Kilmannsegge, vermählt,
die andere die Gattin des Grafen Giech, der, wenn gleich erblindet,
doch thätig, als die Seele der Opposition im Reichsrathe galt.

Dieser Gesellschaftskreis schloß sich nun mit einigen fremden
Familien den gastfreien Häusern Münchens, den Löwenstein, Arco,
Tascher, Cetto, Gruben u. a. an, in denen beinahe jeden Abend
die abwechselndsten geselligen Genüsse geboten wurden.

Die Reihe der jährlich erscheinenden hohen Gäste eröffnete
dießmal der Herzog von Sachsen=Coburg mit seinen Söhnen.
Nicht ohne ein Gefühl von Theilnahme sah man damals auf diese
beiden jungen, schönen Prinzen, welche einer hoffnungsvollen Zukunft
entgegen gingen. Ihnen folgte die Kaiserin, Wittwe Don Pedro's,
Herzogin von Braganza. Es war diese Fürstin nach längerer
Zeit wieder auf Besuch bei ihrer Mutter in München erschienen;
ihre edlen Züge, durch Leiden entstellt, wurden durch ausdrucks=
volle, schöne Augen gehoben, ihr Aufenthalt war stets mit Wohl=
thun bezeichnet. Die Herzogin war von ihrer einzigen Tochter,
der Infantin Amalie, begleitet, ein liebliches Kind, zu einem so
frühen Tode bestimmt.

Unaufhaltsam folgte sich nun der Zug der Fremden; Alles
schien in geschäftiger Bewegung, deren Mittelpunkt Bayern war.
Krönungen, Heereslager, der russische Hof, die Reisen beinahe aller
deutschen Fürsten riefen ein fortgesetztes Treiben hervor, und alle
Straßen waren, wie nie zuvor, mit Eil= und anderen Wagen in
unabsehbaren Reihen bedeckt, das Bedürfniß nach Eisenbahnen
doppelt fühlbar. Während Gastwirthe und Postillione treffliche
Geschäfte machten, schien man den armen Pferden den Tod ge=
schworen zu haben, so sehr wurden sie gehetzt; dabei durchkreuzten

Couriere das Land, nach allen Richtungen war die Gensdarmerie in angestrengter Thätigkeit.

In London wurde Victoria feierlich gekrönt — der Kronprinz von Bayern wohnte der Ceremonie unerkannt bei —. In Mailand setzte man dem Kaiser Ferdinand die eiserne Krone auf; später ließ er sich in Thyrol huldigen. Alle von diesen Feierlichkeiten über München zurückkehrenden Fremden schilderten den Jubel der Lombarden, der sich nach ertheilter Amnestie bis zum Enthusiasmus steigerte. Man nannte den Kaiser nur: „il buon angelo!" Eine wohl ungeheucheltere Freude empfing den Monarchen in Innsbruck.

Schon im Frühjahre hatte sich das Gerücht verbreitet, daß die Kaiserin von Rußland auf den Rath der Aerzte wie der Frau v. Krüdener sich entschlossen habe, die Molkenkur in Kreuth zu gebrauchen. Zugleich brachte man mit dieser Reise politische, selbst Vermählungsprojekte in Verbindung, und diese Motive schienen gewichtig genug, um die Anstände zu besiegen, welche die Spannung Bayerns mit Preußen hervorrief. Der Kaiser übernahm in Berlin die Rolle eines Vermittlers, und Frau v. Krüdener zeigte um so mehr Lust, an der Seite ihrer hohen Gönnerin in ihrer Vaterstadt München zu erscheinen, als sich die Hindernisse steigerten. Seit Katharina II. aber hatte der russische Hof seine Verbindungen mit den deutschen fürstlichen Familien immer weiter ausgedehnt; Bayern war noch nicht in diesen Kreis gezogen; die Reise kam daher zur Ausführung. Frau v. Krüdener aber, welche sie wohl zunächst veranlaßte, war eine Waise, Amalie; im Hause der Gräfin Lerchenfeld Mutter erzogen, vermählte sie sich schon frühe mit dem russischen Legationsrath v. Krüdener. Von blendender Schönheit, einer mehr prüden als gefallsüchtigen Haltung, war sie eine beliebte, allgemein geachtete Erscheinung in der Gesellschaft. Mutter zweier Kinder, trat sie erst nach Jahren, für deren Zukunft zu sorgen, die erste Reise nach Petersburg an, wo sie, klug und taktvoll,

sich bald zur Freundin, zum Lieblinge der Kaiserin empor schwang.
Dabei wußte sie sich eine gewisse Unabhängigkeit, einen Ruf von
Uneigennützigkeit zu bewahren, welche ihrer ausnahmsweisen Stellung
nur eine um so längere Dauer verhieß. Wie in München war
Frau v. Krüdener auch am Kaiserhof eine elegante, spröde, gesuchte,
beneidete Frau. Ende Juli endlich traf die Kaiserin mit großem
Gefolge in Köffering ein, wo sie übernachtete, und dann nach
einem kurzen, mit Festen angefüllten Aufenthalte in München das
Bad in der Thalschlucht Kreuth bezog. Die Kaiserin führte ihre
14 jährige Tochter, die zarte Großfürstin Alexandra, mit sich. Die
beiden älteren Prinzessinnen waren in Rußland zurückgeblieben.
Eine beinahe fieberhafte Beweglichkeit, eine reizbare Aufregung
abgerechnet, konnte die Kaiserin, dem äußeren Aussehen nach, nicht
für leidend, am wenigsten als brustkrank gelten. Edle, regelmäßige
Züge ließen ihre einst so gefeierte Schönheit errathen. Mitte
August reiste der Kaiser Nikolaus durch München nach Kreuth,
besuchte jedoch einige Tage später den König in seiner Residenz,
deren Merkwürdigkeiten er besah. Hier gab es nun Hoftafel,
beleuchtetes Gallatheater u. dgl. herkömmliche Freuden. Ich sah
beide Monarchen mit glänzender Suite — unter ihr der junge,
elegante Fürst Bariatinsky — einer Parade auf dem Marsfelde
beiwohnen, wobei das Zoller'sche Artilleriesystem vorgezeigt wurde,
sah, wie der König Ludwig auf dem Karolinenplatz dem Czaren
bei dem Obeliske zu erklären versuchte, wie die im russischen Feld=
zuge gefallenen 30,000 Bayern auch für Deutschlands Befreiung
geblieben! und andere Dinge mehr.

Der kaiserlich russische Hof brachte den ganzen August in
Kreuth zu, und ein ganz eigenthümliches Leben entwickelte sich
nun, in seltsamen Kontrasten, in dem engen, sonst so stillen Alpen=
thale. Den Mittelpunkt aller geselligen Freuden bildete aber
immer Tegernsee. War dieß herrlich gelegene Schloß — der
gewöhnliche Sommersitz der Königin=Wittwe Karoline — schon

gewöhnlich der Schauplatz der großartigsten „vie de Chateau", so nahmen jetzt die Spazierfahrten zu Land und zu Wasser, die Abendunterhaltungen gar kein Ende; Alles wurde in Bewegung gesetzt; Concerte, Tableau's, Tanz, französische Liebhabertheater; die Mittagstafel faßte täglich 50 bis 60 Gäste, und die Zahl der herbeigeströmten Fremden mehrte sich mit jeder Stunde. Eines Abends war die erlauchte Versammlung besonders glänzend, und nicht weniger als 7 Majestäten, 14 kaiserliche und königliche Hoheiten wohnten einer allerliebsten Vorstellung von Dilettanten im Schloßtheater bei. Die Erzherzogin Sophie unterstützte ihre Mutter bei dieser oft etwas ermüdenden Gastfreundschaft, und der Kronprinz von Preußen erheiterte durch seine immer gleich witzige Laune den oft ernsten, immer imposanten Zirkel. Es gab da der anziehenden Beobachtungen, eigenthümlichen Berührungen in Fülle. Von Politik war bei diesen Zerstreuungen wohl nur wenig die Rede; allgemein aber fiel auf, daß der Herzog Max von Leuchtenberg immer in der Nähe des Kaisers Nikolaus gesehen wurde, und dieser ihn in jeder Beziehung auszeichnete. Der junge, hübsche Prinz wurde eingeladen, den Winter in Petersburg zuzubringen, und bald, einer schon früher ausgesprochenen Neigung für die Großfürstin Marie zu Folge, seine Verlobung mit derselben gefeiert. Dieß war im Grunde das einzige hervortretende Resultat der kaiserlichen Reise nach Bayern. Während die Kaiserin noch Hohenschwangau besuchte, begab sich Nikolaus in das Lager der bayerischen Truppen nach Augsburg. Ein ungemein reges Leben zog nun in die stillen Straßen der schönen Stadt ein, und große Kriegsübungen wechselten mit glänzenden Bällen. Hier wurde ich vom Czaren in einer besonderen Audienz empfangen, um ihn im Namen des Großherzogs zu einem Besuch nach Karlsruhe einzuladen. Er entschuldigte sich damit, daß ihm die kurz zugemessene Zeit nur noch einen Ausflug nach Friedrichshafen gestatte, setzte aber lächelnd hinzu: „Je vous enverrai mon fils." In der

That, kaum hatte der Kaiser in seiner gewohnten Weise Bayern rasch verlassen, als man auch schon seine Ankunft in Berlin, später in Moskau vernahm.

Die günstigste Seite, welche man dem nordischen Besuche abzugewinnen wußte, lag in der großherzigen Freigebigkeit des kaiserlichen Ehepaares. Die Kreuther Molken verwandelten sich in Gold; mit vollen Händen wurden nicht nur kostbare Geschenke, reichliche Trinkgelder und Unterstützungen ausgetheilt, auch ein ganzer Regenbogen von Ordensbändern verbreitete sich über die Hof- und Civilbeamten wie die Offiziere. — Ich selbst hatte aber nun hinreichend Gelegenheit, aus meinen Jugenderinnerungen die beiden kaiserlichen Brüder mit einander zu vergleichen. War Alexander von edler Haltung, von sanftem, einnehmendem, seinem weicheren Charakter entsprechendem Wesen, machte die ernste, majestätische Gestalt Nikolaus' einen überwältigenden Eindruck, sowie denn auch seine Erscheinung in manchen feierlichen Augenblicken elektrisch wirkte. Beide Brüder aber, die Söhne eines nichts weniger als reizenden Vaters, konnten, jeder in seiner Art, als Ideale männlicher Schönheit gelten.

Für Tegernsee waren indessen „die schönen Tage von Aranjuez" noch nicht zu Ende. Es traf da die Großherzogin Stephanie von Baden mit der Prinzessin Wasa zusammen, es überraschten die Besuche des Erbgroßherzogs und Mathildens von Hessen, endlich des Kronprinzen Christian von Dänemark und Gemahlin. Dieser gebildete Herr mit einem einnehmenden Aeußern hielt sich acht Tage in München auf. Er nahm lebhaft Theil an allen Erscheinungen im Gebiete der Künste und Wissenschaften, und versammelte immer Abends einige Gelehrte zum Thee. Die Prinzessin Karoline von Holstein war eine liebenswürdige, verständige Dame. Der Kronprinz selbst aber bestieg im nächstfolgenden Jahr als Christian VIII. den Thron, auf dem er durch seinen berüchtigten „offenen Brief" zu dem noch heute nicht gehobenen Zwiespalte Anlaß geben sollte.

War das Schloßleben nun auch minder belebt, so erschien es nur um so angenehmer. Der blaue See mit seinen reizenden Umgebungen bot ebenso viele Anziehungspunkte, als die großartige Gebirgsnatur. Eines Tages bestiegen zwei Prinzessinnen, von vier Damen und sechs Herren begleitet, beinahe ganz zu Fuße den ziemlich steilen, durch seine herrliche Fernsicht bekannten Hirsch= berg. Diese kleine Gebirgsreise mit allerlei Abenteuern ließ den angenehmsten Eindruck in uns zurück. Ich entwarf eine Beschrei= bung, welche die Großherzogin Stephanie mit eigener Hand ver= besserte, eine Schrift, welche ich noch heute bewahre. — Wie könnte ich, ist von dem Tegernsee jener Tage die Rede, nicht meines langjährigen Freundes, des Hofmarschalls Grafen Ed. Yrsch gedenken? Er war mit seiner stets munteren Laune und auf= opfernder, beinahe fabelhafter Thätigkeit eine Art von Vorsehung für den Haushalt der Königin. Schon am frühen Morgen ordnete er Alles in Küche, Keller und Stall an, begrüßte, besuchte, unter= hielt die Gäste, nahm den Tagesbefehl der Königin entgegen, leitete zu Pferde oder vom Bocke die Landpartien u. s. w.; dabei war er zärtlicher Gatte und Vater, schrieb, rechnete, bereitete Kostüme oder seine Rolle für die dramatischen Abende vor, tanzte, spielte, und stets alle Räume des Schlosses überwachend, ging er erst mit dem letzten erlöschenden Lichte zur Ruhe.

Die Rückkehr nach München nahm wieder meine erhöhte Thätigkeit in Anspruch; wiederholte Audienzen und Besuche, der Aufenthalt Tettenborn's, Blittersdorf's u. A., endlich die Groß= herzogin Stephanie und Prinzessin Marie, welche noch acht Tage blieben. Kaum war uns vergönnt, die Begebenheiten näher zu beobachten, welche sich auswärts drängten. Während sich Ludwig Philipps Söhne in Algier und Merico auszeichneten, konnte es ihm nicht gelingen, die kleine Schweiz zu bewegen, den Napoleoniden auszutreiben. Während Preußen im beständigen Konflikt mit Rom, die russische Politik die Katholiken in Warschau verfolgte, sah die Welt mit Erstaunen den Papst einen Abgesandten des Sultans in feierlicher Audienz empfangen. In Spanien entzündete sich der Bürgerkrieg durch die Rückkehr des Don Carlos auf's Neue, und allenthalben gab es politische wie kirchliche Zerwürfnisse, ohne daß es gerade zum offenen Bruche kam.

In diesem Herbste wurden zwei Prinzen — beide Ludwig Philipp getauft — geboren; sie sollten einem seltenen, unvorhergesehenen Geschicke entgegen gehen. Denn schon jetzt nach 24 Jahren bestieg der Eine — Herzog von Oporto — ganz unerwartet den durch den so frühen Tod seines jungen Bruders erledigten Thron von Portugal. Der Andere jedoch, — der Graf von Paris — schon in der Wiege zum Thronerben Frankreichs bestimmt, trägt nun die Uniform eines Adjutanten in der republikanischen Armee Nordamerika's!!

1839.

Mit dem Winter kehrte einige Ruhe wieder, nur unterbrochen durch die Aufnahme vernachlässigter Geschäfte. Eine neue deutsche Münzconvention wurde verhandelt, abgeschlossen und von mir unterzeichnet. Mit den dienstlichen Arbeiten wechselte die Besichtigung der Neubauten und Kunstwerke, der Besuch von Ateliers. Kaulbach entwarf seine großartigen Schöpfungen, Heß seine Schlachtenbilder, Stieler und Türk ihre graziösen Porträte, Rottmann seine reizenden Landschaften; die Wände der neuen Kirchen und Paläste bedeckten sich täglich mehr mit wundervollen Fresken von Meisterhand, und in der Werkstätte L. Schwanthaler's — mehr einem Museum ähnlich — wie in der Erzgießerei des vortrefflichen Stiegelmayer war man sicher, immer neue, überraschend schöne Kunstgebilde zu finden; endlich die Boisserés mit ihren herrlichen Glasbildern. Auch im Vereinslokale des Bazar wurden in jeder

Woche neue Werke lebender Künstler aufgestellt. — Nicht minder anziehend waren die Faschingsfreuden. Zu den gewöhnlichen Maskeraden, den Concerten und s. g. Akademien im Odeon gesellten sich auch die selteneren großen Schlittenfahrten, dazwischen Abendunterhaltungen jeder Art im Museum, Frohsinn und anderen Gesellschaften. Nicht selten nahm der königliche Hof in der freund= lichsten Weise an diesen geselligen Vergnügen Theil. Heiter unter= hielt sich da der König, oft mit Unbekannten, und seine natürliche Leutseligkeit erwarb ihm die wahre Popularität, welche Absichtlich= keit und Berechnung nie erzwingen kann. Außer den Hofbällen fanden auch noch allerliebste Feste in den Palästen der Herzogin von Leuchtenberg und des Herzogs Max statt. Maskenzüge, kostü= mirte Quadrillen, lebende Bilder und Charaden, Vaudevilles und deutsches Theater in beständiger Abwechslung. Auch ich trat eines Abends in Steigentesch's „Zeichen der Ehe" auf. Gleich unter= haltend waren die Ballette und Reiterkünste in dem kleinen Circus des Herzogs Max. All dieß läßt sich nicht so frisch, wie in der Wirklichkeit, auch im Gedächtnisse festhalten. Soll ich aber Geist und Charakter der Münchener Geselligkeit schildern, so kann ich sie nur als günstig, den Ton als den einer anständigen, wohl= wollenden Heiterkeit bezeichnen. Es bildete hier, wie es immer sein sollte, die Cotterie die Regel, der Besuch größerer Zirkel die Ausnahme. Während das Auge mit Wohlgefallen auf einem Kranze blühender Frauen ruht, das Ohr sich an den Zauber= klängen ausgezeichneter Musik ergötzt, liegt ein nicht minderer Reiz in der, wenn auch nicht tief gehenden, aber immer lebhaften und feinen Unterhaltung am Kamin oder bei Tische, in den anspruchs= losen Kleinigkeiten, die man sich unter vertrauten Freunden in Gesellschaft einiger gebildeter Frauen zuflüstert. Immer seltener findet man, was die Franzosen „savoir causer" nennen, und um so leichter ziehen Langweile und Ermüdung da ein, wo der Salon nur von Toilettenangelegenheiten und Stadtklatschereien ertönt.

Mitte März erschien der Großfürst-Thronfolger in Begleitung der Grafen Orloff und Medem in München. Sein freundlicher Blick, sein einfaches Auftreten nahmen für ihn ein. Weniger glänzend und schön als sein Vater, gefiel er durch jugendliche Haltung, verließ aber München bald, um seine Rundreise durch Deutschland fortzusetzen, deren eigentlicher Zweck — eine Brautschau — gegen alle Erwartung in Darmstadt ihr Ziel fand.

Der Sommer wurde zu Ausflügen verwendet; ich durchstreifte einen Theil der Gebirgsthäler von Hohenschwangau bis Ischl, besuchte dann wieder Nürnberg — dieß Juwel unter den altdeutschen Städten — und traf zweimal mit der fürstlich Metternich'schen Familie, auf der Hin- und Herreise vom Johannisberg, in Regensburg und Ingolstadt zusammen.

Die Eröffnung einer kleinen Strecke Eisenbahn gegen Augsburg hin war im September für München ein Ereigniß; dazu die feierliche Einweihung der Auerkirche und die Oktoberfeste mit allen ihren seit 50 Jahren regelmäßig wiederkehrenden Freuden.

Doch auch an politischen Emotionen war das Jahr 1839 überreich. Von seinen Vorgängern hatte es gar viele Wirren übernommen; so brachen in der Schweiz nach dem widerlichen Streite der „Klauen und Hörner" die religiösen Unruhen in Zürich und anderen Orten aus; aber auch das beinahe vergessene orientalische Gespenst tauchte wieder auf, und der Tod des Sultans wie der Abfall Mehmed Ali's bedrohten ganz Europa mit einem verheerenden Kriege.

Nach langem Siechthum hatte eine Krankheit weniger Tage meinen Vater dahingerafft, und dieser schmerzliche Trauerfall führte mich im November nach Freiburg, später nach Karlsruhe, und erst im Jänner 1840 kehrte ich von dieser, von vielen peinlichen Eindrücken begleiteten Urlaubsreise über Basel, Zürich und den Bodensee nach München zurück.

1840.

Hier fand ich nun Alles in geschäftiger Bewegung; es hatte sich nach dreijähriger Zwischenzeit wieder ein Landtag versammelt, dessen Ergebnissen man aus mancherlei Gründen mit Spannung entgegensah. Es war die erste Versammlung dieser Art, welche ich in Bayern sah. Sie machte einen von anderen Landtagen verschiedenen Eindruck auf mich. Schon das Gebäude — der ehemalige Redoutensaal — unbequem und in keiner Beziehung geeignet für solche Verhandlungen, nahm im oberen Stockwerke die Kammer der Reichsräthe auf, deren Sitzungen nicht öffentlich waren; aber auch die gedruckten Berichte, in denen die Namen der sprechenden Mitglieder nicht einmal angeführt wurden, flößten in ihrer schwerfälligen Weise nur wenig Interesse ein. In der Kammer der Abgeordneten fanden sich wohl einige talentvolle, selbst heftige Redner, aber keiner von hervorragender Bedeutung. Wie allenthalben, bildete denn auch hier das Budget den Brennpunkt der Verhandlungen, und da war nun die Verwendung der beträchtlichen Ersparnisse — „Erübrigungen" genannt — die große Frage des Tages. Es fiel manches bittere Wort; die leidenschaftliche Aufregung einiger Deputirten ließ es zu heftigen Scenen kommen; Wünsche und Drohungen von der einen, Vorwürfe und Angaben von der anderen Seite verstimmten, und durch beide Kammern zog sich unverkennbar der Parteigeist, zu welchem die Stellung des entlassenen zu dem neuen Minister des Innern die nächste Veranlassung gegeben. Dennoch würde dieser Landtag, bei der befriedigenden Erledigung seiner Geschäfte, wie so viele andere, bald der Vergessenheit übergeben worden sein, hätte nicht eine beinahe komische Episode ein ungewöhnliches Aufsehen erregt; Minister v. Abel hatte sich in einem Augenblick leidenschaftlicher Aufwallung hinreißen lassen, in der Kammer einige, für den Fürsten L. Wallerstein beleidigende Worte auszusprechen. Es kam zu gegenseitigen

Erklärungen, welche nicht genügten; ein Zweikampf sollte entscheiden. Man denke sich nun den Kronen-Oberhofmeister ein Duell bestehend mit dem Minister des Innern, und als Sekundanten den Präsidenten des obersten Gerichtshofes, Grafen A. v. Rechberg, und den Kriegs=minister v. Gumpenberg; welch ein Schauspiel! Dazu die Wahl der Zeit, des Ortes. Die Herren schossen sich an einem Sonn=tage bei heller Mittagsstunde in den öffentlichen Anlagen. Der heitere Frühlingsmorgen hatte viele Menschen in's Freie gelockt, und ich selbst folgte der Menge, welche in den englischen Garten strömte, um die Duellanten zurückkehren zu sehen. Sie erschienen endlich in zwei Wagen, unversehrt. Nach zwei Schüssen hatte man sich ausgesöhnt, und der Volkswitz bemerkte, nicht die Schützen, wohl aber die Kugeln hätten gefehlt; auch habe man einige todte Sperlinge auf dem Kampfplatze gefunden u. dgl. m. Abel ent=schuldigte sich wegen der ihm in der Hitze der Debatte entschlüpften Aeußerung, gab Wallerstein eine Ehrenerklärung und reichte sofort seine Entlassung ein, welche der König jedoch nicht annahm. Abel hatte seinen „Kain" noch nicht gefunden; er sollte ihm erst sieben Jahre später in der Gestalt eines weiblichen Dämons erscheinen! Der König erklärte nun dem Fürsten Wallerstein vor zwei Zeugen, daß er von dem ganzen Vorgange nichts gewußt und Abel ohne seine Beistimmung gehandelt habe. Damit war es aber noch nicht zu Ende; an die Stelle der Pistolen traten nun die Federn, welche geschäftig offene Briefe, Flugschriften bis zum Ekel ver=breiteten. Was mich betrifft, so ließ mich die ganze Duellgeschichte ziemlich kalt, und ich nahm auch hier, wie in allen mich nicht unmittelbar berührenden Fragen, keine Partei. Zog mich die schroffe Haltung Abel's nie an, so konnte mir noch weniger je die allbekannte Persönlichkeit Wallerstein's irgend eine Sympathie einflößen. Abel, arm und unbekannt, schwang sich nur durch sein Talent empor, lebte einfach und zurückgezogen und benutzte seine Macht weder um sich zu bereichern, noch sich einen Anhang zu

verschaffen. Auf offener Bahn, festen Sinnes verfolgte er sein
Ziel, sei es nun wirklich aus innerer Ueberzeugung, sei es in ehr-
geiziger Absicht geschehen. Ernst und würdevoll, hatte er nur
mühsam sein heftiges Temperament besiegt und sich aus religiösen
Grundsätzen wie durch Selbstbeherrschung eine ruhigere Haltung
angeeignet. Von welchem Standpunkt man aber auch immer
Abel's Wirksamkeit beurtheilen mag, sie wird als eine ehrenvolle
erscheinen, und die Art seines Rücktritts ein Lichtpunkt in seinem
öffentlichen Leben bleiben. Zum königlichen Gesandten in Turin
ernannt, trat er später freiwillig in den Ruhestand und starb vor
nicht langer Zeit.

Die Trauermonate ließen mich die lärmenden Freuden und
öffentlichen Belustigungen meiden; doch sah ich den so überaus
gelungenen Künstlermaskenzug, welcher den Besuch des Kaisers
Max in Nürnberg vorstellte. Das Ganze war ungemein sinnreich
angeordnet, und erhielt dadurch noch ein besonderes Interesse, daß
der Künstler, welcher den Kaiser spielte, auffallend den Bildern
dieses ritterlichen Fürsten glich. Auch A. Dürer nebst anderen
Gestalten jener Epoche in historisch treuen Kostümen, ein Mummen-
schanz u. dgl. m. waren vortrefflich dargestellt. Wie in keiner
Stadt halten die Künstler in München zusammen, vereinigen sich
oft zu heiteren oder den Geist anregenden Unterhaltungen, und
selten nur vergeht ein Fasching oder ein Maifest, an dem nicht
irgend ein kunstvoll ausgedachtes Schauspiel witzige Laune oder
geläuterten Geschmack verriethe.

Schon seit längerer Zeit war der Besuch des Großherzogs
Leopold von Baden in München besprochen worden; er fand
nun wirklich in den ersten Tagen des Mai's statt. Für mich
war es nicht nur eine große Freude, meinen Landesherrn da begrüßen zu dürfen; die Begegnung der beiden Monarchen hatte
auch eine politische Bedeutung; man sah darin das Ende langer,
unerquicklicher Zerwürfnisse, einen öffentlichen Beweis aufrichtig

erfolgter Aussöhnung. Der Großherzog fand in Bayern ebenso
wohl einen freundlichen Empfang, als der kunstsinnige Fürst sich
von den großartigen Schöpfungen des Königs lebhaft angezogen
fühlte. Mit den herkömmlichen Hoffesten und dem unerläßlichen
Ceremoniel verband sich die genaue Besichtigung aller Merkwürdig=
keiten, und jede Stunde des achttägigen Aufenthaltes war demnach
im reichsten Maße ausgefüllt. Ich hatte die Ehre, dem Groß=
herzog das diplomatische Corps vorzustellen, und folgte ihm auf
der Rundschau der Neubauten und Kunstschätze, bei der — die
willkommenste Art, den Cyclus derselben zu durchlaufen — die
berühmten Meister zum Theile selbst ihre Werke erklärten. Der
Großherzog kehrte über Ingolstadt und Regensburg, wo er Festungs=
werke und Walhalla besah, nach Karlsruhe zurück.

Die Königin Karoline, welche gewöhnlich einige Monate das
Schlößchen Biederstein im englischen Garten bewohnte, erhielt
in jenem Frühjahre den Besuch der Prinzessin Marie von Hessen,
welche so ganz unerwartet die Verlobte des russischen Thronfolgers
geworden war. Die kaiserliche Braut, welche einige Jahre zuvor
ihre Mutter verloren, sollte sich bei der königlichen Tante auf
ihren künftigen, nicht leichten Beruf vorbereiten, und erhielt zugleich
den ersten Unterricht in der griechischen Religion. Mit Theil=
nahme verweilten die Blicke auf dieser interessanten, jugendlich
graziösen Erscheinung, deren etwas schwärmerische Züge ein Bild
Stieler's treu wiedergab.

An einem schönen Maimorgen machte sich eine kleine Gesell=
schaft von Herren und Damen auf den Weg und erreichte am
Abende Füßen, von da begab sie sich nach dem über alle Beschrei=
bung erhabenen, romantischen Hohenschwangau, wo der fürst=
liche Burgherr die Wallfahrer huldreich bewirthete. Zu gleicher
Zeit mit dem Kronprinzen verfügten wir uns sodann nach dem
nahe gelegenen Oberammergau, dort dem nur alle 10 Jahre

stattfindenden Passionsspiele beiwohnend.*) Auf dem reizenden Gebirgsweg, an dem herrlichen Ethal vorüber, kamen wir nach Partenkirchen, und kehrten, vom schönsten Wetter begünstigt, voll freundlicher Eindrücke zurück.

An dem glänzenden Wasserspiegel des weiten Starnberger See's erhebt sich ein kleines gothisches Schloß mit Thürmen, umringt von niedlichen Villen, die mächtige Benediktenwand und andere zackige Gebirgshäupter als Hintergrund. Es ist Possenhofen, der Sommersitz der herzoglich bayerischen Familie. Den Geburtstag ihrer königlichen Mutter zu feiern, hatte die Herzogin Louise dieselbe eingeladen, einige Tage dort zuzubringen. Die Grafen Colloredo und Dönhof vermehrten mit mir die Zahl der gebetenen Gäste. Während des ganzen Aufenthaltes strömte der Regen unaufhörlich herab; Ausflüge waren ganz unmöglich geworden; um so mehr belebten sich die sonst so stillen Räume des Schlosses; es wurden Charaden vorgestellt, es wurde gespielt, getanzt, und die muntere Jugend des Hauses trug auch zur Erheiterung bei. Wer hätte damals ahnen können, daß die eine der umherspringenden kleinen Prinzessinnen zwanzig Jahre nachher als Kaiserin von Oesterreich den Winter auf Madeira zubringen, eine andere aber, noch nicht geborne Schwester als Neapels heldenmüthige Königin in Gaëta die Augen einer bewundernden Welt auf sich ziehen würde? —

Eine Erholungsreise entfernte mich nun über sechs Wochen von München und gewährte mir durch Vorführung stets wechselnder Bilder eine ungemeine Befriedigung. Ich sah hier Bayreuth, Hof, Leipzig — mir noch unbekannte Städte, und hatte das ungewohnte Vergnügen, auf einer längeren Eisenbahn nach Dresden zu fahren. Es geschieht oft, daß, betritt man einen Ort zum ersten Mal, es uns dünkt, als wären wir schon oft dagewesen. Die Brühl'sche

---

*) Erinnerungsblätter S. 237.

Terrasse war mir aus Bildern nicht fremd, und die herrlichen
Gemälde in der Gallerie sahen wie liebe, alte Bekannte auf mich
herab. Wie alle Fremde erbaute mich der musikalische Gottesdienst
in der Hofkirche; ich durchstreifte den Zwinger, die Gärten, und
am wenigsten sprach mich das alte unansehnliche Theater an. Mein
Weg führte mich durch die sächsische Schweiz nach Böhmen, wo
ich acht frohe Tage auf dem Schlosse Königswart zubrachte.
Fürst Metternich umgab sich da wie gewöhnlich mit Diplomaten
aller Länder, und war das Leben auch nicht so großartig, wie auf
dem Johannisberge, so entschädigten dafür die näheren Beziehungen,
in welche man zu den täglichen, weniger zahlreichen Gästen trat.
Unter diesen nahm, außer der Gräfin Nesselrode, der geistreiche
Schriftsteller der vornehmen Welt, Fürst Pückler=Muskau, zu=
nächst unsere Aufmerksamkeit in Anspruch. Er war mit seiner
braunen, äthiopischen Adoptivtochter nach Marienbad gekommen,
und hatte in einem Schreiben an die Fürstin Melanie sich als
„einen vollendeten Lazarus angekündigt, der trotz Schmerzen, Fieber
und Schwäche in kleinen Tagreisen von Wien dort angelangt sei,
und sich durch die ihm gütig vermittelte vortreffliche Wohnung für
Menschen und Thiere befriedigt fühle“ u. s. w. Seine gewohnten
Manieren, die Sicherheit, das Selbstbewußtsein, mit dem er auf=
trat, nahmen weniger für ihn ein, als das fesselnde Gespräch, dem
er, gut gelaunt, immer eine pikante Wendung zu geben weiß.
Später werde ich von den ganz eigenen Beziehungen sprechen, in
welche ich ihm selbst und mir unbewußt, zu ihm trat.

Königswart hatte sehr viel gewonnen; die schönen Park=
anlagen ließen die unwirthliche Gegend vergessen, und das Schloß
selbst, neu und geschmackvoll hergerichtet, erhielt außer der Bibliothek
und der bekannten hussischen Sammlung, auch noch eine weitere
Zierde in der prachtvollen Kapelle, welche ein, von Gregor XVI.
geschenkter, reicher Altar, sowie Glasgemälde schmücken. Endlich
erhebt sich im Garten unter dunklen Tannen ein altes Cruzifir in

wild romantischer Umgebung, zu dem Pilger aus allen Theilen Böhmens wandern.

Ueber Pilsen, an dem Schwarzenberg'schen Schlosse Frauenberg vorüber, kam ich nach Budweiß, von wo die Pferdeeisenbahn bis zum Gmundnersee führt. Auf den Höhen, welche Böhmen von Oberösterreich trennen, überrascht ein entzückendes Rundgemälde: die Salzburger und Steyerer Alpen bis zum Schneeberge, und die gesegneten Fluren des Donauthals. Ich folgte nun einer Ein- ladung der Großherzogin Sophie von Baden nach Ischl. Sie brachte mit den Prinzessinnen Alexandrine und Marie einige Wochen dort zu, um eine Bade- und Luftkur zu gebrauchen. Ischl ist mit keinem anderen Kurort zu vergleichen; es ist nicht das Wasser, das Salz, die Luft, es sind nicht die Molken, welche hier ausschließend Krankheiten oder verstimmte Gemüther heilen; es verdankt seinen Ruf nur der Vereinigung all der seltenen Vorzüge, welche das reizende Thal in so reichem Maße bietet. Mitten in dieser üppig-grünen Alpenwelt tritt uns in jedem der herrlichen Thäler eine andere Natur-Schönheit überraschend entgegen, hier Wasserfälle, dort gigantische Felsenmassen, hier ertönt des Hirten frische Stimme, dort erlauscht der Jäger die Gemse auf einsam steilem Pfade. Jeder der 14 Seeen, welche sich um den Schaaf- berg, wie ein Halsband von Smaragden, reihen, bietet wieder einen eigenthümlichen Reiz, doch von allen Ausflügen zog mich immer am meisten die Gosau an. Hat man auf der Bergstraße neben dem schäumenden Waldbach das weite Thal erreicht, und biegt da um die Ecke, so tritt plötzlich ein pyramidenartiger Felsen hervor und von Minute zu Minute immer wieder ein anderer — es sind die Donnerkogel, die, versteinerten Riesen gleich, wie eine Leib- wache bilden dem im Hintergrunde sich majestätisch erhebenden Dachstein mit seinem Gürtel von ewigem Eise. Terrassenförmig erhebt sich die wilde Thalschlucht mit den beiden Gosauseeen bis zur Gletscherwand. — Ein frohes, harmloses, um die Welthändel unbekümmertes Volk bewohnt das schöne Salzkammergut; die Besucher selbst aber sind größtentheils Oesterreicher. Ischl ist der Lieblingssitz der kaiserlichen Familie geworden, und um sie schaaren sich der höhere Adel, wie die Beamtenwelt. In jenem Sommer nun bewohnte auch Marie Louise, die man als Herzogin von Parma mit dem Titel der Majestät begrüßte, eine Villa. Sie kam öfters mit der Großherzogin zusammen, die sich überdieß mit einem freundlichen Zirkel gebildeter Herren und Damen umgab. Die Fürstin Karoline v. Fürstenberg mit ihrer immer gleich heiteren Laune, die Kurländischen Prinzessinnen schlossen sich da an die Gräfin Fl. Wrbna an. Diese liebenswürdige Frau hatte sich als Wittwe in Ischl angekauft, und ihr Haus — Palazetto genannt — mit dem nur ihr eigenen Geschmacke eingerichtet. Eine nicht gewöhnliche Freundschaft hatte sie für's Leben mit der mehr männlich gelehrten, als im täglichen Umgange angenehmen Fürstin Therese Jablonowska geschlossen. Bis in ihr höheres Alter erhielt die Gräfin Flore jene Frische und Anmuth des Geistes, welche sie so beliebt, und zum Mittelpunkt der auserlesensten Gesellschaft machte. Sie starb 1857.

Wie auf der Hinreise hatte die Großherzogin Sophie auch auf dem Rückwege einige Tage bei der Königin Karoline in Biederstein zugebracht. Zugleich war auch das neuvermählte H. Leuchtenbergische Ehepaar in München eingetroffen, daher wiederholt Diners, Concerte und dgl. Später belebte sich dann auch wieder Tegernsee, wo abermals das russische Element vorherrschte. Doch sah man da auch den König von Sachsen, der die höchsten Berge bestieg, und, rüstig wie immer, seine gewohnten botanischen Wanderungen fortsetzte. Ein nicht minder willkommener Gast war der Graf v. Chambord, der gerade seinen 20. Geburtstag — den 29. Sept. — in Tegernsee zubrachte. Ein schöner, blonder, junger Mann, mehr untersetzt als schlank, nahm er durch sein anspruchsloses Erscheinen ein. Seine natürliche Ruhe und Einfachheit

stand im entschiedenen Gegensatz zu den ihn stets umbrausenden
politischen Leidenschaften und sich vielfach durchkreuzenden Intriguen
seiner Partei. Der freundliche Ausdruck seines Gesichts entsprach
auch seiner wohlwollenden Art und ich war immer der Ansicht, daß
der junge Prinz sich zur Uebernahme der ihm bestimmten Krone
nur wie dem Gebote einer unausweichbaren Pflicht unterzogen
hätte; sein wenig energischer Charakter ließ ihm den Thron nicht
wünschenswerth, mehr als eine Last erscheinen, und wohl nur un=
gern gegen eine behagliche, unabhängige Stellung vertauschen.
Nicht so dachten und denken seine Umgebungen und Anhänger, die
in ihm immer den legitimen König verehren, und, wenn er gleich
kinderlos, doch von keiner Aussöhnung mit den Orleans wissen
wollen. Auch in München, wo der Prinz mit Polignac zusammen
traf, brachte er von seinen zahlreichen Verehrern gefeiert, eine Woche
zu. Ich befand mich gerade zufällig bei dem Prinzen, als er die
überraschende Nachricht von der Landung Louis Napoleon's an der
Küste von Boulogne erhielt. Es war nicht ohne Interesse, ihn,
bei dem Erfolge eines so unsinnigen Unternehmens nahe betheiligt,
darüber sprechen zu hören, und als dritter Bewerber äußerte er
scherzweise über diesen Kampf seiner beiden Gegner um die fran=
zösische Krone: was wohl geschehen, wäre es dem kühnen Prätendenten
gelungen, den gerade mit seiner Familie im Schlosse Eu befindlichen
Ludwig Philipp gefangen zu nehmen? Doch anders war es in den
Beschlüssen der Vorsehung bestimmt und beinahe noch kläglicher,
als der Straßburger, endete dieser Versuch; vergebens hob sich ein
gezähmter Adler in die Lüfte, und der junge Abenteuerer, der
sein Leben nur der Großmuth des Königs verdankte, hatte sechs
Jahre lang hinreichend Zeit über die Pläne einer glänzenden Zu=
kunft in Ham nachzudenken!

Vielseitig und verwickelt gestalteten sich die politischen Ereig=
nisse dieses Jahres 1840, das auch zahllosen Prophezeiungen zu
Folge als ein verhängnißvolles in der Geschichte erscheinen sollte.

Doch diese gespannten Erwartungen gingen nur zur Hälfte in Erfüllung; ein betäubender Kriegslärm hatte sich zwar über halb Europa verbreitet, doch beschränkte sich das blutige Schauspiel auf den Kampfplatz in Syrien, wo man seit Richard Löwenherz zum erstenmale wieder Oesterreichs und Englands Fahnen gemeinschaftlich auf den Thürmen von St. Jean d'Acre wehen sah! Während Frankreich unter dem kleinen, beweglichen Tiers sich zum allgemeinen Kriege rüstete, man in Deutschland sich an: „sie sollen ihn nicht haben" heiser sang, schlossen die vier Großmächte ganz in der Stille einen Friedensvertrag in London ab, und die schon halb gezückten Schwerter kehrten wieder in die Scheide zurück. Das gedemüthigte Frankreich erhielt ein neues Ministerium — 29. Okt. — und England wandte nun seine Kräfte dem aufrührerischen Canada, dem unruhigen Indien, der Opiumfehde in China u. dgl. zu. Die Königin hatte sich aber mit dem Coburg'schen Prinzen Albert vermählt.

Wie in den zwei früheren Jahrhunderten bezeichnete auch in diesem die Zahl 40 einen Regentenwechsel in Preußen. König Friedrich Wilhelm III. starb den 1. Juni, und erwartungsvoll sah man den Veränderungen entgegen, welche die neu aufgehende Sonne bringen sollte.

Endlich führte von der fernen Felseninsel — dem großartigsten Grabeshügel — der Seefahrer Joinville die Ueberreste Napoleons im Dezember nach dem Invalidendome von Paris.

1841.

Mit diesem Jahre fand eine 10jährige Periode in der Politik ihren Abschluß. Anfangs den Stürmen der Revolution preisgegeben, wurde Europa zuletzt mit dem Ausbruche eines allgemeinen Krieges bedroht — nun trat aber unverhofft, und zwar auf längere Zeit Ruhe ein. Ich schrieb damals: „das mühsam genug zu Stande gebrachte Flickwerk, womit man die Gewitter d. J. 1840

beſchworen, ſichert uns einige Erholung nach ſo langer Ungewiß=
heit und allenthalben verbreiteten Wirren. Doch iſt dieſe Heilung
keine gründliche; der gegenwärtige Zuſtand der Dinge beruht nicht
auf einem natürlichen Gleichgewicht, nicht auf den eigentlichen
Intereſſen der Fürſten und Völker, er ſtützt ſich vielmehr auf die
Stärke der Heere, deren Gewicht verderblich auf die Finanzen aller
Staaten drückt, und iſt zunächſt auf Perſönlichkeiten berechnet. Die
zwei Hauptträger des Syſtems eines Friedens um jeden Preis
leben in Paris und in Wien. In einem Jahre (1773) ge=
boren, ſind ſie vielleicht einſt beſtimmt, auch wieder
zuſammen in demſelben Jahre den Schauplatz ihrer poli=
tiſchen Thätigkeit zu verlaſſen!" —

Der geſchloſſene Friede war demnach mehr einem vorüber=
gehenden Waffenſtillſtand zu vergleichen, dagegen nahmen die ſoge=
nannten materiellen Intereſſen einen früher nie geahnten Aufſchwung.
Ungeheure Summen wurden für Eiſenbahnen, Induſtrieanſtalten
aller Art ausgegeben; das Bank=, das Actienweſen, und mit ihm
der Börſenſchwindel gedieh zur vollen Blüthe.

Die Geſelligkeit im Faſching 1841 drehte ſich zumeiſt um
den Wunſch, die lebensfrohe Großfürſtin Marie von Leuchtenberg
zu unterhalten. Man war ſinnreich in Erfindung neuer Spiele
und Feſte, welche mit jedem Tage wechſelten. Von den Hofzirkeln
bis zu den Häuſern des Adels und den geſellſchaftlichen Vereinen
wetteiferte man in Einladungen und in Bereitung überraſchender
Kunſt= und anderer Genüſſe. Die Kaiſertochter, der Gegenſtand
bewundernder Huldigungen, war ungemein zart gebaut, von einer
unglaublich feinen Taille, welcher auch eine ausgeſuchte, reiche und
geſchmackvolle Toilette entſprach. Ihr edles, marmorbleiches Geſicht
erinnerte im Profil ganz an die Züge ihres Vaters, und glich
deßhalb auch den Porträten Katharina's II. Die Großfürſtin war
gut umgeben — die liebenswürdige Oberhofmeiſterin v. Saharzewsky
und der talentvolle Graf Wilhorsky waren in ihrer ſteten Begleitung.

Der Herzog Max von Leuchtenberg, militärisch erzogen, von mehr soldatischer, als vornehmer Haltung, sah sich in einen, seinen bisherigen Gewohnheiten und Neigungen fremden Kreis gezogen; er vertauschte eine freie, angenehme Existenz gegen eine zwar glänzendere, doch immerhin abhängige Stellung, verließ das Land seiner Jugend, das er lieb gewonnen, für die kalte Residenz an der Newa, verkaufte seine herrlichen Besitzungen in Italien, entfremdete sich immer mehr Bayern — um nach 12 Jahren einer aus Liebe geschlossenen, mit Kindern gesegneten Ehe noch jung brustkrank zu sterben. Sonderbares Geschick der beiden Brüder, von denen jeder an den entgegengesetzten Enden Europa's ein frühes Grab fand.

Auch die letzte unvermählte Schwester des Herzogs, Prinzessin Theodolinde, wurde im Februar dem Grafen Wilhelm von Württemberg angetraut.

Die verwirrten griechischen Angelegenheiten brachten auch einen Abgesandten König Otto's nach München. Maurocordato, in Ausdruck und Farbe des Gesichts an seine Abkunft erinnernd, war ein gewandter Geschäftsmann, wohl einer der fähigsten der Hellenen, dabei angenehm im Umgange. Außer den Bundesangelegenheiten war eigentlich die griechische Frage zu jener Zeit für Bayern die einzige von politischer Bedeutung; sie erhielt eine erhöhte Wichtigkeit durch die fortwährenden Verlegenheiten, welche die Finanzlage dem jungen Reiche bereitete; es gab da Konflikte mit den Großmächten, und nicht selten wurde auf Bayerns thätige und klingende Nachhülfe gerechnet. Auch die junge Königin des Archipels erschien und bewegte sich anmuthsvoll in der zierlichen Nationaltracht am Münchener Hofe. Sie traf hier mit dem Großherzog von Oldenburg und seiner noch immer schönen Gemahlin Cäcilie zusammen.

Eine Urlaubsreise, auf welcher ich einen Theil der Schweiz besuchte, ließ die schmerzlichsten Erinnerungen in mir zurück, und

Ende August war ich schon wieder in München, um mit dem Grafen Colloredo eine kleine Fußreise nach Tyrol anzutreten. Wir durchstreiften das Achen, das Zillerthal, besuchten die Duxerferner und kehrten über das liebliche Unterinnthal nach Tegernsee zurück. Hier wurde nun die Königin Karoline von zahlreichen hohen Verwandten begrüßt. Es schien, als habe sie alle eine Ahnung des nahen peinlichen Verlustes ergriffen, so sehr drängten sich Töchter, Nichten und Enkel um die erlauchte Frau, die, ihrer sichtbar zunehmenden Schwäche ungeachtet, sich dennoch gerne der längst gewohnten Lebensweise im schönen Schlosse erfreute. Selten war ein Jahr vergangen, in welchem nicht eine oder mehrere ihrer königlichen Töchter jene Freuden mit ihr theilte, — die vortreffliche Königin Marie von Sachsen, die Erzherzogin Sophie mit den drei jungen Prinzen und der allerliebsten kleinen Anna — dazu kam nun noch Elise, zum ersten Male als Königin von Preußen. Auch die Großherzogin Sophie von Baden, die hessischen Herrschaften blieben einige Tage. So ging, wie immer, unter lebhaftem Treiben der letzte Aufenthalt der gastfreien Königin in Tegernsee zu Ende, eine gleich dankbare wie wehmüthige Erinnerung in dem Gemüthe der Zeugen so genußreicher Tage zurücklassend! — Aber auch in München, seit Jahren schon mit hohen Gästen angefüllt, vermehrte sich mit jedem Tage die Zahl der fürstlichen Besuche. Die Großfürstin hatte die Stadt verlassen, dagegen waren außer den schon Genannten nun auch die beiden Großherzoginnen von Baden zusammen angekommen. Ich wurde daher während des Monats Oktober beinahe täglich zur königlichen Tafel gebeten, an welcher jede der beiden Fürstinnen abwechselnd immer über den anderen Tag speiste. Dazu kam noch die Anwesenheit des Fürsten Metternich mit seiner Familie, und eines Abends vereinigte ein Salon im Gasthof zum goldenen Hirschen, wo sie wohnten, die Großherzogin Sophie, Fürst und Fürstin Metternich und den sie besuchenden König Ludwig. Die Großherzogin Stephanie war im

bayerischen Hof abgestiegen, den sie längere Zeit wegen Unwohl=
seins nicht verlassen konnte. Ich sah da in ihrem Salon den
Vicomte d'Arlincourt, in seiner Eigenschaft als fanatischer Legitimist,
tendenziöser Romanschriftsteller und eitler Schwätzer doppelt und
dreifach aufgeblasen und widerwärtig. Er erwähnt in seiner Art
absprechend und unwissend, wie immer, auch seiner Münchener
Erlebnisse im „Pelerin".

In den ersten Tagen Novembers zog die Königin Karoline
in die Stadt und gab ihre gewohnten Abendgesellschaften fort, bei
welchen sich nach der Reihe die hohen Besuche verabschiedeten; nur
die Königin von Preußen war geblieben, und den 11. der König
selbst, sie abzuholen, angekommen. In der letzten Zeit hatten die
Kräfte der Königin in beunruhigender Weise abgenommen und sie
war mehrere Tage zu Bette geblieben. Dennoch wurde zur Feier
des Geburtstages der älteren Zwillingsschwestern (13. November)
eine größere Gesellschaft zum Thee geladen. Sie erschien jedoch
nur, um an dem Sterbbette der verehrten Frau knieend zu beten.
Die königliche Familie, mehrere Gesandte und der Hofstaat waren
die trauernden Zeugen dieser erhebenden Scene. Der Oberhof=
prediger Schmidt hatte die Königin noch kurz vorher zum Tode
vorbereitet, sie selbst ihre herzoglichen Enkel gesegnet. Der festliche
Anzug der eingeladenen Gäste stand im traurigen Kontraste zu
dem herzzerreißenden Auftritte, zu der laut schluchzenden Umgebung.
Die Königin entschlief sanft gegen 11 Uhr, und ihr Tod ließ eine
fühlbare Lücke in allen Schichten der Gesellschaft zurück. Sie
wurde aufrichtig und tief nicht nur in den ihr näher stehenden,
sondern auch in weiteren Kreisen beweint, da ihr Wohlthätigkeits=
sinn bekannt und ihr Hang, Schönes und Gutes zu fördern,
immer rege war.

Schon einmal unterzog ich mich der peinlichen Aufgabe, von
der Begräbnißfeierlichkeit zu sprechen,*) und kann auch hier wie dort

---

*) Erinnerungsbl. S. 196.

nur wiederholt die Ueberzeugung aussprechen, daß die dabei stattgefundenen Thatsachen nur auf unbegreiflichen Mißverständnissen,
wie dem Mangel einer vorgängigen Besprechung der Hofbehörde
mit der Geistlichkeit, beruhen konnten. In diesem Sinne wenigstens
legte es der König aus, welcher einige Tage nachher den preußischen und sächsischen Gesandten wie mich rufen ließ, um uns in
entschiedenen Ausdrücken zu erklären, daß alles Vorgegangene gegen
seinen Willen und Wissen geschehen, und so lange Er Herr, sich
solche ärgerliche Auftritte nicht wiederholen würden. Die Königin
Karoline sei ihm stets eine theuere Mutter gewesen, sie habe nie
bei ihren Wohlthaten einen Unterschied zwischen Katholiken und
Protestanten gemacht, als Landesmutter alle Unterthanen gleich
behandelt und bedacht, und er wünsche, fügte er bei, daß man
diese seine Gesinnung allgemein erfahre. Mit dieser beruhigenden
Erklärung war die Sache zwar äußerlich abgethan; es gährte aber
noch lange in den Gemüthern, und das Stadtgespräch, von leidenschaftlichen Erörterungen begleitet, nahm kein Ende. Die gerechte,
durch so gereizte Stimmung noch erhöhte Trauer machte den
Winter von

1842

noch stiller und unbehaglicher; ich brachte ihn daher meist nur in
den vertrauten Kreisen näherer Bekannten zu, und besuchte außer
dem Hause Cetto auch häufig die Familie des sardinischen Gesandten
Pallavicini. Sein Haus war auf einem großartigen Fuße eingerichtet und gehörte in seiner Art, wenigstens in Deutschland, zu
den selteneren Erscheinungen. Die Mutter des Gesandten, deren
Geburt in eine unvordenkliche Zeit fiel, leitete unumschränkt den
Haushalt wie die Einladungen. Der Sohn, die Enkel, vorzüglich
aber die Schwiegertochter fügten sich mit aufopfernder Hingebung
in den eigenmächtigen Willen wie in die Launen der alten Dame.
Sie war stets von ausgesuchten Aufmerksamkeiten umgeben, und

da sie wenig schlief, so setzte sie beinahe Tag und Nacht Alles in Bewegung. Auf ihren Wunsch wurde Mittags und Abends der Salon von Gästen nicht leer, und fortwährendes Spiel war dabei die Hauptunterhaltung. Die originelle Matrone schrieb in einem nur ihr eigenen Style Morgenbillette und wußte auch ihrem Gespräche immer eine komische Wendung zu geben; ein weiblicher Page, „gewärtig ihres Winkes", befand sich immer in ihrer Nähe. Einmal sprach ich ihr von der Schönheit und liebenswürdigen Grazie der Dssa. d'Abba, worauf sie mir mit dem Ausdrucke eines unbeschreiblichen Selbstbewußtseins erwiderte: „é Lomellino!" als ob alle jene Vorzüge einer Frau, welche ihrer eigenen Familie angehörte, sich von selbst verstünden. Die Schwiegertochter war vom Hause Doria, und ihr wie Pallavicini's Benehmen gegen die alte Frau um so schöner, als diese den großen Aufwand für die Gastfreiheit nicht bestritt.

Ein anderer italienischer Diplomat, Msgr. Viale-Prela, Erzbischof von Carthago, wurde zum päpstlichen Nuntius ernannt und vereinigte alle Eigenschaften, welche zu seinem Berufe gehörten: seinen Anstand, umsichtige Thätigkeit, sittliche Haltung und die volle Kraft der Ueberzeugung, welche er, wenn gleich in der gefälligsten Form, doch immer offen und rücksichtslos bekannte. Viale war in München geschätzt und beliebt, wie er es verdiente; ich werde ihm, dem ich Jahre lang befreundet, wieder auf dem Schauplatze einer größeren Wirksamkeit begegnen.

Ein ungemein freudiges Ereigniß für die königliche Familie war die Vermählung der Prinzessin Adelgunde mit dem Erbprinzen von Modena. Seit 1833 hatte keine ähnliche Feier mehr in München stattgefunden. Die Verbindung war in jeder Beziehung erwünscht, und die Kurfürstin Leopoldine erfreute sich vor Allen dieser Erneuerung der Familienbeziehungen. Der Herzog-Vater und ein jüngerer Bruder begleiteten den fürstlichen Bräutigam nebst zahlreichem Gefolge. Die Trauung selbst wurde in sehr

feierlicher Weise am 30. März in der Allerheiligen-Hoftirche durch
den Erzbischof v. Gebsattel vollzogen. Feste folgten in gewohnter
Weise. Die erlauchte Braut, von mehr angenehmen, als regel=
mäßigen Gesichtszügen, mit einem sanften Blicke, benahm sich mit
graziöser Würde und Takt und zeigte auch später im Reichthum
und Glück wie in den vielfachen Prüfungen während einer leider
kinderlosen Ehe den vollen Gehalt ihrer schätzenswerthen Eigen=
schaften. Zwanzig Jahre sind nun seit jener Zeit verflossen,
Franz IV. wie sein zweiter Sohn, nach kurzer Ehe (1849),
heimgegangen, und Franz V., der jetzt regierende Herzog, mit
Adelgunde aus dem Lande seiner Väter durch schändlichen Verrath
vertrieben, ist nun in Oesterreich, wo er einen freundlichen Zufluchts=
ort fand.

Am Tage der großen Sonnenfinsterniß begab ich mich über
Erlangen und Bamberg nach Kissingen, wo mich nicht eine
Badekur, wohl aber ein Kreis guter Bekannten acht Tage festhielt.
Ich traf da Tettenborn, Blittersdorf, Dubois, Varnhagen, und
besuchte Zedlitz, der täglich im Schweiße seines Angesichtes einige
Strophen seines „Waldfräulein" dichtete. Die Frische der Verse
läßt nicht die ungünstigen Umstände ahnen, unter denen sie ent=
standen. In der Trinkhalle wurde ich der Königin von Württem=
berg vorgestellt, und eines Morgens überraschte uns die Kunde
von dem tragischen Tode des Herzogs von Orleans in Paris.
Lebensweise wie die Umgebungen Kissingens sprachen mich nur
wenig an; der Ragozzi ist nicht geselliger Natur; der Kursaal
war wenig besucht, Pharao und Roulette wurden mäßig gespielt,
und die Vorstellungen im mittelmäßigen Theater Nachmittags
4 Uhr luden mehr zum Schlafe, als zur Unterhaltung ein.
Freunde Kissingens preisen die Gegend, welche mir einförmig er=
schien; wohl erheben sich einige kahle Berge mit Burgruinen, aber
träge schleicht die Saale durch das nicht reizende Thal. Von da
führte mich der Weg über das grün, beinahe idyllisch gelegene

Meiningen nach Gotha mit seinen anziehenden Umgebungen; ich lernte die Naturschönheiten des Thüringer Waldes kennen und erreichte endlich Weimar, wo mich Merkwürdigkeiten aller Art wie werthe Freunde erwarteten. Diese Stadt, von waldigen Höhen und herrlichen Anlagen umgeben, zehrt noch immer an ihrem alten Ruhme. Die Gegenwart vermag nicht gleichen Schritt zu halten mit den Erinnerungen an eine glänzende Zeit. Die großen Todten, deren Särge Weimar birgt, werden zu oft genannt, um nicht die Lebenden darüber zu vergessen. Dennoch bleibt Weimar immer noch der Sitz eines regen literarischen und künstlerischen Strebens, und im Schlosse sah ich mit Vergnügen — den Münchnern im Kleinen nachgebildet — niedliche Fresken, historische Gegenstände vorstellend. Ich traf in Weimar, außer Plötz, auch Ap. v. Maltitz, den ich schon in München gesehen, wo er sich mit der Gräfin El. v. Bothmer vermählt hatte. Er ist nun über 20 Jahre der Vertreter Rußlands am Hofe zu Weimar. Mehr als die Politik war aber stets Dichten seine Leidenschaft; er dichtete an den Ufern der eisbedeckten Newa wie in den Urwäldern Brasiliens, er dichtete an den Heilquellen der Rheinlande wie auf den Höhen des Wiener Waldes, im Schatten der Propyläen zu München wie am Grabe Göthe's und Schiller's. Maltitz ist eine gemüthliche, ächt deutsche Dichternatur, und es lohnt sich daher immerhin der Mühe, zu erfahren, wie eigentlich ein russischer Diplomat Poesie treibt. Sinngedichte, Sonette, lyrische und elegische Verse sind theils sentimental, theils humoristisch gehalten. Der Witz dabei bleibt sich nicht immer gleich; er ist bald treffend, dann wieder gesucht und unverständlich, doch meist harmlos; bei einer solchen Menge von Raketen verpuffen gar viele, ihre Wirkung verfehlend, während andere erleuchten und erfreuen. Maltitz wurde häufig mit einem anderen Schriftsteller gleichen Namens verwechselt, mit dem er jedoch, ihm zum Ruhme, weder geistig noch in irgend einer anderen Weise verwandt ist.

Nun war Berlin das Ziel meiner Reise. Die Eisenbahn führt in die flach gelegene Residenz, ohne daß man ahnt, schon angekommen zu sein. Die Jahreszeit war für einen Aufenthalt die ungünstigste; eine glühende Hitze lag auf den veröbeten Straßen, und die Vorstellungen in den Theatern waren in dem Grade unbedeutend, als sie meist vor leeren Bänken abgespielt wurden. Nur überraschte mich das herrliche Opernhaus, das bald darauf abgebrannt, nun von dem neuen an prachtvoller Dekorirung noch weit übertroffen sein soll. Die Architektur der Kirchen und öffentlichen Gebäude läßt viel zu wünschen übrig; doch als eifriger Tourist schenkte ich mir pflichtgetreu keine all der Merkwürdigkeiten und Gallerien. Ich bestieg sogar nicht ohne Anstrengung in dem heißen, tiefen Sande den Kreuzberg, welcher nach genauen Messungen 17 Fuß über der Meeresfläche liegen soll; ich übersah hier die sich in trostloser Gegend weit ausdehnende Stadt mit ihren wenigen, geschmacklosen Thürmen. Zwei Ansichten aber waren es, die mich in Berlin wahrhaft überraschten und fesselten. Es ist zunächst der Ueberblick, wenn man aus dem schönen Thiergarten unter das majestätische Brandenburger Thor tritt und das Auge von da über die Linden und all die herrlichen Paläste, Monumente und Statuen schweift, ein Gemälde, — nur dem römischen Forum zu vergleichen — dessen Hintergrund das imposante Schloßgebäude bildet. Ein Schauspiel anderer Art erfreute mich in Sanssouci: es läßt sich nichts Lieblicheres, nichts durch Wasser und Waldesfrische Erquickenderes denken, als diese wundervollen Anlagen und Inseln mit den reizenden königlichen Villen.

Hof, Gesellschaft, Künstler waren auf Reisen oder in Bädern; nur von dem anwesenden Theil des diplomatischen Corps — Meyendorf, Lerchenfeld, Westmorland, Frankenberg — wurde ich freundlich aufgenommen, und den Abend brachte ich gewöhnlich bei Bresson — Pariserplatz — zu. Dieser, ein großer, schöner Mann, ein gewandter Diplomat, galt für einen der Hauptträger der Politik der Julidynastie. Er hatte die Heirath des Herzogs von Orleans eingeleitet, und schon von einer glänzenden Zukunft geträumt, als seine Hoffnungen durch den unerwartet frühen Tod seines Gönners eine erste, bittere Enttäuschung erfuhren. Bresson's Haus in Berlin war eines der angenehmsten, und er erst kurz zuvor mit einer jungen, hübschen Frau aus einer mir befreundeten Familie vermählt. Später nach Neapel ernannt, fand er sich dort, weil er den Botschafterposten in Madrid nicht erhalten konnte, so sehr in seinem Ehrgeize verletzt, daß er sich in einem Augenblick von Geistesverwirrung den Tod gab.

1842 gilt mit Recht als ein Feuerjahr; überall vernahm man von in Flammen stehenden Ortschaften, von Waldbränden, Hamburg wurde von einer furchtbaren Feuersbrunst heimgesucht, und selbst in Berlin schreckte mich beinahe jede Nacht das unheimliche Tuten der Nachtwächter auf; endlich in Kissingen brannte sogar das Strohdach der Eisgrube ab; zwei feindselige Elemente kamen somit in nahe Berührung.

Wiederholt und stets mit demselben Vergnügen besuchte ich Dresden, wo ich außer einigen Bekannten auch die Fürstin M. Gortschakoff fand, und eine huldvolle Einladung an das königliche Hoflager nach Pillnitz erhielt. Die wohlwollende Einfachheit der königlich sächsischen Familie ist bekannt; ich sah da außer den Majestäten auch die Prinzessinnen Auguste und Amalie. Ich hatte die Ehre, neben der Letzteren an der Tafel zu sitzen, und das Gespräch führte natürlich auf die Lustspiele dieser fürstlichen Dichterin. Zufällig wurde an jenem Abend in Dresden eines derselben, „Vetter Heinrich“, zum ersten Male gegeben, und als ich sie fragte: was sie bei solchen Vorstellungen empfinde? erwiederte sie mit der ihr eigenen Bescheidenheit, daß das ausgezeichnete Spiel der Künstler wie die freundliche Nachsicht des Publikums sie der sonst so begreiflichen Sorge und Angst wegen des Erfolgs enthebe.

Ueber Annaberg und Karlsbad kehrte ich zu einem aber=
maligen 14tägigen Besuche nach Königswart zurück; wieder
dieselbe bewegte Lebensweise, wieder die immer gleich große Zahl
der Gäste, unter denen die Fürsten Windischgrätz und Esterhazy,
die Lords Roden und Brabazon, Graf Flahault u. a. m.

Bei meiner Rückkehr nach München erwarteten mich neue
Feste, Reisen und Zerstreuungen. Den 12. Oktober fand mit
den üblichen Feierlichkeiten die Vermählung des Kronprinzen mit
der Prinzessin Marie von Preußen statt. Die königliche Familie,
die durchlauchtigsten Eltern der hohen Braut, die Minister, die
Gesandten, die Generalität und der Hofstaat wohnten der Trauung
in Galla bei. Die noch sehr junge Neuvermählte, klein, aber
graziös, gefiel durch ihr bescheidenes Auftreten und ihre liebliche
Erscheinung.

Für den 18. und 19. Oktober waren die deutschen Gesandten
vom König zu zwei großartigen Festlichkeiten nach Regensburg
eingeladen; auch Prinz Wilhelm von Preußen und Gemahlin
folgten dem Hofe dahin. Während am 18. das Jahre lang vor=
bereitete Werk vollendet war und der wunderschöne Bau der
Walhalla endlich in der ergreifendsten Weise eröffnet wurde,
legte der König des anderen Tages, gleichfalls unter begeisternden
Reden, den Grundstein zu der großartigen Halle, welche er dem
deutschen Kriegsruhme in den Befreiungsjahren bei Kelheim errichten
lassen wollte. Der König war dabei in der heitersten Laune, und
das seltene Fest wurde glücklicher Weise von dem schönsten Herbst=
wetter begünstigt; den folgenden Tag fuhren wir im tiefsten Schnee
nach München zurück.

So wie ich schon früher*) von diesen zwei denkwürdigen
Tagen umständlich gesprochen, so muß ich auch einer späteren
Zeit vorbehalten, meine weiteren Ansichten und Bedenken über die

---

*) Erinnerungsbl. S. 232 u. flg.

Ausführung wie den Zweck dieser Riesenbauten in einem besonderen Aufsatze niederzulegen.

Doch für mich war die Reihe der Hoffeste noch nicht zu Ende. Anfangs Dezember fuhr ich dem Erbgroßherzog und dem Prinzen Friedrich von Baden nach Augsburg entgegen. Sie hielten sich auf ihrer Reise nach Wien — ihr erster größerer Ausflug — 10 Tage in München auf, und die Obersten C. v. Roggenbach und v. Hinkeldey befanden sich in ihrem Gefolge. Die Prinzen, von der königlichen Familie auf's herzlichste bewill= kommt, ließen einen ebenso günstigen Eindruck zurück, als sie sich selbst des vielen Sehenswerthen in München erfreuten.

Der Beginn des Jahres

1843

brachte wieder eine Ständeversammlung, doch war es kein Budget= landtag, daher weniger bewegt. Die Verhältnisse waren in den drei Jahren ungefähr dieselben geblieben; das Ministerium Abel hatte sich befestigt, und in der zweiten Kammer, vom Grafen C. Seinsheim präsidirt, traten wieder die bekannten Redner auf. Die Kammer der Reichsräthe leitete Fürst C. E. Leiningen, ein gut= gesinnter, wohlwollender Weltmann, der, allgemein beliebt, an den Fragen des Tages lebhaften Antheil nahm. — In nicht geringe Besorgniß wurden wir durch die Nachricht von der Erkrankung des Prinzen Friedrich in Wien versetzt. Sie ging glücklicher Weise ohne nachtheilige Folgen vorüber.

Im Februar erhielt ich ganz unerwartet meine Abberufung von München und die Ernennung in gleicher Eigenschaft zum großherzoglichen Minister=Residenten nach Paris. Doch meine Abreise verzögerte sich durch die Rückkehr der Prinzen, welche ich in München erwarten wollte. Sie erschienen Anfangs Juni in Begleitung des Erzherzogs Stephan, welcher mit einem, an die Kaiserfamilie erinnernden Aeußeren Gewandtheit und lebhaften Geist

4*

verband. Der Erbgroßherzog aber, welcher in Jugendfrische und einnehmendem Wesen auftrat, wird mir immer unvergeßlich bleiben, und nichts ließ in dem jungen, an Körper und Seele gesunden, schönen Prinzen das traurige Loos voraussehen, welches die Vorsehung in ihrem unerforschlichen Rathschlusse ihm bereiten sollte! Noch erinnere ich mich, wie er, da von der Walhalla die Rede war, in jugendlichem, edlen Selbstgefühle ausrief: „Sehen möchte ich sie wohl, aber würdig zu sein, einst in ihren Räumen aufgenommen zu werden, dieß wäre mein sehnlichster Wunsch." Ich glaube mir erlauben zu dürfen, einen Brief, den der Prinz an mich richtete, im Auszuge mitzutheilen. Er ist aus Wien vom 22. Januar 1843 datirt — derselbe Tag sollte 15 Jahre nachher der letzte seines vielgeprüften Lebens sein! — Er schrieb: „Schon längst hätte ich Ihnen gerne von Herzen für Ihren Brief vom 22. v. M. und das versprochene Tagebuch über unseren Münchener Aufenthalt gedankt. Ich trage diesen Dank nun aufrichtig nach, sowie ich mich gerne in Ihr freundliches Andenken zurückrufe. Anfangs waren es hundert kleine Abhaltungen, dann die traurige Krankheit meines guten Bruders, welche mich am Schreiben hinderten! Gott sei Dank! heute geht es wieder besser mit ihm, aber die letzten drei bis vier Tage war es mir recht bange um sein liebes Leben; er hat nun beinahe aufgehört zu phantasiren, er schläft besser, sein Puls schlägt deutlicher und voller! Die Hoffnung zu seiner Rettung hatte ich nie verloren, und tritt keine schlimmere Krisis ein, so ist die größte Gefahr vorüber! Was mein Herz bei allen seinen Leiden fühlt, können Sie sich leicht denken! und meine armen Eltern in der weiten Ferne dauern mich am meisten! Hier in Wien haben wir die freundlichste Aufnahme von der Welt gefunden: bei den Majestäten, bei der Erzherzogin Sophie, dann bei den guten Metternich's, und endlich in der ganzen Gesellschaft! Fürstin Melanie, welche ich wieder diesen Morgen gesprochen, grüßt sie herzlich; sie erinnert sich gerne an die Zeit Ihres Hierseins. —

Da ich leider mit meinem armen Kranken nicht in Berührung kommen darf, so habe ich unsere neue Wohnung im Lichtensteinischen Palais (Herrngasse) beziehen müssen; ich ließ sie ganz schön herrichten und meubliren. Wenn Sie Fürst Leiningen sehen, so danken Sie ihm vielmal für seinen Brief, den ich nächstens beantworten werde. Nun, nochmals Dank für Ihre so gütige Aufmerksamkeit, und bitte nicht zu vergessen

Ihren ganz ergebenen

Louis von Baden."

Diese einfach rührenden Zeilen mögen als Beitrag zur Charakteristik des zartfühlenden Prinzen gelten!

Die Stunde der Abreise nahte heran, und der Abschied von München fiel mir immer schwerer. In der That hatte ich auch da — ich darf es wohl sagen — fünf der glücklichsten und sorgenfreiesten Jahre meines Lebens zugebracht, und ebenso, wie die Folge zeigte, stets ein freundliches, immer ungetrübtes Andenken im Kreise meiner Bekannten zurückgelassen. In den angenehmsten Dienstverhältnissen, hinreichend beschäftigt, immer belehrend und unterhaltend zugleich angeregt, war ich in den Hofzirkeln, wie in der geselligen und der Kunstwelt mit Wohlwollen behandelt — nun erwartete mich ein Schauplatz einer ausgedehnteren Wirksamkeit, ich ging einer anderen Bestimmung entgegen!

Ich traf in Karlsruhe gerade ein, als der König Ludwig, den Besuch des Großherzogs erwiedernd, diese Stadt verlassen hatte, und nach kurzem Aufenthalte setzte ich meine Reise Ende Juni nach Frankreich fort.

Elfter Abschnitt.

(1843 — 1846.)

Ueber Zweibrücken, Metz und Châlons gelangte ich nach Paris, fuhr wieder zu derselben Barrière ein, bezog das gleiche Hotel, wie vor 13 Jahren, doch mit wie ganz anderen Gefühlen! Bald hatte ich eine bequeme, gut gelegene Wohnung in der Rue Lepelletier gefunden, und fühlte mich bald heimisch. — Nie war mir Paris ruhiger erschienen; der König in Neuilly, die Kammersaison zu Ende; alles floh, Hitze und Staub meidend, dem Lande zu; die Boulevards waren verödet, die Theater wenig besucht, nur die Champs-élisées verriethen noch einiges lebhafte Treiben. Ich benützte diese Zeit, mich umzusehen, folgte mit Interesse den vielfachen Veränderungen, welche sich mir mit jedem Schritte darstellten, und sammelte so reichen Stoff zu Beobachtungen jeder Art. Diesen zu verarbeiten, ist jedoch nicht so leicht; hält

man sich an die zahlreichen Schilderungen dieser Weltstadt, so tritt
uns ein verworrenes Bild aus den verschiedenartigen Anschauungen
entgegen; überläßt man sich aber seinen eigenen Eindrücken, so
sind dieselben meist so überwältigender Natur, daß die Auffassung
selten klar, nur allzu oft einseitig wird.

Ich habe es nun in den **Erinnerungsblättern***) versucht,
in einer Reihe von Bildern festzuhalten, was mir besonders bemerkenswerth erschienen. Es berühren dieselben den König, wie
seine Familie, die Stadt mit ihren Monumenten, die Staatsmänner,
die Kammern und Akademien, die Sitten, die Gesellschaft wie das
Volksleben. Wenn ich jedoch das Paris, wie ich es damals gefunden und beschrieben, mit dem Gemälde vergleiche, welches Reisende
und Zeitungen uns heute davon entwerfen, so finde ich mich darin
kaum mehr zurecht; eine tiefe Kluft, über die nicht einmal eine
Brücke führt, trennt jene Epoche von der Jetztzeit! Fragt man nach
früher so bekannten Straßen, so sind viele selbst dem Namen nach
verschwunden; großartige Bauten, Anlagen der verschiedensten Art
erheben sich auf den Ruinen ganzer Stadttheile, welche der Zerstörungswuth zum Opfer fielen. Sieht man sich nach den früheren
Leitern der Politik, nach berühmten Männern, Gelehrten und
Künstlern um; sie sind verschollen oder mindestens zurückgezogen.
An die Stelle der Verfassung mit ihren lebhaften Diskussionen trat
eine neue von ihr so ganz verschiedene Gesetzgebung, sich nur dem
Willen eines Einzigen beugend. Die Richtung der Ideen, der
Gang der Geschäfte, die Presse, die Sitten, selbst der Geist der
Gerichte, alles hat sich verändert, und die Ansichten, kaum ausge-
sprochen, gelten auch schon wieder für veraltet. Was ich daher
auch den früheren Bemerkungen noch beifügen mag, kann nur
einigen Anspruch auf Werth in historischer Bedeutung machen;
Anknüpfungspunkte fehlen beinahe völlig in jeder Beziehung.

---

*) Erinnerungsbl. S. 239—320.

Noch war kein Monat vergangen, seit ich mich bei dem König
von Bayern verabschiedet, als ich auch schon vor Ludwig Philipp
stand. Er empfing mich allein in seinem Kabinet, war in Uniform, und unterbrach meine Antrittsrede mit der Versicherung,
wie er sich der freundnachbarlichen Beziehungen zu meinem Hofe
freue, wie ihm aber auch mein Name bekannt sei, da die Mitglieder meiner in Frankreich lebenden Familie seine Jugendgespielen
gewesen; die Mutter der Frau von Genlis habe sich in zweiter
Ehe mit einem Herrn v. Andlaw vermählt. Er ließ dabei durch-
blicken, wie unangenehm es ihn berühre, daß jene Familie sich von
den Tuilerien fern halte, während er sie doch so oft im Palais
royal gesehen u. s. w. — Einige Tage nachher war ich in Neuilly
zu Tische und wiederholte dann, wie es gebräuchlich war, uneinge-
laden meine Besuche in den verschiedenen königlichen Residenzen.
Louis Philipp war an solchen Abenden immer von einer zuvor-
kommenden Höflichkeit, sprach sich über Politik und die Tagesereignisse aus, scherzte, war ungemein heiter, und sang sogar eines
Abends mir und einigen deutschen Collegen ein deutsches Lied:
„der Nachtwächter“ vor, welches er in der Schweiz gehört hatte.
Ueberhaupt sprach er gerne von seinen Reiseeindrücken und unterhielt sich mit Deutschen, Engländern und Italienern in ihrer
Muttersprache. Sein ungewöhnliches Gedächtniß kam ihm dabei
vortrefflich zu Hülfe, und er konnte sich der geringfügigsten Umstände erinnern. Nicht selten nahm er einen der Gäste in ein
Nebenzimmer, und es entspann sich da oft ein stundenlanges Gespräch, meist über politische Gegenstände. Eines Abends — vor
dem ersten Erinnerungstag des Todes seines ältesten Sohnes —
war der König sehr wehmüthig gestimmt; ich begleitete ihn in den
Garten, und da entwickelte er mir in langer Rede seine ganze
Lage, den Wunsch, die ihm gewordene schwierige Lebensaufgabe
befriedigend zu lösen; er kam auf die Juliereignisse, auf die berühmte: „cruelle alternative“ zurück, „und nun,“ fügte er mit

von Thränen erstickter Stimme bei, „ist durch den plötzlichen Tod des Herzogs von Orleans wieder alles in Frage gestellt; die großen Opfer, welche ich in meinem Alter durch die Uebernahme der Krone gebracht, können möglicherweise meiner Familie nichts nützen," und wie von trüben Ahnungen erfüllt, sah er im Verlust eines viel= begabten Sohnes die kräftigste Stütze brechen, auf welche er bei seinen Zukunftsplänen gebaut hatte. Gleich freundlich und leut= selig, wie der König, war die ihn umgebende schöne, einige, mit jedem Jahre sich vergrößernde Familie.

Außer den beinahe täglichen Empfangabenden, von denen die Namen der Besucher immer im Moniteur erschienen, fanden auch von Zeit zu Zeit größere Feste mit besonderen Einladungen statt. Bei den großen Hofbällen, auf denen sich 3 bis 4000 Personen in bunter Mischung drängten und drückten, fiel gar manche komische, wie ärgerliche Scene vor — so nahm einst ein Garde national einer Botschafterin, die, vor Durst lechzend, nach einem Glas Limonade griff, dieses mit den Worten aus der Hand: „enfoncée, ma petite mère!" Beliebter waren die kleinen Bälle in den elegant verzierten Gemächern des Herzogs von Nemours. Den größten Reiz aber hatten die von Auber geleiteten, ausgezeichneten Hofconcerte, und dann die dramatischen Vorstellungen, in den aller= liebsten Schloßtheatern der Tuilerien und St. Cloud's. Die drei Pariser Opern, das Théâtre français und die besseren kleinen Bühnen führten hier ihre gelungensten Stücke auf. Eine glänzende Zuhörerschaft erhöhte die Annehmlichkeit dieser genußreichen Abende. Nur eine dieser Vorstellungen mißlang. Der König hatte das historisch gewordene Schauspielhaus von Versailles prachtvoll her= stellen lassen: Die Damen erschienen im reichsten Schmuck, die Herren in Galla, es war ein überraschender Anblick, nur die Wahl der Stücke verdunkelte diesen Glanz: ich nenne unter anderen nur den „dritten" Akt der „Muette" und den „vierten" der „Favorite," um die verunglückte Zusammenstellung näher zu bezeichnen.

Jeden Winter wurde das diplomatische Corps in Abtheilungen zur Hoftafel geladen. Außer vielen dabei gebetenen ausgezeichneten Fremden fiel mir einmal ein in seiner rothen Uniform eingezwängter Engländer mit seiner steifen Haltung und beinahe lächerlich affektirten Manieren auf. Lady Cowley nannte mir ihn auf meine Frage als den Schriftsteller Disraëly; er hatte damals noch nicht wie später, den Ruf eines genialen Staatsmannes, und die Botschafterin bemerkte von ihm mit einer Art von Geringschätzung, daß ihr Mann den eingebildeten Romanschreiber nicht bei Hof vorgestellt habe.

Hohe fremde Gäste waren zu jener Zeit selten in den Tuilerien. Sie beschränkten sich auf die nächsten Verwandten, unter denen man den ebenso klugen als leutseligen König Leopold der Belgier immer am liebsten sah. An ihn schlossen sich die Herzogin v. Kent, die herzoglich Coburgischen Herrschaften an, und ebenso erschien manchmal der Bruder der Königin Amalie, der lebensfrohe Salerno mit seiner Frau, deren schmächtige, blonde Tochter Herzogin v. Aumale werden sollte. Mehr als viele andere Besuche zog die Königin Christine von Spanien durch ihre Schicksale, wie ihren eigenthümlichen Charakter die Aufmerksamkeit auf sich. Sie, die so verhängnißvoll auf die Zukunft Spaniens eingewirkt, lebte, nun selbst eine Verbannte, durch Intriguen aus der Nähe ihrer Tochter verdrängt, in Frankreich. Dennoch verlor die kleine, runde Frau nichts von ihrem immer thätigen Muthe, so wenig wie von ihrer heiteren Laune. Sie war in den Tuilerien oft und gerne gesehen, und vermittelte später die Ehe ihrer zweiten Tochter mit Montpensier.

Die drei Jahre, welche ich in Paris verlebte, waren in politischer Beziehung die Epoche eines durch keinerlei außerordentliche Vorfälle getrübten Zustandes. Das Ministerium Soult-Guizot hatte als Programm: „Friede nach Außen, Ruhe im

Innern!" aufgestellt, und war demselben 7 Jahre treu geblieben. Nicht nur Guizot, sondern auch der König sprachen sich fortwährend und bei jedem Anlasse in diesem Sinne aus, und betonten die Gefahren, welchen Frankreich entgegen ginge, würde man die betretene Bahn verlassen. Es wurde den Welthändeln nur eine untergeordnete Bedeutung beigelegt; man suchte vor allen die „Entente cordiale" mit England aufrecht zu erhalten, stand auf freundlichem Fuße mit den anderen Großmächten, und fand oder suchte Ruhm und Lorbeeren in Algier, Mexico, oder im stillen Ocean. Man sprach mehr von der Reine Pomaré als von der „Nationalité Polonaise," mehr von dem Seeuntersuchungsrechte, als von der orientalischen Frage; Deutschland wie Italien waren beruhigt, und nur zeitweise tauchten wichtigere Unterhandlungen auf; so hatte eine unerwartete Revolution in Athen den griechischen Gesandten Colletti — der, ein geistreicher, energischer Mann, in Paris immer in seiner Nationaltracht erschien — an die Spitze der Geschäfte gebracht; so war man unausgesetzt mit den Wirren in der Schweiz beschäftigt, wo sich die Parteien immer schärfer entgegen traten, sich Freischaaren bildeten, die endlich zum „Sonderbunde" führten.

Die Königin Victoria hatte, die Freundschaftsbande fester zu knüpfen, sich zweimal nach Eu begeben, Louis Philipp den Besuch in London erwiedert. Zwei Todesfälle in den höheren Sphären brachten nur geringe Sensation hervor. Der Herzog von Angoulême, wie er sich im Leben selbst aus dem Gedächtnisse der Zeitgenossen zu tilgen suchte, war auch bald nach seinem Ende vergessen. In Stockholm schloß der 80 jährige Bernadotte die Augen, und Oscar bestieg unangefochten einen Thron, auf dem ein Südfrankreich entstammter Corporal die Herrscher einer alten Dynastie verdrängt hatte. Wie in einem Lande, wo die Rückkehr zur katholischen Kirche mit Todesstrafe bedroht wurde, wie zumal bei dem Geiste des stolzen schwedischen Adels eine solche Veränderung im Besitz der Krone vor sich gehen, die neue Ordnung sich befestigen konnte, blieb mir von jeher ein Räthsel, und wird wohl auch in der Geschichte eine nicht leicht zu erklärende Erscheinung bilden. Daß ein Volk, im Wahne, erträumte Verbesserungen zu erlangen, oder im Uebermaß von Leiden und Noth zum Aeußersten getrieben, sich nach einem anderen Herrscher sehnt, ist begreiflich, daß es selbst auf dem Wege der Empörung einen neuen König wählt, schon oft da gewesen; doch unerhört ist wohl, daß solche Wahl nicht einen um das Land hochverdienten Kriegshelden oder Staatsmann, einen der Mächtigsten oder Besten der eigenen Nation treffe. In Schweden wurde ein Prinz in zartem Alter, der Enkel eines seiner ausgezeichnetsten Könige, vom Thron ausgeschlossen und durch einen, wenn gleich klugen und tapfern, doch immerhin dem Lande weder durch Geburt oder Familienverbindungen, noch durch Religion, Sitten und Sprache angehörigen fremden General ersetzt. Der rechtmäßige Kronerbe selbst, in seiner freien, unabhängigen Stellung wohl glücklicher, als im Besitze der Macht, wurde dadurch für Vorgänge verantwortlich gemacht, die ihm fremd waren, und sein ehrenwerther Charakter, seine vortrefflichen Eigenschaften ließen ihn in stiller Würde ein schreiendes Unrecht ertragen, an dem er persönlich keinerlei Schuld trägt.

Die Vorwürfe, welche die Gegner der Regierung machten, durch ihre Schwäche und Friedensliebe Frankreich herabzuwürdigen, in den Augen Europa's zu demüthigen, dem Staate nicht die ihm vermöge seiner Macht und Größe gebührende Stellung zu sichern, waren nur zum Theile begründet. Allerdings opferte Louis Philipp dem Wunsche, seiner Dynastie die Krone, sich selbst die gesammelten Schätze zu erhalten, manche höhere Rücksicht auf; er ist nicht von gewissen egoistischen Bestrebungen frei zu sprechen, war immer zu Concessionen geneigt, spielte gerne die Rolle eines Vermittlers und erfaßte nur selten die Politik aus einem erhabeneren oder genialen Standpunkt. Aber eingeengt zwischen den Frankreich

drückenden Verträgen und den Pflichten, welche ihm die Art seiner
Erhebung auferlegte, hatte der König, wollte er seinem Schaukel=
systeme entsagen, nur zwei Auswege: er mußte entweder offen
einen Angriffskrieg beginnen, oder insgeheim die Revolution in
allen für den Aufruhr empfänglichen Staaten verbreiten. Die
Vorgänge des Jahres 1840 hatten gezeigt, daß im ersteren Falle
Frankreich alsobald sich ganz Europa in Waffen gegenüber stehen
sehen würde; die rothe Umsturzpartei aber sich zum Verbündeten
zu machen, Brandfackeln nach Italien, Polen, Spanien, Irland,
Ungarn u. s. w. zu werfen, war für den ängstlichen König ein
viel zu gefährliches Unternehmen, und da er weder Eroberungen
machen, noch jene Verträge gewaltsam zerreißen konnte, so begnügte
er sich mit den bescheideneren Siegen in Algier und fernen Welt=
theilen, gab alle gewagten Versuche auf und hielt eine in seinem
Sinne zeitgemäße und kluge Politik ein, sowie es denn auch nicht
diese war, welche zunächst seinen Sturz herbeiführte. — Mit der
Erhaltung des Friedens nach Außen verband sich denn auch natur=
gemäß das Streben, Frankreich den Grad von politischer Freiheit,
materiellen Wohlergehens und behaglicher Ruhe zu verschaffen,
deren es nur immer fähig war. In der That entsprach auch der
Erfolg diesen angestrengten Bemühungen; man hörte von keinen
Aufständen; die lange Reihe von politischen Mordanschlägen schien
geschlossen, Handel und Gewerbe blühten wie nie zuvor, und den
Schlußstein aller dieser erfreulichen Wahrnehmungen sollte die fort=
während Entwickelung des konstitutionellen Systems bilden. Man
wollte die zur Wahrheit gewordene Charte immer mehr zum Ideal
erheben, die Theorie von dem Gleichgewichte der Gewalten ver=
wirklichen, einen Musterstaat gründen. Dieß Ziel zu erreichen,
legte man das größte Gewicht auf die Majorität in der Kammer
der Deputirten; man war des immerwährenden Ministerwechsels
müde, — seit 1830 waren sich deren nicht weniger als zwanzig
gefolgt — entschied die Mehrheit der weißen Kugeln für die

Vorschläge der Regierung, konnte ihr, so wähnte man, Niemand etwas anhaben. Wie früher, zeigte sich auch dießmal jene Ansicht als eine trügerische; die Fiction, daß der ganze Schwerpunkt der inneren Politik in jener Kammermehrheit liege, daß diese der unumwundene, wahre Ausdruck der Gesinnungen und Wünsche des gesammten Landes sei, führte zu der Verblendung, andere Stimmen nicht hören, die Gewitterwolken nicht sehen zu wollen, welche sich allmälig außerhalb der Wände des Palais Bourbon zusammenzogen, bis sie sich endlich in demselben entluden. Nicht die angebliche Verfälschung der Verfassung, welche Guizot von seinen Feinden vorgeworfen wurde, war es; es bewegte sich das Ministerium vielmehr immer streng in den gesetzlichen Formen; es war jene Täuschung, in die es sich eingewiegt, es waren die Mittel, — Bitten, Drohungen, Versprechen, Bestechungen — welche man nicht sparte, wo es galt, einige Stimmen zu gewinnen, weßhalb die Gewalt den Händen entschlüpfte, als man, von den Ereignissen überrascht, zu schwach war, die Zügel wieder anzuziehen. Es zeigte sich bei diesem Anlasse wieder mehr als je, daß die Staaten sich nicht nach Doktrinen regieren lassen.

Meine eigene Thätigkeit war im Laufe jener Zeit durch keine besonders wichtigen Fragen in Anspruch genommen; sie beschränkte sich auf den Grenzverkehr, auf Paß=, Zoll= und andere dergleichen Angelegenheiten, und höchstens veranlaßte hie und da die Bewegung in der Schweiz eine ernstere Besprechung. Guizot selbst fand ich stets zuvorkommend, in Geschäften klar, in sonstigen Mittheilungen interessant. Den leidenschaftlichen Angriffen, den gehässigen Verdächtigungen, deren Gegenstand er 7 Jahre lang war, setzte er eine stoische Ruhe, eine seltene Uneigennützigkeit entgegen. Seinem festen, ehrenwerthen Charakter, seinem großen oratorischen und Schriftstellertalente versagten auch seine entschiedenen Gegner eine volle, verdiente Anerkennung nicht.

Je angenehmer meine Geschäftsbeziehungen waren, um so

unerwünschter kam mir eine Ministerveränderung in Karlsruhe: Herr v. Blittersdorf hatte das Portefeuille an Herrn v. Dusch abgetreten und war an dessen Stelle wieder als Bundestagsgesandter nach Frankfurt zurückgekehrt.

Das diplomatische Corps nahm von jeher eine eigenthümliche Stellung in Paris ein. Es bildete, wie in kleinen Residenzen, da weder den Kern der Gesellschaft, noch eine besondere Cotterie. Die Mitglieder zerstreuten sich daher nach allen Seiten, suchten Umgang nach eigener Wahl, und fanden sich zu vertrauten Besprechungen mehr in kleinen Pariser Zirkeln, als unter sich zusammen. Die Botschafter, ohnehin schon durch ihren Rang abgesondert, hielten sich zurück, und selbst die Gesandten größerer Staaten waren, bei der unausgesetzten Jagd nach Neuigkeiten, sparsam in Mittheilungen, vorsichtig in Aeußerungen. In der Gesellschaft selbst aber fragte man mehr nach den persönlichen Vorzügen, als dem Beglaubigungsschreiben eines Diplomaten, und jeder wandte sich nun gerade dahin, wo ihn Neigung, Wunsch, sich zu belehren oder zu unterhalten, Familien- oder andere Beziehungen gerade führten. So kam es, daß zu jener Zeit das wohl gegen 100 Personen umfassende Corps sich nur bei feierlichen Anlässen vollständig versammelte, und sich einige Mitglieder, kaum mehr als dem Namen nach, kannten. Besonders waren die überseeischen Gesandten, welche man scherzweise nur „les Diplomates de l'autre monde" nannte, selten sichtbar. Zu dem Hofe stand das Corps im freundlichsten Verkehr, und die erste Dame, auch Freundin, der Königin, Miße. Dolomieu, sah täglich einige dieser Herren bei sich. Fr. v. Courbonne versammelte in ihrem bescheidenen Entresol, welches an den Salon Fuchs in Wien erinnerte, mehrere Diplomaten um eine Lampe; man konnte hier, freier als irgendwo, Ansichten wie Hof-, Stadt- und politische

Neuigkeiten austauschen. — Mit wahrer Freude begrüßte ich wieder die liebenswürdige Familie Apponyi; im engeren Kreise wie in größeren Festen fand man sich da immer gleich behaglich; auch waren die Einladungen in dem Grade gesucht, als die Gesellschaft gewählt. Diesem angenehmen Hause zunächst standen jene des englischen Botschafters und des Fürsten de Ligne. Er vertrat Belgien in würdiger Weise, und schadete ihm auch in gewisser Beziehung die Erinnerung an den berühmten Großvater, so war er doch großer Herr im vollen Sinne des Wortes, freundlich und beliebt. Eine gleich willkommene Erscheinung in der Gesellschaft war die Fürstin, anmuthsvoll, gebildet, heiter wie so viele Frauen ihres Vaterlandes Polen, und mit Recht konnte ich ihr bemerken, daß, wenn sie ihr schönes Schloß „bel oeil" bewohne, dieses eher die vielfache Zahl annehmen sollte. — Reschid Pascha war der zweite Türke, welcher mir durch seine sorgfältige Erziehung, Sprachkenntnisse und eine vornehme Haltung auffiel. Aber auch einen bekannten Dichter und politischen Schriftsteller hatten wir zum Kollegen — den Spanier Martinez de la Rosa. Als Staatsmann doctrinär, mit mehr Einbildungskraft als Scharfblick begabt, galt er für einen angenehmen Gesellschafter, der gerne jeder Blume seine poetischen Huldigungen darbrachte; es waren ihm wohl die Musen holder, als die Politik, und seiner Feder entflossen viel leichter Verse, als diplomatische Noten. — Der russische Botschafter Graf Pahlen glänzte nur durch seine Abwesenheit; der jüngere Kiseleff, gewandt und überall gerne gesehen, vertrat seinen Hof, in oft schwieriger Lage, mit Takt. Da ich im Cercle bei Hofe gewöhnlich neben ihm stand, so war ich oft Zeuge des Spieles sauersüßer Fragen und Antworten zwischen dem König und dem russischen Geschäftsträger. Nicht ohne Einfluß aber war, doch in ungewöhnlicher Weise, ein weiblicher Diplomat, die Fürstin Lieven, welche sich gleichsam durch die von ihr bewohnten Räume im Hause Talleyrand's für

politische Intriguen zu begeistern schien. — Von den deutschen
Gesandten nenne ich den Grafen Arnim, der, tüchtig in Geschäften,
unvermählt, sich nur damit begnügte, in dem prächtig eingerichteten
preußischen Gesandtschaftshotel die besten Herrendiners zu geben.
Geselliger war der freundliche Graf Lurburg, welcher, unterstützt
von seiner Familie, ein viel und gern besuchtes Haus machte, —
endlich Drachenfels, mit dem ich so lange in Wien unterhaltene
Freundschaftsbande wieder anknüpfte. In den politischen Kreisen
bewegte sich damals ein mysteriöses Wesen, das wir, seinem Auf=
treten nach, scherzweise nur mit Robin vergleichen — der Juif
errant war gerade in der Mode —. Klindworth wurde bald
bei den Gesandten gesehen, war dann wieder geschäftig in den
Salons und Bureaur der französischen Minister, und seine schöne
Tochter immer an der Seite der Fr. v. Duchâtel. Mit einer
zwar bescheidenen, doch immer wichtigen Miene trieb er sich mehr
hörend und beobachtend, als vorlaut umher, und einem Kameleon
gleich wechselte er die Farbe nach allen Richtungen und Umständen.
Er war immer wohl unterrichtet in Neuigkeiten, gewandt in der
Feder, von den Einen gesucht, von Andern gemieden. Seine
Wohnung selbst glich einer Orakel verkündenden Höhle. Das
Jahr 1848 ließ Klindworth verschwinden, und es ist mir nicht
bekannt, daß er seither irgendwo wieder zum Vorschein gekommen.

Nicht minder machte sich ein anderes Individuum, wenn
gleich in verschiedener Weise, mit den Diplomaten zu schaffen; man
konnte ihn gleichsam ihren Leibarzt nennen — Dr. Koreff.
Seine außergewöhnliche, beinahe abstoßende Häßlichkeit wurde durch
einen lebhaften Geist und gründliches Wissen aufgewogen; unter=
haltend, witzig, galt er auch für einen der besten und glücklichsten
Aerzte, verdarb jedoch seinen wohlerworbenen Ruf durch an
Charlatanerie grenzende Versuche und ganz unglaubliche Schwinde=
leien; bei seiner Geschicklichkeit und oft staunenswerthen Kuren
hätte er Schätze erwerben können, während sein nicht geregelter

Haushalt ihm nicht selten Verlegenheiten bereitete. Bei aller Weltkenntniß und überaus reichen Erfahrungen vermochte dennoch Koreff, taktlos, seinen Ursprung nie zu verläugnen.

Ein ganzes Heer von Fremden aller Nationen strömte fortwährend Paris zu, und wenn auch aus dieser Masse hie und da einige anziehende Persönlichkeiten auftauchten, so verloren sich doch die meisten unbeachtet in dem Gewühle des Pariser Gesell= schaftslebens. Die Engländer bildeten die überwiegende Mehrzahl, dann kamen, mehr aufgesucht, einige reiche russische Familien, endlich wurde man mit einem bisher ganz fremden Elemente näher be= kannt — es waren die Häupter arabischer Stämme, die in ihren malerischen Trachten und ihren feinen, ausdrucksvollen Gesichtern mitten in der sie umgebenden Civilisation weder scheu noch ungebildet erschienen. Sie behielten immer ihren Gleichmuth, eine gewisse ruhige Würde, und, der Gegenstand allseitiger Auf= merksamkeit, nahmen sie diese Huldigungen ruhig hin.

Von deutschen Fürsten sah ich den Erbgroßherzog von Sachsen=Weimar und den Herzog Max in Bayern, welche sich beide in gewohnter Weise für alles Sehenswerthe lebhaft interessirten, und das Zitterspiel des Herzogs sah sich von den Höhen der Berge plötzlich in elegante Boudoirs versetzt. Auch die kürzlich vermählte Miße. v. Douglas, geborne Prinzessin Marie von Baden, besuchte Paris, ging jedoch nicht zu Hof. Außer den Lords Aberdeen und Palmerston erschienen zeitweise noch andere auswärtige Staatsmänner, und unter ihnen Fürst L. Oettingen=Wallerstein, welcher in besonderer Mission die griechischen Angelegenheiten besprechen sollte. Man fand, daß der ihm vorangegangene Ruf seinem Auftreten entsprach; die uner= müdliche Suada, seine weitläufigen, nicht immer ganz zuverlässigen Auseinandersetzungen fanden nicht willig Gehör, und als der Fürst dennoch sich in Paris festsetzte, selbst den seitherigen bayerischen

Gesandten verdrängte, fühlte er sich nicht behaglich und kehrte bald, in seinen Erwartungen getäuscht, nach München zurück.

Zu den regelmäßigen Besuchern von Paris gehörte Alexander v. Humboldt. Ich konnte mich mit seiner Art nie recht befreunden; aufgeblasen, selbst oft mürrisch und unfreundlich bei Solchen, die er unter sich gestellt glaubte, war er von einer unangenehmen Zuvorkommenheit höheren Personen gegenüber. Ein Schriftsteller gab sich die Mühe, in Humboldt sechs verschiedene Naturen: drei gute, drei verwerfliche zu unterscheiden. Es hätte eines so großen Aufwandes von Scharfsinn nicht bedurft, um zu beweisen, daß man nur ganz einfach den Gelehrten von dem Menschen trennen müsse. Von frühester Jugend bis in's höchste Greisenalter war er der unermüdliche Forscher, der eifrige Förderer der Naturwissenschaften, der geniale Gelehrte, verdienstvoll, wahrhaft groß; ein tiefer Denker, ein bisher in seinem Fache nicht übertroffener Schriftsteller, steht er den ausgezeichneten Geistern aller Zeiten würdig zur Seite. Faßt man dagegen den Charakter, die Gesinnungsweise Humboldt's in's Auge, so war es längst für die näher mit ihm Bekannten kein Geheimniß, daß hier, in schneidendem Gegensatze zu jenen glänzenden Eigenschaften, Schattenseiten hervortraten. Das Stillschweigen des Grabes hätte vielleicht diese Gebrechen für immer bedeckt, wären nicht bald nach Humboldt's Tode seine vertraulichen Briefe an Varnhagen erschienen. Durch die unbegreifliche Indiscretion, mit der das überkluge, alte Fräulein Assing diese seltsamen Mittheilungen dem Drucke übergeben, hat sie sowohl dem Briefsteller als dem Empfänger dieser Schreiben einen schlechten Dienst erwiesen. Varnhagen selbst, der doch gewiß nicht allzu delikat in solchen Dingen war, nennt einmal den Inhalt jener Briefe „Impietäten". Sie werfen ein trübes Licht auf die Denkungsart beider Gelehrten. Humboldt sagt darin offen, daß in der Welt Alles nur Lüge und Trug, und man nur innigen Freunden die Wahrheit zu sagen schuldig sei.

5*

Er machte sich über die Berühmtheiten seiner Zeit, über die Höfe, an denen er gelebt und die ihn vielfach ausgezeichnet, er machte sich über seine Bekannte, vor Allen aber über seinen königlichen Freund und Gönner lustig. Er entschädigte sich für den Zwang des Hof= und geselligen Lebens, das er doch, wie Keiner, auf= suchte, durch nicht zu bezeichnende Ausfälle auf Jene, welche ihm nahe standen, schmeichelten oder ihn priesen. Wir sehen da den kriechenden Höfling beständig mit der Maske der Verstellung, und hinter dem Rücken der Gefeierten verkehren sich seine Lobes= erhebungen in Spott und Verläumdung. Wir bewundern den Gelehrten, bedauern aber den Menschen, dessen immenses Wissen, nicht von höheren religiös=sittlichen Grundsätzen getragen, ihn nicht vor Abwegen schützte, denen sein großer Geist hätte fremd bleiben sollen. Es ist unbegreiflich, wie ein Gemüth, erfüllt mit all den in fernen Welttheilen gesammelten Eindrücken, die unermeßlichen Resultate seines Forschens mit klaren Augen überschauend und sie in so meisterhaften Werken niederlegend, noch Geschmack finden konnte an eitlem Treiben, an Hofklatsch und all den kleinlichen Rücksichten, mit denen sich der tiefsinnige, 90jährige Gelehrte umgab.

Der in deutscher und dänischer Sprache dichtende Oehlen= schläger brachte ein neues Drama nach Paris, das jedoch an Werth den früheren nicht gleichkam. Es fand sich eine kleine Zahl von deutschen Zuhörern bei Koreff ein, um der Lesung jenes Stückes, dessen Namen mir entfallen, beizuwohnen; doch noch vor dem Schlusse verschwand ein Freund nach dem anderen. Der dicke, rothbackige Dichter konnte in seiner Eitelkeit eine ganze Wolke von Weihrauch ertragen, und nahm selbst ironische Lob= sprüche mit sichtbarem Wohlgefallen hin.

Die so vielfach verzweigten geselligen Beziehungen näher zu schildern, habe ich längst aufgegeben; in ihren flüchtigen Nüancen entschlüpfen sie gleichsam der Feder oft im Augenblicke, als man sie zu erfassen meint. Ton und Geist der Pariser Gesellschaft im Allgemeinen aber zu bezeichnen, ist schon deßhalb vollends unmöglich, weil er eben kein bestimmt ausgeprägter ist und wie ein Prisma sich in unzählige Schattirungen zersplittert. Hier ist es die Prunksucht, gleichsam eine Ausstellung von Luxusartikeln oder zierlichen Toiletten, dort eine wohlbesetzte Tafel, hohes Spiel, anderwärts wieder sind es Tanz oder Musikfreuden, welche anziehen. Nicht selten finden sich jedoch in Paris vertrautere Kreise, in denen geistvolle Gespräche über wissenschaftliche oder Kunstgegenstände, feine Scherze erheitern wie belehren. Freilich läuft dabei auch manches alberne Wort, manche Modethorheit mit, wie etwa jene naive Dame, die ausrief: „il est incroyable, comme on se marie beaucoup cet hyver à Paris, surtout les hommes!" — oder jene andere, welche ein ihr zugestelltes Telegramm nicht als ächt erkennen wollte, weil es nicht von der Hand des Absenders geschrieben sei u. s. w. Eine wahrhaft lächerliche Sitte war das Tragen von Bouquetten auf Bällen. Eine Dame suchte die andere in der Wahl seltener Blumen wie in dem Umfange des Straußes zu übertreffen. Die Summe, welche die so schnell welkenden Blüthen kosteten, hätte eine arme Familie oft wochenlang ernähren können; würde aber eine Modedame deßhalb gewagt haben, den Tanzsaal mit leeren Händen zu betreten? — Ueberdieß kamen diese Riesenbouquette an Gewicht dem eines kleinen Kindes bei; wollte man einer jungen Mutter zumuthen, während eines Abends oder selbst auf kürzere Zeit ihr Kind auf solche Weise umherzuschleppen, wie würde sie über Zwang und Ermüdung klagen? —

Wie allenthalben, suchte ich auch hier Anfangs den Kreis neuer Bekanntschaften so eng als möglich zu ziehen, wählerisch im näheren Umgange zu sein. In keiner Stadt mehr als in Paris lernt man den Werth der Stunden erkennen, nirgends geht man haushälterischer mit der Zeit um. Ich besuchte daher zunächst den Hof, die offizielle Welt, meine Kollegen, wie es meine Stellung mit sich brachte, und verzichtete lieber auf frivolere Unterhaltungen an anderen Orten, um nicht die ohnehin so spärlich zugemessene Spanne Zeit allzu sehr zu verzersplittern. Die größeren einheimischen Adelsfamilien, die Männer der Börse und einige reiche Fremde, welche ihres Geldes gerne los werden wollten, waren es denn vorzüglich, welche außerhalb jenen Regierungskreisen die schöne wie die Gelehrten- und Künstlerwelt versammelten. Alle anderen Vereinigungen nahmen mehr den Charakter von Cotterien an, welche sich dann wieder je nach dem Grade der Bildung, Stand, Sitte, Sprache u. s. w. in unzählige Unterabtheilungen schieden.

Seit mehr als 20 Jahren bewohnte Prinz Paul von Württemberg Paris. In morganatischer Ehe mit einer Spanierin, Wittwe eines Engländers (Wittingham), lebend, besuchte der Prinz nur selten den Hof oder größere Gesellschaften. Er zog es vor, einige Bekannte bei Tische zu sehen oder mit ihnen den Abend, die Cigarre im Munde, vertraulich plaudernd, spielend zuzubringen. Damen erschienen nicht oft, und der Prinz fand sich nur unter Freunden in den mit allem Comfort eingerichteten Gemächern behaglich. Schöne Gemälde aus der spanischen Schule schmückten die Wände. So entstand ein Salon, wie sich in Paris kein ähnlicher fand: Männer aller Parteien, aller Länder trafen da zusammen und, freundlich empfangen, ließ jeder, unbekümmert um die Meinung der andern, seinen Aeußerungen freien Lauf; der Ton war, wenn auch frei und ungezwungen, doch immer anständig. Außer einigen Diplomaten sah man da Berryer und Thiers, Martinez de la Rosa und Mignet, Nieuwerkerke und Durand de Mareuil, An. Demidoff und Ornano, Dr. Magendie und endlich den Hausherrn Baring, der, Engländer, reich, Geldmann, daher in dieser dreifachen Eigenschaft dreifach engherzig war; ein fortwährendes nervöses Zittern erhöhte nicht die Annehmlichkeit seiner Person. Graf Alexander Girardin und Berryer zählten zu den

Legitimisten dieser Gesellschaft. Ersterer, einst Freund und Ober=
jägermeister Karls X., war nicht ohne Geist, doch auffahrend,
leidenschaftlich, und versuchte sich auch in politischen Schriften.
Aus seiner Ehe mit einer Frau, die, von anmuthigem Verstande,
einen sehr beliebten kleinen Salon hielt, war Girardin kinderlos
geblieben; dafür quälte ihn durch's Leben ein Kind der Liebe von
nicht gewöhnlichen Geistesgaben. Nach Jahre langen Zerwürfnissen
zwang endlich der ungerathene Sohn den eigensinnigen Vater, ihm
zu erlauben, den Namen de Girardin zu tragen, und so wurde
denn allmälig der kleine Emil ein berühmter Mann, in allen
politischen, literarischen und Börsen=Ränken ungemein erfahren,
Schriftsteller, Weltmann, schwang er sich bald zu einer Bedeutung
empor, deren Höhepunkt noch nicht erreicht sein dürfte. Viel
angenehmer als die nicht Jedermann zusagende Persönlichkeit Emils
war Sophie Gay, seine erste Gemahlin. Es war nicht leicht
möglich, dem Reize ihrer zierlichen Feder wie der geistreichen
Wendung ihrer Gedanken zu widerstehen. — Berryer, der glänzende
Redner auf der Tribüne wie im Gerichtssaale, war ein wohl=
wollender, immer gleich heiterer Gesellschafter, und seine lebhaften
Erörterungen selbst für Andersdenkende anziehend. Was aber
diesen liebenswürdigen Greis noch achtenswerther macht, als sein
unbestritten großartiges Talent, das ist der Glaube an die Wahr=
heit seiner Ueberzeugungen, die unter allen Umständen seinem Eide,
seiner Fahne unerschütterlich bewahrte Treue. Die Anerkennung
dieser zumal in Frankreich so seltenen Eigenschaften fanden einen
rührenden Ausdruck bei dem Feste, welches alle Advokaten jeder
Gesinnung ihrem gefeierten Altmeister bei seinem 50jährigen
Jubiläum gaben.

Im Gegensatz zu Thiers erschien sein Jugendfreund und
Mitarbeiter Mignet, fein gebildet, zurückhaltend, mit einem An=
fluge von Ironie. Er hatte sich von allen politischen Berührungen
losgesagt und, dem Archive vorstehend, diese Stellung benützt,

geschätzte historische Werke zu schreiben; ebenso thätig wirkte er
als Mitglied der Akademie. Sein Aeußeres ist einnehmend, die
Haltung beinahe vornehm.

Damals lebte die noch mit A. Demidoff vermählte Prinzessin
Mathilde, Tochter des Erkönigs Jerome, in Paris und besuchte
oft den Bruder ihrer Mutter, den Prinzen Paul. Sie war
strahlend von Jugend und Schönheit, eine liebenswürdige Frau,
aber mehr noch verlieh ihrer glänzenden Erscheinung heitere Natür=
lichkeit, fern von Gefallsucht, einen besonderen Reiz. Man sah
sie da von ihrem jüngeren Bruder, dem Prinzen Napoleon Jerome,
begleitet, welcher von Louis Philipp die Erlaubniß ausgewirkt
hatte, sich zeitweise in Paris aufzuhalten. Bei dem ersten Anblicke
fiel der junge Mann durch die Aehnlichkeit mit seinem kaiserlichen
Oheim auf; es war dieselbe gedrungene Gestalt, derselbe Ausdruck
von Ernst in dem breiten Gesichte, dieselbe Haltung, wie sie uns
in den Porträten des ersten Napoleon aus seiner späteren Epoche
entgegentritt. Wer den Prinzen näher kannte, rühmte seinen
scharfen Verstand, verhehlte sich aber nicht, daß dieser mit einem
gewissen kaustischen Sinne gepaart war, welcher, sich wegwerfend
über religiöse und politische Gegenstände äußernd, an Cynismus
grenzte. Von all diesem war zu jener Zeit nur wenig zu sehen;
der Prinz war still, in sich gekehrt, lachte nur selten, und verhielt
sich um so ruhiger, als seine Vermögensverhältnisse eben nicht die
glänzendsten waren. Trat er daher mehr beobachtend als rührig
auf, so mag überdieß der Ruf von Feigheit, welcher ihn damals
schon, wie durch's ganze Leben, begleitete, ihm eine größere Vor=
sicht im Benehmen auferlegt haben.

Prinz Paul nun, der Mittelpunkt, um den sich diese etwas
bunt gemischte Gesellschaft drehte, war von einem eigenthümlichen
Charakter. Es ließen sich auf ihn die Worte anwenden, welche
Schiller seiner „Maria Stuart" in den Mund legte. — Manche
seiner Schwächen und Fehler kamen wohl auf Rechnung einer

ebenso seltsamen Erziehung als ungewöhnlichen Stellung. Er
gehörte jenen Naturen an, die, frondeur, ebenso unzufrieden mit
Allem, als schadenfroh sind. In beständiger Opposition, mit dem
Wunsche, Alles nach seinem Sinne einzurichten, war er doch wieder
in seinem Hause so höflich, so friedliebend, daß er es kaum über
sich gewinnen konnte, einen Diener zurechtzuweisen. Nur im
Eigensinn consequent, leistete er in dieser Beziehung Unglaubliches,
während die mit ihm näher Bekannten nur seine wohlwollende
Freundlichkeit zu rühmen und bei allen Eigenheiten seine besseren
Seiten, die er selbst oft zu verbergen suchte, zu schätzen wußten.
Lady Wittingham, nicht ohne Spuren früherer Schönheit, verließ
den Prinzen nie und theilte sich mit ihm in die Zärtlichkeit für
die einzige, sorgfältig erzogene und überaus gebildete Tochter, —
die Gräfin Pauline Helfenstein — welche sich mit dem französischen
Gesandten Montessuy vermählte. Der Prinz hielt auf strenge
Ordnung im Haushalt: Schlag 6 Uhr wurde zu Tisch gegangen,
nie auf einen Gast gewartet; vor Mitternacht aber zog er sich
immer zurück. So verließ ich den Prinzen, dem ich, der Huld
wegen, mit der er mich stets behandelte, ein dankbares Andenken
bewahre. Seine späteren Erlebnisse entziehen sich meiner Beobach=
tung; ich kann mich daher nicht näher darüber äußern.

Mit der Börsenwelt kam ich wenig in Berührung; es
sprach mich von jeher die mit mehr Ostentation als eigentlicher
Annehmlichkeit verbundene Gastfreundschaft dieser Häuser nicht an.
Doch James v. Rothschild, welcher sich als österreichischer General=
konsul wie ein Anhängsel des diplomatischen Corps betrachtete, ver=
sendete täglich seine Einladungen nach allen Seiten, und es drängten
sich Mittags und Abends die Equipagen in der Rue Lafitte vor
dem herrlichen Hotel, das mit mehr verschwenderischem Luxus, als
feinem Geschmacke ausgeschmückt war. Die Wände waren mit
Oelgemälden, Fresken, Gold und Verzierungen wahrhaft überladen,
Bronce= und Marmorstatuen, Kunstwerke, Teppiche, Stickereien in

Fülle, alles vom Strahle der tausend Kerzen übergossen. Die
üppigsten Diners, genußreiche, durch die besten italienischen Stimmen
gehobene Concerte, endlich Bälle von feenartiger Pracht erfreuten
in reicher Abwechselung die herbeiströmenden Gäste, welche allen
Ständen, beinahe allen Nationen angehörten. Die innere Einrichtung des Hotels selbst war, sagte man, nur von dem Palaste
des reichen Hope übertroffen. Zeugen erklärten diesen für den
glänzendsten in ganz Paris; ich sah ihn nie. Die Bälle bei -
Rothschild wurden eigentlich im Namen der Eltern der Frau James
gegeben. Baron Salomon, in seiner originellen Weise, zog sich
jedoch schon in sein Schlafgemach zurück, ehe der letzte Wagen
mit den Gästen vorgefahren, und nicht selten erhielt er da Besuche
von Damen der Gesellschaft. Seine Ehehälfte unterzog sich der
undankbaren Mühe, die Eintreffenden an der Thüre zu empfangen.
Um sich vor Erkältung zu schützen, bedeckte sie sich mit einem
Hermelinmantel und begrüßte stumm die sich stumm verneigenden
Gäste. Im Tanzsaale dagegen machte die anmuthige Hausfrau —
wohl die Perle der Familie — in einer Weise die Honneurs,
um welche sie die Damen der ältesten Adelsgeschlechter hätten
beneiden können.

Unter den Fremden that sich ein reicher Amerikaner zweifel-
hasten Ursprungs — Thorn — hervor. Mehr als der Amphy-
thrion selbst, zog mich die Frau seines Sohnes, Therese v. Leykam,
an. Sie, die jüngere Schwester der verstorbenen Fürstin Antoinette
Metternich, war, wenn gleich weniger schön und angenehm als
diese, dennoch beliebt, und mit dem ihrer Familie eigenen musikalischen Sinne wußte sie den etwas steifen Salon zu beleben. Liszt
war von den gewöhnlichen Gästen. Eines Tages führte mich
Thorn durch die Prunkgemächer und bemerkte mit der befriedigten
Miene eines reichen Emporkömmlings: „Je suppose, que le
prince Metternich verrait avec plaisir, que sa bellesoeur
n'est pas trop mal établie." Die arme Theresine, welche unter

so eigenen Umständen jene Ehe eingegangen, sah ihren jungen
Mann langsam dahin sterben und kehrte mit ihren Kindern bei,
wie man sagt, ziemlich mißlichen Verhältnissen in Begleitung der
Schwiegereltern nach Amerika zurück. Ihre weiteren Schicksale
sind mir unbekannt geblieben.

Die Gesellschaft der höheren Aristokratie wird seit langer
Zeit die des Faubourg St. Germain genannt, wenn gleich
nicht alle alten Adelsfamilien diese Vorstadt bewohnen. Seit der
Julirevolution zog sich die Mehrzahl derselben vom Hofe zurück
und eröffnete auch die Thore ihrer Hotels — entre cour et
jardin — nur Verwandten und gleichgesinnten Freunden. Ich
kam von allen diesen zunächst nur mit der weitverzweigten Familie
Anblaw in Berührung, welche in ihren, etwa aus 40 Personen
bestehenden Mitgliedern beinahe wieder einen eigenen Gesellschaftskreis
im Kleinen bildete. Es gab da schöne, elegante Frauen, geistreiche, verdiente Männer, und wenn sich Abends die zahlreiche,
einige Familie um die 80jährige Gräfin Orglandes-Anblaw versammelte, so glaubte man sich bei den lebhaften Erzählungen jener
seltenen Frau in die Zeiten altfranzösischer, geselliger Sitte, eines
feinen Geistes versetzt. Sie, welche in Triano mit Marie Antoinette in kleinen Opern gespielt, dann die Schrecken der Revolution
glücklich überstanden, lebte nun, umgeben von liebenden Kindern,
von zarten Enkeln, ihren reichen Erinnerungen. Sie feierte mit
ihrem gleichfalls in hohem Alter verstorbenen Gatten die goldene
Hochzeit. — In jenen Kreisen fand ich gar viele frühere Bekannte
wieder, zu denen ich auch den Grafen Ed. Lagrange zählen darf.
Auch zwei alte 90jährige Damen und zwei Greise, welche zwar
nicht geborne Pariser, doch unzertrennlich von der Gesellschaft
erschienen, starben beinahe zu gleicher Zeit. Lady Abourough
und die Gräfin Burke schien der Tod vergessen zu haben, denn
so sehr gehörten beide in Tracht, Ton und Ansichten einer längst
verschwundenen Zeit an; ihnen folgte bald der allbekannte russische

Fürst Tuffiakin mit dem ihn stets begleitenden Torticolli, endlich Lord . . . ., der seine alten Füße noch bis an's Ende in Bewegung setzte, an jeder Quadrille Theil nahm und um den sich die jüngsten Damen rissen, weil er in seiner Jugend ein Lieblingstänzer Marie Antoinette's war.

Bei einem der Galladiners, welche Guizot oder Ml. Sebastiani gewöhnlich am 1. Mai veranstalteten, befand ich mich zur Seite eines herkulisch gebauten Mannes mit schwarzgelockten Haaren und einem mächtigen Barte. Seine Uniform, die über und über in Gold gestickt, und die breite Brust konnten kaum die Menge von Orden aufnehmen, welche der stämmige Mann zur Schau trug. Er war so mit Prüfung des Speisezettels beschäftigt, daß ich den Ton seiner Stimme nicht vernahm, und darauf beschränkte sich denn auch unsere Bekanntschaft. Der stille, große Mann war aber, wie ich erfahren, Munoz, Herzog von Rianzares.

Die Grafen Morny und Walewski aber, welche verwandt= schaftliche Bande halber später zu so hohen Würden gelangen sollten, waren damals nur als junge Lebemänner ohne irgend eine politische Bedeutung bekannt.

Noch will ich zum Schlusse dieser Skizze einer Familie er= wähnen, welche ich früher nur wenig gekannt und nun in Paris zu meinem Erstaunen beinahe täglich in den verschiedensten Salons traf — es war dieß die fürstliche Familie v. Montléar. Die Fürstin, die Tochter jenes geistersehenden Prinzen Karl von Sachsen und einer polnischen Gräfin, war schon in früher Jugend an den Prinzen von Savoyen=Carignan vermählt und dadurch die Mutter Karl Alberts geworden. Als Wittwe hatte sie sich mit dem in den Fürstenstand erhobenen französischen Edelmann Montléar ver= ehelicht, und von zahlreichen Kindern aus dieser Verbindung waren ihr nur ein Sohn, eine Tochter geblieben. Jahre lang hatte diese Familie den Galizienberg bei Wien bewohnt, wo sie beinahe her= metisch abgeschlossen, ebenso wenig Besuche empfing, als sie selbst nur selten ihr Gebiet verließ; viele Tafeln warnten den verirrten Wanderer, sich ja nicht dem Schlosse zu nahen. Nur in jedem Jahre, gewöhnlich einmal, erhielt die Fürstin den Besuch ihrer Tochter, der Erzherzogin Rainer. Montléar selbst, ein schwäch=licher, an einem Fuße gelähmter Mann, zeigte sich hie und da in Wien, während man von seiner Tochter nur wußte, daß sie vor=trefflich ritt, als kühne Schwimmerin die Probe über die große Donau abgelegt, aber mit keinem Mädchen ihres Alters in nähere Berührung kam. Ebenso wenig sichtbar war der Sohn, welcher, wie es sich später zeigte, seine einsame Jugendzeit benützte, bei nicht alltäglichen Fähigkeiten gediegene Kenntnisse zu erwerben. Diese kaum dem Namen nach in Wien bekannte Familie war nun plötzlich in ein elegantes Hotel der Rue Montmartre zu Paris versetzt und erwies sich da ebenso gesellig, als sie früher für menschenscheu gegolten. Sie sahen zwar, mit Ausnahme eines einzigen großen Balles, nur selten viele Leute bei sich, nahmen jedoch gerne Einladungen an. Die lebhafte, alte Dame mit ihren stark markirten, einstige Schönheit verrathenden Gesichtszügen und dunklen, stechenden Augen, war immer von ihrer Tochter begleitet, die, mehr ernst als einnehmend, einen fast männlich gebildeten Geist und festen Charakter zeigte. Wie sie, verläugnete auch die Mutter ihre Ueberzeugungen nach keiner Seite hin; beide wollten frei von jedem Vorurtheil erscheinen und trugen offen ihre religiös=politischen Ansichten zur Schau. Nachdem ich Paris verlassen, hörte ich, daß sich in der Familie Zerwürfnisse erhoben, welche selbst zu gerichtlichen Verhandlungen führten, und bald nach dem Ableben der Mutter auch die Tochter, noch jung und unvermählt, gestorben sei. Der Sohn Moritz jedoch, seinen Studien und Neigungen lebend, folgte eigener Wahl und heirathete ein älteres Frauenzimmer aus bürgerlichem Stande, mit der er zurückgezogen in Wien lebt.

Soll ich nun noch von den Pariſer Gelehrten, Schrift-
ſtellern und Künſtlern jener Zeit ſprechen? Ihre Zahl war
Legion und Romanſchreiber mit Dichtern bildeten entſchieden die
Mehrheit. Sie zogen ſich nicht, wie in anderen Städten, ſcheu
in ihre Kreiſe oder Studirſtube zurück; man konnte ihnen öfter in
der vornehmen Welt begegnen. Es war mir immer von Intereſſe,
mit in der Wiſſenſchaft und Literatur bekannten Namen näher
bekannt zu werden; ich ſuchte ſie jedoch nicht ängſtlich auf, drängte
mich nicht, wie Andere, an ſie heran, und überließ es dem Zufall,
mich in nähere Berührung mit ihnen zu bringen. Entſprechen
ihre Werke nicht unſeren Anſichten, ſagen ſie unſerer Geſchmacks-
richtung nicht zu, weßhalb ſoll uns eine mündliche Unterredung
mit dem uns nicht Geiſtesverwandten wünſchenswerth erſcheinen?
Haben uns aber ihre Schriften unterhalten, erfreut, erhoben, überzeugt, ſelbſt begeiſtert, ſo wirkt, wie mich nur zu oft die Erfahrung
belehrte, die perſönliche Bekanntſchaft des Verfaſſers oft ſtörend
auf jene günſtigen Eindrücke; er erſcheint ſelten in dem Lichte, das
wir uns von ihm entworfen, und enttäuſcht wenden wir uns von
ihm ab und lieber wieder ſeinem Buche zu. Aber wahrlich kann
man berühmten Autoren eine Anwandlung von übler Laune nicht
verargen, ſieht man das förmliche Treibjagen, welches Einheimiſche
wie Fremde um die Wette nach den ſ. g. „Celebritäten“ anſtellen.
Mit Briefen und Zuſendungen überhäuft, von Beſuchen beläſtigt,
werden ſie auch noch um Hülfe und Rath angeſprochen, um Auto-
graphen gequält, in jeder Weiſe gepeinigt. Es fallen ſolche halb-
gelehrte Touriſten mit Gier über jeden Schriftſteller her, um ihn
auszubeuten, zu langweilen, und es iſt ihnen ganz gleichgültig,
welche Meinung der Gefeierte von i h n e n hat, wenn ſie nur erzählen oder ſchreiben können: „wie er ſich räuſpert, wie er ſpukt“
u. ſ. w. Ein Berliner verfolgte Victor Hugo mit Viſitenkarten,
und als er endlich nach vielen vergeblichen Verſuchen in das
Kabinet des Dichters trat, wurde er von ihm in keiner eben ſehr

freundlichen Weise empfangen; doch was lag dem wißbegierigen Manne daran, hatte er doch die Atmosphäre Hernani's und anderer Meisterwerke eingesogen! Auch das Andenken an die Todten ließ der Unermüdliche nicht in Ruhe, er wollte durchaus das Haus und in diesem das Zimmer und darin wieder die Wanne sehen, in welcher Marat ermordet wurde, und zu seinem großen Verdrusse konnte er all dies nicht mehr finden!

Meinem angedeuteten Vorsatze getreu mußte ich daher auf die Begegnung gar mancher Schriftsteller verzichten, und sah so weder Chateaubriand noch Victor Hugo, traf nicht mit Balzac, Georges Sand, Al. Dumas u. A. zusammen. Salvandy und Villemain, die beiden Bücher schreibenden Minister, sprachen mich nicht an; der erste, mehr aufgeblasen, als seine Verdienste es erlaubten, der andere, bald einer Geisteskrankheit anheimfallend, die ihn später wieder verließ. Jules Janin ist, bei allem Verstande, eine gemeine Natur; wie in seinem Aeußern, liegt auch in seinen Ansichten nichts Edles; die Schärfe seiner Kritik kleidet sich in einen geschraubten Styl, in eine, Vielen kaum genießbare Form. Ihm gegenüber trat E. Sue als ein wahrer Dandy auf. Sein eleganter Anzug, seine ruhige Haltung und eine gewisse Gemessenheit sicherten ihm Bürgerrechte in den feinsten Kreisen. Auch seine mit dem raffinirtesten Luxus ausgerüstete Wohnung verrieth aristokratische Gewohnheiten; all dies vornehme Treiben aber stand im schneidenden Kontraste zu dem Schmerzensschrei über das Elend des Volkes, welcher in allen seinen Werken nachklingt; der Sybarit, welcher so gerne die kostbilligsten Genüsse und Ausschweifungen jeder Art mit der vornehmen Welt, selbst mit dem demi monde theilte, fand nicht Seufzer, Thränen und Verwünschungen genug, um das Loos der arbeitenden Klasse zu beklagen und sie gegen die Höherstehenden oder Besitzenden aufzureizen. Noch bis zur letzten Stunde, verbannt, setzte er seine trostlosen, socialistischen Lehren fort, und Glück wie Genuß als

des Lebens höchstes Ziel anpreisend, raubte er in grausamem
Spotte seinen Anhängern die Aussicht auf ein besseres Jenseits.
In Gesellschaft war E. Sue wortkarg; still beobachtend, sammelte
er da Stoff für seine Bücher, sog, wie es kam, Honig aus einer
Blume oder Gift aus einem flüchtig hingeworfenen Worte. Nicht
selten erschien so, was er Abends gehört, des anderen Tages in
irgend einem Feuilleton. Die junge, hübsche Frau eines meiner
Kollegen erzählte ihm einst, daß sich unter ihren vielen Schwestern
auch Zwillinge befänden, welche Rosa und Blanka getauft wurden.
Wie erstaunte sie nun, als in einem der nächsten Kapitel die
Zwillingsschwestern „Rose et Blanche" als Hauptpersonen im
„ewigen Juden" vorgeführt wurden!

Der kleine, lebhafte Scribe mit dem großen, wie aus Holz
geschnitzten Kopfe bewegte sich gerne in heiterer Gesellschaft, die er
mit seinen geistreichen Witzen erfreute. Er war der König unter
den Vaudevilledichtern und von Vielen seines Glückes wegen beneidet.
Jeder Zoll ein Franzose, nahm er es denn mit der Bearbeitung
historischer Stoffe nicht genau, und wie er eine feine Kenntniß der
menschlichen Leidenschaften und Pariser Zustände zeigte, war er
unwissend und abgeschmackt, wenn es galt, fremde Sitten oder
Verhältnisse zu schildern. Mehr, als man ahnen konnte, haben er
und in viel höherem Grade Beranger beigetragen, jene oberfläch=
liche Bildung, jene frivole Grundsatzlosigkeit und weichliche Senti=
mentität zu verbreiten, welche die Mittelklassen ergriffen.

Die Ausflüsse eines langen Friedenszustandes — Förderung
und Pflege der schönen Künste und Aufschwung der Industrie —
traten allenthalben entschieden hervor. Aber inmitten dieses regen,
unaufhaltsamen Strebens, welches den Beobachter fortwährend fesselte,
war es noch eine Fülle von Schätzen und Merkwürdigkeiten jeder
Art, die zu übersehen der Pariser selbst, noch viel weniger der

Fremde im Stande war. Jede der sich rasch folgenden Regierungen
bereicherte irgend eine Sammlung, verbesserte, hegte mit Vorliebe
irgend eine Anstalt, verschönerte, schuf wo sie nur konnte. Louis
Philipp wandte seine Kräfte vor allen Versailles zu, ließ andere
Schlösser, ließ Kirchen und Kapellen auf das herrlichste wieder
herstellen und eröffnete eine ganze Reihe von Sälen im Louvre,
welche die Gemälde spanischer Schule, ethnographische wie Raritäten-
kabinette, das Marinemuseum u. dgl. m. aufnahmen. Mit anerkennenswerther Bereitwilligkeit wurden alle diese unter der Verwaltung der Civilliste stehenden Schlösser und Gallerien gezeigt, und
eine einfache Karte genügte in Fällen, wo in England ein be-
stimmtes Eintrittsgeld bezahlt wird. — Um den Kreislauf dieser
zahllosen Sehenswürdigkeiten befriedigend zu vollenden, dazu ist
außer der gehörigen Muße auch richtiges Verständniß, Kunstsinn
erforderlich. Der Wunsch, sich mit Allem zugleich und gründlich
bekannt zu machen, verwirrt zuletzt nur die Begriffe, und fehlt
die Zeit zu öfteren Besuchen der Museen, so wähle man sich lieber
nur einige Säle, und in diesen wieder nur ein paar Gemälde zu
einer näheren Beschauung aus. Die Mannigfaltigkeit entschädigt
jedoch für so viele Anstrengung. Wenn das Auge, ermüdet von
der Farbenpracht der Bilder oder der feinen Goblins-Gewebe, auf
den reizenden Anlagen des Jardin des plantes mit den seltenen
Thieren ausruht, so führt uns dann bald wieder eine stets vielseitig angeregte Wißbegierde jenen reichen, wissenschaftlichen Sammlungen, den berühmten Bibliotheken oder einer jener vielen Anstalten zu, welche dem Wohle der Menschheit wie der Heilung der
Seele oder des Körpers gewidmet sind. Hat man aus den Gerichts-
sälen eine Reihe tief erschütternder Eindrücke fortgenommen, so
erquickt wieder der Anblick der in froher Lust sich tummelnden
Menge im bois de Boulogne oder all den schönen Gärten, welche
Paris wie ein grüner Kranz umgeben. Hier erhebt uns die
Majestät der alten Kirchen mit ihren ehrwürdigen Hallen oder die

bunte Pracht der neuerrichteten Gotteshäuser, dort ziehen Monu=
mente, Säulen, Statuen, rauschende Fontainen die Blicke auf sich;
mit jedem Schritte tritt uns irgend eine historische Erinnerung
oder aus der Neuzeit ein Gewölbe voll der bedeutendsten Mode=
waaren, Geschmeide, Broncen, Teppichen und jener allerliebsten,
entbehrlichen Kleinigkeiten entgegen, die unwillkürlich zum Kaufe
einladen. Das Wort „Flaniren" scheint so recht eigentlich für
Paris erfunden, und nirgends ist man auch mehr zu diesem harm=
losen Geschäfte berechtigt, als auf den Boulevards; mit jeder Minute
wechselt da die Scene, und immer kehrt man mit Erfahrungen
bereichert nach Hause zurück. Die größte Anziehungskraft jedoch
üben immer die Theater, eine unerschöpfliche Quelle von Genüssen,
Beobachtungen und Vergleichungen der mannigfaltigsten Art. Schon
die drei Opern boten, jede in ihrer Weise, besondere Reize. Während
Meyerbeer die mit dem Ballete unzertrennlich verbundene große
Oper lärmend, doch siegreich beherrschte, erfreuten sich die Besucher
der Opera comique an den lieblichen Melodien Auber's und
an dem feinen Spiele mehr, als dem Gesange der Künstler. Die
Modewelt strömte den „Bouffes" zu, — wie man die Italiener
nannte — und noch war es nicht der mächtigen Posaune Verdi's
gelungen, die einschmeichelnden Weisen Rossini's oder den lyrisch
zarten Bellini ganz zu verdrängen — und auf den zahlreichen
anderen Bühnen vom Théatre français an bis zu den bescheidenen
„Funambules", welche Verschiedenheit, welch sich stets erneuerndes
Interesse knüpft sich nicht an diese vom Lampenscheine erhellten
Bretter, „welche die Welt bedeuten!"

Die bildenden Künste selbst waren glänzend vertreten, und
ein Blick auf die Gemälde von Horace Vernet, Ary Schefer,
Laroche, Lacroix u. A. zeigte zur Genüge den kühnen Schwung,
welchen der in Farbe getauchte Pinsel genommen. Doch mußte
man gewöhnlich diese Meisterwerke in den Ateliers oder den Häusern
reicher Kunstfreunde aufsuchen. Die tüchtigsten Maler weigerten

sich, die jährlich wiederkehrende große Ausstellung — den „Salon" — zu beschicken, und wohl nicht mit Unrecht, denn das Beste wurde hier durch eine Masse mittelmäßiger Bilder erdrückt, und dennoch war nichts häufiger, als die Klage der „Artistes imcompris", deren unerreichten Werken man grausam den Eingang in die Kunst= hallen versagte. Von den Bildhauern ragte eigentlich nur Prabier hervor. Nieuwerkerke, so talentvoll er war, galt nur mehr als Dilettant, und stellte damals gerade seine nach Holland bestimmte, so gelungene Reiterstatue Wilhelms von Oranien aus. Eine junge Dame, welche davon hörte, glaubte, es sei die Statue des Künstlers selbst und rief, als sie sie sah, aus: „Mais je ne la trouve pas du tout ressemblante!" Auch Marochetti, mit dessen Werken ich mich nie befreunden konnte, hatte ein Standbild des verunglückten Herzogs von Orleans für den inneren Platz des Louvre vollendet — diese ist nun natürlich längst daraus ver= schwunden. Das Werk fand heftigen Tadel und der · Bildner, empfindlich darüber, nannte es einen Diamant, dessen Werth man erst später erkennen werde, worauf Jemand bemerkte: „En ce cas il faut convenir, que ce diamant est bien mal monté!" was sich zugleich auch auf die zu Pferd sitzende Figur bezog.

Die Thätigkeit in den Fabriken kam nur der Erfindungsgabe der Arbeiter wie dem ausgesuchten Geschmacke gleich, mit welchem besonders Modewaaren in Frankreich verfertigt wurden. Ich sah nur eine der damals alle fünf Jahre stattfindenden großen Industrie= ausstellungen in Paris, — die von 1844 — doch ließ sie einen unauslöschlichen Eindruck in mir zurück. Wie bei Gallerien, muß man aber auch hier den Besuch wiederholen, immer nur einzelne Gegenstände prüfen, will man nicht ein Gefühl der Er= müdung, eine Menge das Gedächtniß verwirrender Begriffe mit sich fortnehmen. Es wirkt ein solcher Anblick selbst auf Kenner in einer die Sinne überwältigenden Weise. Das Auge vermag nicht Alles zu überschauen, und das Ohr, betäubt von dem Lärm

der Menge wie der sich unharmonisch geltend machenden musikalischen
Instrumente, läßt den forschenden Geist, der sich so viele neue Erscheinungen gerne erklären möchte, nicht zur Ruhe kommen. Bei allen
Vorzügen haben doch auch wieder diese so sehr gerühmten und
beliebten Ausstellungen ihre Schattenseiten; es wird hier zu viel
dem blendenden Scheine gehuldigt, der äußeren Zierde oft die
solide Arbeit geopfert, und nicht selten unterliegt das gediegene,
aber anspruchslose Verdienst der Effekthascherei, unverschämter
Zudringlichkeit oder anderen Umwegen — daher zahlreiche Zerwürfnisse, Unzufriedenheit, Neid, Uebelstände, welche die Vortheile
mit dem Gefolge eines edlen Wetteifers unter den Ausstellenden
zum Theil wieder aufwiegen. Es wird da ein Ehrgeiz im Kleinen
erweckt, eine Jagd nach Medaillen und Auszeichnungen eröffnet,
zu Ränken und Kniffen ermuntert, welche nicht immer dem eigentlichen Zwecke dieser wohlgemeinten Einrichtung entsprechen. Um
die Uebersicht zu erleichtern, auch bescheidenere Industrien nicht zu
verdunkeln, sollte die Ausdehnung solcher „Exhibitions" möglichst
auf einzelne Länder oder Provinzen beschränkt und dadurch leichter
allen Ansprüchen genügt werden. Vor dem Gedanken einer
Londoner Weltausstellung aber schwindelt mir, und ich kann mir
die Möglichkeit kaum denken, sich in dem riesigen Krystallpalaste
nur einigermaßen zurecht zu finden, diese kolossalen Räume mit
allen denkbaren Erfindungen und überraschenden Erzeugnissen des
Gewerbfleißes befriedigt zu verlassen. Wahrhaft unpassend erscheint
mir aber die Vereinigung solcher industriellen Produzirungen mit
Kunstausstellungen; man häuft da Gemälde und Sculpturen aus
allen Ländern, selbst aus früheren Epochen; wo bleiben da die
Vergleichs-, ja nur die Anhaltspunkte? Wie bei'm Thurm zu
Babel Verwirrung der Sprachen, tritt in diesem Chaos von nicht
zu übersehenden Gegenständen eine Confusion in den Begriffen, in
der Geschmacksrichtung wie in der Beurtheilung ein; auch ein
nicht zu verkennender Fortschritt mehr!

Die Volksbelustigungen am 1. Mai wie die dreitägigen
öffentlichen Spiele und Feste Ende Juli setzten nicht nur ganz
Paris in Bewegung, sie zogen auch eine Masse von Fremden
herbei, und es ließ sich gewiß nichts Großartigeres und zugleich
sinnreich und geschmackvoll Geordneteres denken, als dieses Flammen=
heer von Gas= oder farbigen Lampen, die wie Regenbogen schim=
mernden Fontainen, die Wettrennen der Nachen auf der Seine,
die Aufführung militärischer oder anderer Spektakelstücke, endlich
das glänzende Feuerwerk, welches mit dem Riesenbouquet schloß.
Mit jedem Jahre steigerte sich in steter Abwechslung die Pracht
dieser immer vom heitersten Himmel überragten Feste.

Während meines Aufenthalts hatten einige deutsche Gesandten,
Gelehrte und Aerzte einen Hülfeverein für die zahlreichen deutschen
Arbeiter und ihre Familien in Paris gegründet. Es freut mich
immer, an dem Entstehen wie an dem Gedeihen dieser ebenso
nothwendigen als heilsamen Einrichtung Theil genommen zu haben.
Dem Verein flossen reichliche Gaben zu; Unterstützungen durch
Sammlungen, Concerte, großmüthige Beiträge, auch von deutschen
Fürsten, setzten ihn bald in den Stand, für den bei jener Klasse
so sehr vernachlässigten Gottesdienst zu sorgen, auf den Schul=
unterricht verbessernd einzuwirken, Kranke in Spitälern unterzu=
bringen u. dgl. m. Wer das Elend kennt, welchem die armen
deutschen Einwanderer, mit der Sprache, den Sitten unbekannt,
in ihren Erwartungen getäuscht, ohne Verdienst, oft entgegengehen,
wie sie die Straßen von Paris mit Kindern hungernd und trostlos
durchziehen, wird dem noch immer aufblühenden, wohlthätigen
Hülfsverein Theilnahme, vielleicht auch thätige Mitwirkung nicht
versagen. Auch der Ertrag eines kleinen Buches: „Pariser Bilder",
welches ich damals schrieb und — das erste — bei Cotta in
Stuttgart drucken ließ, floß der Vereinskasse zu.

Ist in Paris von den nächsten Umgebungen die Rede, so gelten sie gewöhnlich für reizlos; doch ist jene Stadt hierin, wie in so manchen anderen Dingen, besser als ihr Ruf; gibt es da auch nicht überraschende Fernsichten, romantische Gebirgszüge, so erquicken doch die waldigen Höhen von Meudon, wie das liebliche Thal von Montmorency und die herrlichen, üppig grünen Baumgruppen von St. Cloud und Neuilly spiegeln sich in der Seine wider. Die Eisenbahnen haben nun auch Versailles und Fontainebleau der Hauptstadt näher gerückt, und es fällt schwer, zu entscheiden, welchem dieser Schlösser der Vorzug gebühre. Beide enthalten der geschichtlichen Erinnerungen in Fülle, beide sind von großartigen Anlagen umgeben. Führt uns ein majestätischer Bau, führen uns Prunkgemächer und Wasserkünste mit den Zaubergärten Trianons in die Zeiten Ludwigs XIV. zurück, so tritt uns aus jedem Saale in Fontainebleau das Bild oder die Schöpfung irgend eines französischen Herrschers, von François I. bis Napoleon III., entgegen. Das wundervolle Jagdschloß ist nach allen Seiten von einem unabsehbaren Walde umgeben; zahlreiches Wild durchzieh diese Räume, und zwischen Riesenbäumen, die ihr Alter nach Jahrhunderten zählen, liegen in malerischen Gruppen ungeheure, bizarr geformte Felsblöcke, welche, da sie nicht mit Gebirgen im Zusammenhang stehen, den himmelstürmenden Titanen entfallen zu sein schienen.

In jedem Jahre machte ich auch größere Ausflüge und ließ wiederholt die herrliche Normandie, die Touraine mit den Ufern der Loire nicht unbesucht. Leider war es mir bei dem abgekürzten Aufenthalte in Paris nicht vergönnt, auch noch die schönere, südliche Hälfte Frankreichs kennen zu lernen. Ich mußte mich daher auf eine zweimalige Reise nach Belgien beschränken, und ebenso oft schiffte ich nach England über.

Es ist nicht leicht, dem Zauber zu widerstehen, welchen das kleine Belgien auf jedes für solche Eindrücke empfängliche Gemüth ausübt. Nirgends finden sich, wie da auf einem beschränkten Raume so viele merkwürdige Städte, und das flache, von Kanälen durchschnittene Land zeigt — ein Bild der Ruhe und des Wohlstandes — auf grünen Wiesen die weidenden Heerden; der Segen der Landwirthschaft verbindet sich da mit dem Reichthume der Fabriken; Handel und Schifffahrt zur See wie auf den Flüssen blühen und ein zufriedenes, dem alten Glauben wie seinen politischen Freiheiten ergebenes, munteres, betriebsames Völkchen belebt das schöne Land. Das stille Mecheln, ebenso bekannt durch seine prachtvolle Cathedrale, wie durch das unter fleißigen Händen entstehende feine Spitzengewebe, bildet den Mittelpunkt des Eisenbahnnetzes, von dem man in wenigen Stunden die anziehendsten Orte erreichen kann: Brüssel mit großstädtischem Anstriche, Antwerpen, erfüllt mit den Erinnerungen an Rubens, das einst so mächtige Gent, von dem Karl V. sagte: „qu'il metterait tout Paris dans son gand!" Brügge mit seinen seltenen Kunstschätzen, das vom Ocean umspielte Ostende, dann das gelehrte Löven, endlich Lüttich, seit Jahrhunderten bekannt! Und alle diese Städte, bedeckt mit Kirchen, wetteifernd an Schönheit der Formen wie an Reichthum der Gemälde und Holzschnitzarbeiten, ebenso gut erhalten, als zum erhabenen Gottesdienste würdig benützt.

Mit diesem Ausfluge verband sich ein längerer Badeaufenthalt in Aachen; doch weder das einförmige Leben in der Stadt Karls des Großen, noch die Schwefelkur sagten mir zu, und ich unterbrach sie gerne, um einige Wochen am Rheine zuzubringen. Wie vor 21 Jahren, traf ich auch wieder den Fürsten Metternich, umgeben von Fürsten und Diplomaten, auf dem Johannisberge. Das gewöhnliche Treiben in den Rheingegenden wurde noch durch den Besuch der Königin Victoria erhöht. Ich war Zeuge ihres ersten Zusammentreffens mit dem König von Preußen, sah die herrliche, leider vom Wetter nicht begünstigte Beleuchtung in Köln und wohnte endlich dem großen Musikfeste bei, welches zur Feier der

Einweihung des Standbildes Beethoven's in Bonn stattfand. Glänzend wurden die königlichen Gäste auf Stolzenfels und Schloß Brühl bewirthet.

In Aachen aber lebte still in einem Gasthofe Jerome Napoleon's ältester Sohn; menschenscheu zog er sich zurück, und am Tage des Einzugs der englischen Königin verschloß er Fenster, Laden und Thüre; mit den Hausbewohnern wurde ich oft durch die Zornausbrüche des Prinzen beunruhigt, dessen Gehirnleiden zu der Krankheit führten, welcher er bald darauf unterlag.

Von Dieppe aus hatte ich mich später einmal nach Brighton begeben und durchstreifte von da wieder mit erneutem Entzücken die Küsten von Portsmouth und die Insel Whigt in ihrer vollen Runde. Ein glücklicher Zufall wollte, daß die in Osborne weilende Königin ein Geschwader, das in den Gewässern von Spithead lag, besichtigen wollte — ein ergreifendes Schauspiel! Die Königin der Meere, in Begleitung des Prinzen Albert und ihrer Kinder, hatte den eleganten Dampfer — Fairy — bestiegen, der pfeilschnell über die stille Meeresfläche hinglitt; eine Menge von Zuschauern umgab in zahllosen Barken jubelnd die königliche Yacht, und wie sich diese den mächtigen Kriegsschiffen näherte, erblitzten die Kanonen unter weit hin schallendem Donner, ertönte der Matrosen begeistertes Hurrah!

Nun nahm uns ein gigantisches Dampfschiff mit einer Maschine von der Kraft mehrerer hundert Pferde auf. Die Nacht war stürmisch und bei Tagesanbruch stieg im Nebel die Insel Guernsey aus dem Meere, sie erhebt sich mit schönen Gebäuden terrassenförmig; wir landeten nicht. Gegen Mittag kam die Insel Jersey in Sicht; sie ist rings von starrenden Klippen, zum Theil von, wie Nadeln sich erhebenden, spitzen Felsen umgeben und nicht selten sind Schiffbrüche an diesen unwirthlichen, durch heftige Stürme oft durchtobten Küsten. Stolz und düster erhebt sich auf unnahbaren Felsen das alte, feste Schloß „Montorgeuil". Die

kleine Stadt St. Helier ist unbedeutend, hat aber doch eine Statue
Karls II. und sogar ein Theater, das wir besuchten. Ist das
englische Lustspiel schon in London für Fremde kaum genießbar,
so war vollends die Vorstellung von Shakespeare's „Taming" auf
dieser Provinzbühne so erbärmlich, daß selbst dem Dutzend nach=
sichtiger Zuhörer die Geduld verging; welche Studien für einen
Hogarth'schen Pinsel! — In der Mitte der Insel erhebt sich ein
alter Thurm, — Princes=Tower — über und über mit dem
saftigsten Epheu bedeckt; von da übersieht man die zwölf Ort=
schaften der Insel mit ihren spitzen Thürmen, und in blauer Ferne
zeigt sich, wie ein Streifen, die französische Küste mit der Cathedrale
von Coutances; so weit das Auge reicht, ist das Meer mit Riffen
und kleinen Felseninseln wie besäet. — Die Kanalinseln zogen
mich auch deßhalb an, weil sie, wenig bekannt, selten besucht, einige
Eigenthümlichkeiten bieten. So sind sie nicht dem brittischen Reiche
einverleibt, beschicken nicht das Parlament, haben eine eigene Gesetz=
gebung, Verwaltung, besondere Münze und Gerichtshöfe, bei denen
französisch pladirt wird — dem Nationalitätsprinzipe gemäß ge=
hörten sie demnach mehr Frankreich an, während sie den verbannten
Republikanern nun zum Asyle dienen.

Sei es absichtlich, sei es wirklich aus Versehen geschehen, die
Ankunft des Dampfschiffes, welches uns zur Abfahrt aufnehmen
sollte, wurde im Gasthofe nicht angezeigt, und wollten wir nicht
noch zwei weitere Tage auf Jersey verweilen, so mußten wir uns
nach einem anderen Fahrzeuge umsehen. Es wurde ein kleines
Fischerboot mit Segel gemiethet, und ein frischer, günstiger Wind
ließ uns hoffen, unser Ziel in einigen Stunden zu erreichen. Die
Fahrt war heiter, aus der dunkelblauen See tauchten große Fische
auf, und schon naheten wir uns dem furchtbaren Mont St. Michel
mit der in die Lüfte ragenden Feste, als auch die Nacht herein=
brach, weil plötzliche Windstille uns aufgehalten; nach glücklich,
aber mühsam umschifften Klippen erreichten wir erst nach Mitter=

nacht den Hafen von Grandville, wo wir, durchnäßt und gelang-
weilt, auszuruhen hofften. Doch anders war es in dem Sinne
der Douane beschlossen, und die Hüter des Hafens legten die
Flinten auf uns an, als wir Miene machten, unseren leeren
Nachen zu verlassen. So brachten wir eine regnerische Nacht im
Freien ziemlich unbequem auf Segel und Thauwerk zu, bis man
am hellen Morgen unsere Pässe und Gepäcke in Empfang nahm
und wir die Bretagne von ihrer finstersten Seite kennen lernen
konnten. Nun ging es nach Caen, aber auch hier, als wir von
der Somme in den Calvados fahren wollten, empfing uns ein so
furchtbarer Orkan, daß die Hälfte der Reisenden, um das Schiff
im Gleichgewicht zu erhalten, die Masten und Segelstricke herab-
ziehen mußte. Die Wellen schlugen über Bord und die Mehrzahl der, meist seekranken, Passagiere drang auf die Rückkehr nach
Caen; und so gelangten wir denn auf einem langen Umwege von
da zu Lande nach Honfleur.

Meine zweite englische Reise galt London, das mir nach
24 Jahren wie eine ganz neue Stadt vorkam. Große Strecken,
deren Namen man früher kaum kannte, waren nun mit Palästen,
herrlichen Anlagen bedeckt; die „Season" war im vollen Gange:
Parlament, Hydepark, die Wettrennen und Theater von der
fashionablen Welt besucht, die Königin im Bukingham-palace,
wo sie damals — 25. Mai 1846 — der Prinzessin Helena das
Leben gab, deren Geburt Kanonen verkündeten. Von den geselligen
Freuden hielten wir uns, außer der Oper, fern, besuchten nicht
die alten und machten keine neuen Bekanntschaften; nur eine Reise-
gefährtin, — Lady Pollack — welche sich mit ihrer Familie zu
ihrem in Ostindien angestellten Gemahle begab, lud uns ein, sie
dort aufzusuchen!! — Außer den mir schon bekannten Merkwürdigkeiten sah ich noch viele neue, die mich wahrhaft überraschten —
das brittische Museum mit seinen aus allen Welttheilen herbei-
geholten Kunstschätzen, Naturseltenheiten und Alterthümern, die

Nationalgallerie, der zoologische Garten, das unterhaltende Colo-
seum —. Neugierde trieb uns zu dem einst so viel besprochenen
Tunnel, der nun, beinahe vergessen, nur noch schaulustigen Fremden
zum Stelldichein · dient. Mühsam steigt man über eine lange
Treppe in den breiten, spärlich erleuchteten unterirdischen Gang
herab, nicht ohne das unheimliche Gefühl, die furchtbar schwere
Wassermasse der Themse über sich zu haben. Das ganze Unternehmen, wäre es auch in seinem Zwecke nicht längst schon durch
Dampfschifffahrt und Eisenbahnen überflügelt, war auch deßhalb
gleich Anfangs gescheitert, weil es nicht gelingen wollte, wegen
seiner Tiefe den Tunnel auch Wagen zugänglich zu machen. —
Ein Besuch in Windsor, immer lohnend, erfreute uns ungemein, und ein Mittagessen, welches wir auf der kleinen Eisenbahn-
station Slough einnahmen, setzte uns, an die Einfachheit der fest-
ländischen Buffets der Bahnhöfe gewöhnt, in wahres Erstaunen,
da eine elegant gedeckte Tafel für zwei Personen von bepuderten
Livreebedienten besorgt und auf Silber gespeist wurde.

Ein nur achttägiger Aufenthalt in der Metropole wirkt bei
den ungeheueren Distanzen, wie bei der Masse des in sich Aufzu-
nehmenden wahrhaft betäubend, und der unerwartete Genuß weicht
nur zu oft übergroßer Ermüdung. Erst nachdem wir das Häuser-
meer verlassen, von dem weder Anfang noch Ende zu übersehen
ist und uns nach dem Havre eingeschifft, vermochten wir in unserem
Gedächtnisse die bisher verworrenen Eindrücke zu ordnen, die sich
dann allmälig zu einer fortlaufenden Kette erfreulicher Erinnerungen
gestalteten. In ruhiger, sternheller Nacht sahen wir hier, vom
Verdecke aus, das Schiff die phosphoriscirenden Wellen schnell
durchschneiden und die leuchtenden Spitzen der schäumenden Wogen
erschienen uns dann wieder wie ebenso viele Meeressterne.

Während ich so den französischen Küsten zueilte, kreuzte ich
mich vielleicht im Kanal mit dem künftigen Kaiser der Franzosen,
der damals gerade als „échappé de Ham" nach England segelte,

um als „l'élu du peuple" einst wieder zurückzukehren. Allge=
mein ging damals die Sage, daß Louis Napoleon seine Befreiung
nicht eigener sinnreicher List verdankt, sondern die Regierung, der
Beaufsichtigung müde, dem ihr nicht mehr gefährlich dünkenden,
in 6jähriger Haft mürbe gewordenen Kronprätendenten selbst zur
Flucht verholfen habe. Die nachfolgenden Vorgänge machen diese
Annahme nur wenig wahrscheinlich.

Den 9. Dezember 1845 starb in Wien General=Lieutenant
v. Tettenborn im 67. Jahre. Er hatte bei zunehmenden körper=
lichen Leiden doch bis zur letzten Stunde noch eine gewisse Geistes=
frische bewahrt. Ein warmer Nachruf in der allgemeinen Zeitung
sagt: „Dieser Todesfall erregt allgemeine Theilnahme, denn selten
genoß Jemand einer größeren Popularität; allgemein beliebt und
gekannt dürfte er sich, wie wenige, rühmen, kaum je einen Feind
gehabt zu haben. Von der offensten Herzensgüte, von einer seltenen
Liebenswürdigkeit der Erscheinung und des Umganges, für jeden
Hülfsbedürftigen zu Rath und That bereit, bewies er vorzüglich
seinen badischen Landsleuten bei jedem Anlasse eine eifrige Theil=
nahme. Aber auch zu Oesterreich war er, seiner früheren Kriegs=
dienste eingedenk, stets in nahen Beziehungen geblieben. Das
diplomatische Corps verliert in ihm den ältesten der Kollegen, und
fast jeder Einzelne einen geprüften Freund; unter den Heldenge=
stalten der Befreiungskriege ragte die seinige bekanntlich als eine
der glänzendsten und volksthümlichsten hervor. Sowie sich bei dem
zahlreichen Leichenconducte allgemein das Gefühl aussprach, welch'
ein durch erfolgreiche Thätigkeit rühmlichst ausgezeichneter Mann
aus dem Leben geschieden, so wird gewiß auch in fast jedem Lande
Europa's die Trauer um den Hingeschiedenen einen Widerhall
finden!"

Dieser unerwartete Todesfall bewirkte auch eine Veränderung

in meiner Lage. Ich wurde an Tettenborn's Stelle zum groß=
herzoglichen Gesandten in Wien und der bisherige Legationsrath
v. Schweizer zum Ministerresidenten am königlich französischen
Hof ernannt. Sonach sah ich mich in einer mir zusagenden Ge=
schäftsthätigkeit plötzlich unterbrochen, wie viel hatte ich überdies
auch zu erlernen, zu beobachten, und der immer gehegte Wunsch,
länger in Paris bleiben, vielleicht, wie mein Vorgänger Ferrette,
meine diplomatische Laufbahn allda beschließen zu können, ging
leider nicht in Erfüllung; die trüben Ahnungen, welche sich daran
knüpften, sollten sich bald in einer Reihe von Leiden und Prüfungen
jeder Art nicht als Truggebilde zeigen.

Den 4. März übergab ich dem Könige mein Abberufungs=
schreiben und alsobald hatte auch der Nachfolger seine Antritts=
audienz. — Schon war der Tag meiner Abreise bestimmt, als
dieselbe durch eine anscheinend unbedeutende Unpäßlichkeit verschoben
werden, und ich die bereits aufgegebene Wohnung mit einem
Zimmer in dem nächst liegenden Hotel vertauschen mußte. Hier
wurde ich nun durch sechs Wochen an das Bett gefesselt und eine
lebensgefährliche Operation, von der geschickten Hand Joubert's
(de Lamballe) glücklich vollzogen. Auch der Beirath anderer
Aerzte, liebevolle Pflege, Erkundigungen und Theilnahme vieler
Freunde wie von der königlichen Familie fehlten nicht und ließen
mich den Abschied von Paris nur um so schmerzlicher fühlen. —
Den 13. Juni verließ ich diese Stadt, welche ich bisher nicht
wieder betreten sollte, und während die Rückblicke auf die dort
verlebte Zeit die erfreulichsten waren, gab ich mich bezüglich der
Zukunft Frankreichs Betrachtungen hin, welche sich später als
ebenso viele Täuschungen erwiesen. Ich überließ mich nämlich der
festen Ueberzeugung, daß die dortigen Verhältnisse in jeder Be=
ziehung geordnet, nach allen Seiten hin als gekräftigt angesehen
werden könnten; es herrschte eine mit Recht geachtete Königs=
familie; eine, wie man wenigstens glaubte, musterhafte Verfassung

stellte das richtige, langgesuchte Gleichgewicht der gesetzgebenden Gewalten her; war die Ruhe gestört, so beschützte Paris eine, mehr gegen den Straßenaufruhr als fremde Heere gerichtete, befestigte Ringmauer vor den noch immer drohenden inneren Gefahren; ein allgemeiner Wohlstand verbreitete sich über das ganze Land und man schien sich weit mehr mit Aktien, Eisenbahnen, Fabriken und anderen Spekulationen, mit heiteren Lebensgenüssen als mit Barrikaden, Mordanschlägen oder im Finstern schleichenden Verschwörungen beschäftigen zu wollen, man gefiel sich, mit einem Worte, in dem beruhigenden Gedanken, daß der politische Vulkan ausgebrannt und die seit 60 Jahren angehäufte Lava dazu diene, den Boden Frankreichs heilbringend zu befruchten. Sowie ich vor 16 Jahren unmöglich an eine lange Dauer der Julimonarchie glauben konnte, so vermochte ich jetzt noch viel weniger zu ahnen, daß dies alles sich so bald und so überraschend schnell zu einer Auflösung drängen werde. Hatte ich mich daher in jenen beiden Unterstellungen arg getäuscht, so theilte ich diesen Irrthum mit Tausenden, und als ich im Sommer 1850 in Baden=Baden wieder mit Thiers zusammentraf, waren diese Vorgänge der Gegenstand einer langen Unterredung. Ich gestand ihm, daß ich während meiner Anstellung in Paris immer in dem oben angedeuteten Sinne nach Karlsruhe berichtet und nun mit peinlichem Erstaunen eine so gänzliche Umwandlung hätte erleben müssen. Thiers gab mir auf alle Fragen vollkommen Recht und bemerkte, daß er mit allen seinen Freunden, so wie ich, sich nie einen solchen Ausgang geträumt haben würde. Welche geheime oder unerwartete Ursachen bereiteten nun wohl jenen merkwürdigen Sturz vor und führten ihn zunächst aus? Ich will hier nicht an die Erfahrung erinnern, daß, seitdem Frankreich 1789 aus seinen politischen Fugen getreten, der unersättliche Drang nach Veränderungen, der Ehrgeiz der Parteien, die Langeweile der Massen, die Köpfe nicht in Ruhe ließen, und sich regelmäßig, nach einem Zeitraume von etwa

15 Jahren, immer wieder eine neue Umwälzung Bahn brach. Es scheint das französische Sprichwort: „tout lasse, tout casse, tout passe" auf diese Lage vollkommen anwendbar. Dabei wühlt die Propaganda im Bunde mit den unzufriedenen Faktionen aller Farben und jede heranwachsende Generation will, immer kampfslustig, ihre „glorreichen" Tage haben. So wird, was angestrengter Fleiß, Staatsklugheit, weiser Ordnungssinn, Gesetzlichkeit mühsam in einem Jahrzehnte aufgebaut und befestigt, durch den Sturm einer Stunde niedergeworfen. Rechnet man nun dazu die mit dem fortschreitenden Gedeihen Frankreichs sich stets erneuernde Eifersucht Englands, hier noch genährt durch die spanische Heirath, so habe ich wohl alle diese nachtheiligen, äußeren Einflüsse berührt. Was half nun Louis Philipp die mit Opfern erkaufte, ängstliche Rücksicht auf England, was halfen ihm die mit ungeheuren Kosten erbauten Festungswerke, das immerwährende Schwanken und Prüfen; er ging an der Aufgabe zu Grunde, unauflösbare Widersprüche heben zu wollen, in der Muthlosigkeit, welcher er sich im entscheidenden Augenblicke hingab, wo nur eine rasche That, ein entscheidendes Einschreiten retten konnten. Denn — was man auch dagegen einwende — die Bewegung war eine gemachte, keine unmittelbar durch irgend einen Vorgang begründete; Niemand war ihrer Tragweite bewußt, in Ermangelung eines richtigen Begriffes half da ein „Wort" aus: Reforme! ein elastisches Wort, das willkürlich gedreht und gedeutet werden kann, und hier nur zum Vorwand diente, die Gemüther zu erhitzen. Man lud, diese Aenderungen zu besprechen, zu Versammlungen, zu „Banquetten" ein und die aufreizenden Reden, die Toaste verwandelten sich bald in Pöbelgeschrei und endeten im blutigen Straßenkampf. Die königliche Familie verschwand nach allen Himmelsgegenden; die Pairskammer „zerstreute sich wie Spreu vor dem Winde, und wurde nicht wieder gesehen." Die Deputirten mußten ihre Plätze einem bewaffneten Pöbelhaufen überlassen; die Truppen,

jeder Leitung beraubt, zogen sich zurück, von den schützenden
Festungswerken war nicht weiter die Rede; abermals hieß es:
„Le tour est fait!“ und mit demselben Rechte, wie die 221 im
Jahre 1830 höhnisch fragen konnten: où étaient, s'il vous plait,
les royalistes le 27, 28, 29 juillet, so konnten jetzt die Republi=
kaner die Frage stellen: où étaient „les Orléanistes le 22,
23, 24 février?“ Ote — toi de là, que je m'y mette! war
nach der Reihe das Losungswort aller Parteien geworden, und
wird es auch bleiben, bis das ersehnte Gleichgewicht gefunden ist.
Darin bestehen aber gerade die großen, inhaltsschweren Lehren,
welche sich dem Klarsehenden auf jedem Blatte der französischen
Geschichte aufdringen. Auch spiegeln sich die Ereignisse von 1848
in jenen von 1830 wider; dort hatten französische Waffen Algier
erobert, hier den mächtigsten Gegner, Abdel Kader, bezwungen,
hier wie dort strebte man Anfangs nur nach wesentlichen Ver=
besserungen, überschoß aber im leidenschaftlichen Eifer das Ziel,
hier, wie dort, entsagte ein altersschwacher König zu Gunsten eines
10jährigen Enkels, doch zu spät, der Krone, — hier wie dort
rang eine muthige Frau mit Selbstaufopferung, wiewohl vergeblich,
für die Rechte ihres Sohnes! — Was Niemand gewollt, Nie=
mand erwartet, entstand aus dieser namenlosen Verwirrung —
die Republik! Man rief dem in einem Fiaker entflohenen, zittern=
den König allerlei Verwünschungen nach und während Karl X.
angeblich die Charte verletzte, ging, wie jener, Louis Philipp
unter, weil er zu fest an die „Wahrheit“ dieser Charte geglaubt.
Wer der Juliregierung Corruption vorwarf, dem bietet sich jetzt
hinreichend Gelegenheit, sich durch Vergleichungen zu überzeugen,
wie sehr jene Anschuldigungen übertrieben waren. Wer sich wie
Louis Philipp im fortwährenden Zustand der Nothwehr befand,
dem kann man nicht verargen, sich Waffen zu bedienen, zu deren
Ergreifung ihn die Gegner gleichsam zwangen.

In gewohnten Verhältnissen brachte ich nun einige Wochen

in Karlsruhe zu, stellte mich dem großherzoglichen Hofe vor, besuchte Baden, die Verwandten auf dem Lande und trat dann in den ersten Tagen des Juli die Reise über den Odenwald, Anspach, Nürnberg und Regensburg — die letzte Hälfte zu Wasser — nach Wien an.

In Karlsruhe vernahm ich die Wahl des an die Stelle Gregors XVI. ernannten Kardinals Mastai, welcher als „Pius IX." den päpstlichen Stuhl bestieg. Es bildet diese Erhebung gleichsam einen Wendepunkt in der Geschichte der europäischen Staaten; denn von da an wurde die kurze vorübergehende Ruhe wieder ernstlich, und zwar in dauernder, nachhaltiger Weise gestört. Schon hatten sich blutige Gräuel in Krakau gezeigt und sie endeten mit der Einverleibung dieser Freistadt in die österreichische Monarchie, ein energischer Schritt, den man damals dem Wiener Kabinette kaum mehr zugetraut hätte. In der Schweiz war der widerwärtige, unter dem Namen: „Sonderbund" bekannte Bürgerkrieg, nur das Vorspiel zu einer völligen politischen Umgestaltung. Auch in Deutschland gährte es schon wieder auf den Straßen, wie in Leipzig, oder in den verschiedenen Kammern und ein unbehagliches Gefühl hatte sich, erhöht durch Mißjahre, furchtbare Ueberschwemmungen und große Theuerung, der öffentlichen Stimmung bemächtigt. Unter diesen bedenklichen Anzeichen kehrte ich denn in der neuen Eigenschaft nach Wien zurück, wo es mir an Anhaltspunkten zu vergleichen, wie au Betrachtungen sehr ernster Natur nicht fehlte.

Zwölfter Abschnitt.

(1846 — 1848.)

Nach einem Zeitraume von 11 Jahren hatte ich Wien eigentlich weniger verändert gefunden, als ich erwartet; es war immer dasselbe lebhafte Treiben, dieselbe Genußsucht und Gleichgültigkeit für Dinge, welche sich nicht innerhalb eines gewissen eng gezogenen Kreises zutrugen. Dennoch konnte es einem schärfer beobachtenden Auge nicht entgehen, daß diese behagliche Ruhe nur oberflächlich war und sich in beinahe unscheinbaren Symptomen immer mehr eine tiefer gehende Mißstimmung zeigte, welche sich von den höchsten Zirkeln bis auf die unteren Volksschichten erstreckte. In der That war auch eine 12jährige Regierung, wie die des Kaisers Ferdinand, nur in Oesterreich möglich; es bewegte sich eben die Maschine in herkömmlicher Weise fort, bis ein Impuls von Außen sie zum Stillstand brachte.

Den 16. Juli führte mich der Oberstkämmerer Graf M. Dietrichstein bei Sr. Majestät dem Kaiser ein, dem ich mit der üblichen Ansprache das Beglaubigungsschreiben überreichte. Die Audienz war kurz und es wurden dabei nur einige der damals gebräuchlichen Redensarten gewechselt. Hierauf folgten die Aufwartungen bei den zahlreichen Mitgliedern der kaiserlichen Familie, und einige Tage währte es, bis die unendlich lange Visitenliste erschöpft war. Eine schöne Wohnung auf dem Kohlmarkte trug viel zur Annehmlichkeit meines Aufenthaltes bei, und unter Anknüpfung früherer persönlicher Beziehungen, wie bei dem mir schon bekannten Geschäftsgange fand ich mich bald wieder in dem gewohnten Geleise.

Der Fürst Metternich bewohnte seine erst neu erbaute Villa; er war trotz seiner 73 Jahre noch rüstig, heiter und gesprächig, wie immer. Seine Familie hatte sich um einen Sohn (Lothar, geb. 1837) vermehrt, die Fürstin Melanie aber fand ich verändert und in ihrem Äußern traten schon die Anzeichen jener langen, schmerzvollen Krankheit hervor, der sie endlich unterliegen sollte. — Von den früheren Diplomaten fand ich nur noch Bodenhausen (Hannover) und O'sullivan (Belgien) vor, doch waren mir von den nun anwesenden schon mehrere, wie Msgr. Viale, Flahault, Medem, Arnim, Könneritz von anderen Orten her bekannt, und in einem langjährigen Freunde, dem ebenso talentvollen als wohlwollend geselligen Grafen Jenisson freute ich mich nun einen Kollegen begrüßen zu können. Aber auch der Tod hatte die Reihen mancher mir theueren Bekannten gelichtet und schmerzlicher fühlt man nach langer Abwesenheit solche nicht leicht zu ersetzende Lücken.

Im Herbste benützte ich die Geschäftsstille zu Ausflügen nach Ungarn und Prag. In Preßburg hielt ich mich einen Tag auf, um einen Herr v. Büß zu sprechen. Es hatte dieser Mann

7*

einen Aufruf in Zeitungen erlassen, worin er mehrere deutsche
Fürstenhäuser und adelige Familien — auch die meinige — eingeladen, gegen gewisse Gebühren wichtige Papiere bei ihm einzu-
sehen, von denen nach Wunsch Abschriften verabfolgt werden
könnten; das Ungewöhnliche dieser Anzeige weckte die Neugierde
der Betreffenden, und ich setzte mich daher auch mit Büky deßhalb
in Verbindung. Es hieß, daß er diese Schriften in einem bisher
vergessenen Koffer Thugut's vorgefunden habe, der bekanntlich
zurückgezogen in Preßburg starb. Das Ganze zeigte sich jedoch
als eine Mystifikation, und die Papiere, wenn sie auch die Namen
der bezeichneten Familien enthielten, waren für dieselben werthlos,
selbst ohne historische Bedeutung. Bald nachher ließ Büky wieder
andere Anzeigen in öffentliche Blätter einrücken, worin er sich
Titel und Auszeichnungen beilegte, welche ihm nicht gebührten. In
Folge derselben entstanden Klagen, Erwiederungen, die Sache erregte Aufsehen; und so fand es Büky gerathen, folgende „Erklärung und Berichtigung" an die Preßburger Zeitung (Septbr.
1846) einzuschicken, welches Aktenstück in seiner Albernheit zu
merkwürdig ist, um hier nicht aufgenommen zu werden.

„Mehrere ausländische Zeitungen und auch inländische deutsche
wie ungarische Blätter enthielten die voreilige! Nachricht, daß
Unterzeichneter mit dem k. k. Kämmerertitel, so auch mit aus-
ländischen Orden und Auszeichnungen, als dem Großkreuz des
k. sicil. St. Ferdinand-Ordens, dem badischen Orden der
Treue und dem französischen Orden vom heiligen Ludwig (?), ferner
mit dem Diplom der Pariser Akademie geschmückt, außerdem vom
König der Franzosen namhaft beschenkt worden sei. — Diese
Nachrichten sind grundlose Erdichtungen, aber der Unterzeichnete,
auf Privatwegen! durch falsche Berichte und schmeichelhafte!
Versprechungen getäuscht, bediente? sich derselben dennoch, ohne
hinlängliche Prüfung! und Vorsicht; nun aber, die Unwürdig-
keit der eitlen Verführung! einsehend, hofft er durch diese

Bekanntmachung dem Publikum für sein hinfüro zu beobachtendes, ernsthaftes! und gesetztes Benehmen Gewähr zu leisten!

Büky v. Felsöbück Lad."

Aus dieser Erklärung geht hervor, daß Büky zum mindesten kein gefährlicher Betrüger war, und wahrscheinlich mehr verschmitzteren Intriguanten zum Werkzeuge gedient habe; mir wenigstens kam der kleine, dicke, noch junge Mann, mit seinen diamantenen Ringen und Knöpfen ziemlich bornirt, beinahe lächerlich vor. Er entging dennoch nicht einer strengen Untersuchung, in deren Folge er durch, ich weiß nicht mehr wie viele Jahre, gehörig Muße hatte hinter Schloß und Riegel über seine Schwindelei nachzudenken. Unter anderen verbreitete sich auch das Gerücht, daß er dem König Louis Philipp wichtige Briefe Egalité's an Thugut ausgeliefert habe.

Auf der Reise nach Pest traf ich im Dampfschiffe zufällig mit dem Erzherzog Stephan zusammen, der mich mit einer längeren Unterredung beehrte. Der lebhafte, liebenswürdige Prinz wurde auf allen Landungsstationen von Deputationen begrüßt, mit welchen er sich auf's leutseeligste unterhielt. Die Zeit lag nicht mehr ferne, wo sich an seinen Namen eine nicht gewöhnliche Bedeutung für die Zukunft Ungarns knüpfen sollte!

Während diesem Sommer war die Großfürstin Helene von Rußland zu einem längeren Aufenthalt nach Wien gekommen, und hatte das erzherzogliche Palais (Vorstadt, Landstraße) bezogen. Die noch schöne, so geistreiche Frau lebte zurückgezogen unter dem Gefühle der Besorgnisse, welche ihr der Gesundheitszustand ihrer Tochter, der Prinzessin Marie, einflößte. Die junge Großfürstin erlag auch im November ihren Leiden und die lebhafte Theilnahme des kaiserlichen Hofes an dem mütterlichen Schmerze wurde auch in weiteren Kreisen nachempfunden. — Zu jener Zeit machte der Prinz von Preußen wiederholt eine stets willkommene

Erſcheinung in Wien und brachten auch die fürſtlich Fürſten=
bergiſchen Herrſchaften einige Wochen da zu.

Schon im Jahre zuvor war der Kaiſer Nikolaus auf ſeiner
Rückreiſe von Italien, wo er die ewig denkwürdige Zuſammen=
kunft mit Gregor XVI. hatte, nach Wien gekommen und ſpäter
erſchien auch da Großfürſt Michael, der wie ein Privatmann im
ruſſiſchen Geſchäftshauſe abſtieg und nur wenige Bekannte ſah.

Zum erſten Male begegnete ich nun dem alten Fürſten
Miloſch Obrenowitſch von Serbien. Er hatte ſich aus den
niedrigſten Sphären zu der höchſten Würde in ſeinem Vaterlande
emporgeſchwungen, und dabei mehr Charakterſtärke und Klugheit,
als eigentliche Bildung bewieſen. Man ſah den alten Herrn, ge=
wöhnlich in weiblicher Begleitung, auf Spazierfahrten oder in
Theatern, ſeltener in der Geſellſchaft. Seine geſammelten Reich=
thümer waren, wie es ſchien, groß, befriedigten aber mehr ſeine
Eitelkeit, als den Ehrgeiz, der ihn bei allem Ungemache nie ver=
laſſen. Sein feuriger Geiſt, verbunden mit der ſeiner Nation
eigenen Zähigkeit, ließ ihn immer wieder auf eine günſtigere
Wendung ſeines Geſchickes hoffen und der Anblick dieſes originellen,
thatkräftigen Mannes rief dem Kundigen alle jene merkwürdigen
Epiſoden zurück, an denen die wunderliche Geſchichte Serbien's ſo
reich iſt. Sein Sohn Michael, von einer mehr gemeſſenen
Haltung, von einem durchaus anſtändigen Aeußern und Benehmen,
vermählte ſich ſpäter mit der jungen, hübſchen Comteſſe Julie
Huniady und als dann 5 Jahre nachher ſich wieder eine Ausſicht
für die Familie eröffnete, die Herrſchaft in Serbien zu erlangen,
war der alte, aber immer noch rüſtige, Miloſch wieder der erſte,
der mit feſter Hand die Zügel ergriff und bei ſeinem Ende die
fürſtliche Würde auf ſeinen Sohn übertrug. Ruſſiſche, öſterreichiſche,
engliſche, franzöſiſche und türkiſche Einflüſſe theilten ſich in die
Macht in dieſem kleinen Reiche und Parteigänger, wie fremde
Ränkeſchmiede trugen zur Verwirrung bei. Das künftige Schickſal

dieses Landes ist aber, wie das der anderen europäischen Provinzen, enge mit der Zukunft verbunden, welche die Vorsehung der Türkei bestimmt hat.

***

In der höheren Gesellschaft wurde die frühere ungezwungene Munterkeit vermißt; es fanden zwar noch immer große Feste, Empfangtage u. s. w. statt; doch man sah, daß auch hier die Zeit eine ernstere geworden und Sinn wie Gemüth sich anderen Dingen zuwandten, als frivolen Unterhaltungen; auch herrschte in Wien nie die irrige Ansicht vor, daß man Feste veranstalten müsse, um den Handel zu beleben, die Fabriken zu unterstützen, die Arbeiter zu beschäftigen, Brodlose zu ernähren. Uebersteigen die Erzeugnisse der Industrie das gewöhnliche Maß, so kann der Wohlhabendere doch wahrhaftig nicht angehalten werden, deßhalb einen Theil seiner Einnahmen für Luxusgegenstände zu verwenden. Manufakturen sollen nur den einfachen Bedürfnissen genügen; Niemand aber, um ihnen aufzuhelfen, zugemuthet werden, seine Ausgaben nach dieser Richtung hin zu verdoppeln und dadurch andere, vielleicht nützlichere, zu beschränken. — Ueberdieß ließ auch die mit dem Luxus überhand nehmende Theuerung viele Familien, welche nicht einen Wettkampf in Eleganz der Einrichtungen und Toiletten aufnehmen wollten, sich aus der größeren Welt zurück= ziehen, den eigenen Haushalt beschränken.

Bei Hofe fanden regelmäßig im Winter einige größere und Kammer=Bälle statt, und Kaiser Ferdinand, welcher glänzendes Ceremoniel liebte, war stets zugegen, sich heiter mit den Anwesenden unterhaltend. Die Kaiserin Maria Anna, deren Geschmack solche Feste weniger zusagten, benahm sich dabei mit der nur ihr eigenen graziösen Würde.

Wahrhaft Epoche machte die Eröffnung des ganz neu her= gerichteten Liechtenstein'schen Palastes in der Schenkenstraße.

Der Fürst Alois hatte eine große Summe darauf verwendet, und als nun zum erstenmale diese herrlichen Räume eine glänzende Versammlung zu einem Ballfeste aufnahmen, fanden sich auch die kühnsten Erwartungen übertroffen, und ein Ausruf der Bewunderung folgte dem anderen. Es war nicht sowohl der Reichthum der überaus eleganten Verzierungen, die Pracht der Broncen, die Menge der Spiegel, die Fülle der Vergoldungen, die taghelle Beleuchtung; man sah da weder kostbare Gemälde noch Kunst- oder Rococo-Gegenstände, reiche Drapperien, Stickereien oder Teppiche; der Zauber, welcher sich über das Ganze ergoß, bestand vielmehr in der sich auf die kleinsten Details erstreckenden Harmonie der Formen, welche das Auge so wohlthuend berührte, und ich erinnere mich wohl, viel größere, mit mehr Luxus und Pracht ausgestattete, selbst überladene Prunkgemächer, aber nie diese höchste Vollendung in der Ausführung aller Theile gesehen zu haben. Der Glanz dieser Feste wurde noch durch die freundliche Zuvorkommenheit des fürstlichen Paares erhöht, und sie folgten sich später, mit kurzer Unterbrechung während der Revolutionszeit, in jedem Fasching.

Nicht minder blendend, aber wieder in ganz anderer Geschmacksrichtung waren die Appartements im fürstlich S ch w a r z e n b e r g i s ch e n Hause (Neumarkt) restaurirt worden, und die Ballfeste hier, durch die liebenswürdige Fürstin belebt, waren gleich anziehend, die Einladungen, wie bei jenen, gesucht.

Einen neuen, beinahe täglichen Salon fand ich bei dem Grafen Fiquelmont eröffnet. Der schon bejahrte diplomatische Krieger hatte den Botschafterposten in St. Petersburg verlassen, um, dem Fürsten Metternich zur Seite, in der Staatskanzlei verwendet zu werden. Diese Aenderung sagte, wie ich glaube, keinem der beiden Staatsmänner zu: Fiquelmont, von mehr französisch gebildetem Geiste, politischer Schriftsteller, angenehmer Gesellschafter, war in Neapel wie am russischen Hofe gerne gesehen; er hatte 1826 den letzteren Posten von dem Grafen L. Lebzeltern über-

nommen, welcher dafür Gesandter in Neapel wurde. Diese beiden
Diplomaten hatten auch gar Vieles mit einander gemein; beide
geistreich, gewandt, beliebt, haben auch beide sich in Rußland
vermählt, beide aus ihrer Ehe nur eine Tochter; die Gräfin
Fiquelmont-Tiesenhausen war eine ebenso verständige, höfliche
Hausfrau, als die Gräfin Lebzeltern-Laval, nur mit dem Unterschiede, daß Erstere von nicht gewöhnlicher Schönheit, während
Letztere nichts weniger als reizend war. Mit diesen zwei österr.
Diplomaten kann noch ein dritter — Graf Lützow — genannt
werden, der, von weniger glänzenden Eigenschaften als die anderen,
doch ein überaus ehrenwerther Charakter war, und nach mehreren
kleinen Missionen den Kaiser als Botschafter (bis 1848) in Rom
vertrat. Auch Lützow hatte sich auswärts, und zwar mit einer
italienischen Wittwe, vermählt.

Bei Fiquelmont versammelte sich nun regelmäßig eine angenehme Gesellschaft, und die Monotonie des Alltagsgesprächs wurde
da öfters durch die Aufführung allerliebster Vaudeville's unterbrochen, welche der musikalisch gebildete, schöne, heitere Greis leitete.
Seine Tochter, die eben vermählte Fürstin Clary, galt jedoch für
die Perle dieser Cotterie, und in der That ließ sich auch nicht
leicht etwas Reizenderes denken, als diese junge, lebensfrohe Frau;
sie war an blendender Schönheit nur mit der auch erst kurz zuvor
verehelichten Fürstin Auersperg-Colloredo zu vergleichen.

Wenden wir uns nun von diesen freundlichen Bildern dem
Volksleben zu, so treten uns wieder, mit wenigen Ausnahmen,
die alten, bekannten Gestalten entgegen: der belebende Fidelbogen
des unermüdlichen J. Strauß beherrschte noch immer die Räume
von Dommayer und Sperl, und in dem „Odeon" hatte sich ein
kolossaler Tanzsaal aufgethan, den ganze Massen neugieriger, ver-
gnügenssüchtiger Wiener nicht zu füllen vermögen. Auch die
„Keller" hatten sich veredelt, und in dem labyrinthartigen „Ely-
sium" rollte sich den Schaulustigen eine wahre Musterkarte von

allen denkbaren Späßen, Ueberraschungen, Zauberkünsten, Masken=
zügen u. dgl. auf. Am wenigsten ätherisch war die Luft, welche
man in diesen unterirdischen Feldern einathmete.

Von da zu einem edleren Vergnügen — den Theatern —
bedarf es nur eines Sprunges auf die Oberwelt. Das Burg=
theater war sich gleich gut geblieben, hatte noch überdieß tüchtige
Kräfte gewonnen: Joseph Wagner war ein ausgezeichneter Helden=
spieler; Frl. L. Neumann hatte sich bald zum Liebling des für
seines Spiel empfänglichen Publikums emporgeschwungen und
erwarb sich um dasselbe noch das weitere Verdienst, ihre Mutter,
die vortreffliche Haizinger, herbeizuziehen, welche noch jetzt durch
ihr Talent, gehoben von einer immer gleich heiteren Laune, die
Kunstkenner erfreut.

Die bescheidenen Lorbeern des harmlosen „Kasperl" ließen
den Direktor Karl nicht ruhen; er erkaufte es, um diese dunkeln
Hallen des Momus, in denen so viel gelacht wurde, an die sich
so viele Erinnerungen des „alten" Wien knüpften, niederzureißen.
In einem Sommer (1847) stand das neue, schöne „Karltheater"
an jener Stelle, und wo einst Schuster, Raimund, die Krones
u. A. ergötzten, traten nun Scholz, Nestroy und all das Gefolge
von Komikern auf, welche diese Bühne so beliebt machten. —
Doch ein Stern überstrahlte alle anderen Kunsterscheinungen:
Jenny Lind! Diese liebliche schwedische Nachtigall, oder wie all
die Benennungen heißen, welche sich Kunstenthusiasten wie Dichter=
linge um die Wette auszudrücken bemühten, brachte eine in Wien
seltene Sensation hervor. War es die anspruchslose Erscheinung,
mit der sich eine so seelenvolle Stimme, eine so wunderbare
Methode paarte, war es das Ungewöhnliche, welches ihr ganzes
Auftreten begleitete; genug! Jenny Lind war auch hier, wie ander=
wärts, die hochgefeierte Kunstheldin des Tages. Ihrer Begabung
nach mehr auf den weichen, elegischen Gesang, als auf dramatische
Musik angewiesen, drang sie doch siegreich auch in Opern durch,

in denen auch wieder jene Rollen ihr mehr zusagten, wo, wie in der Nachtwandlerin, nur das lyrische Element vorherrscht, während Norma und anstrengendere Partieen ihr weniger gelangen. In „Vielka", der lieblichen Schöpfung Meyerbeer's, der selbst dirigirte, erreichte der Beifallssturm den höchsten Grad, und auch in Haydn's Meisterwerk entzückte sie. Dennoch blieb das „Lied" immer ihre eigentliche Sphäre, in der ihr keine andere Stimme folgen konnte. In frappantem Gegensatze zu Jenny Lind erschien bald eine andere Gesangsheroin, Alboni, mit einer Altstimme so gewaltig, als ihr Körperumfang.

Zu den früheren Wiener Theaterdichtern Grillparzer, Zedlitz und Halm, deren Dramen noch immer Beifall spendende Zuhörer fanden, hatte sich nun ein fremder — Hebbel — gesellt. Der Aufenthalt befriedigte ihn nicht, und schon wollte er Wien wieder verlassen, als er eines Abends im Burgtheater die Hofschauspielerin Enghaus auftreten sah und, von ihrem Darstellungstalente ergriffen, ihr Herz und Hand anbot. Er ließ sich nun häuslich in Wien nieder; seine Werke fanden aber nur eine getheilte Anerkennung, und so sehr man auch dem Schwunge der Gedanken, der Kraft des Ausdrucks gerecht war, so verletzten doch wieder herbe Auffassungen und von unklaren Ideen begleitete Mißtöne. Vorzüglich waren es aber seine Trauerspiele, die ihrer grellen Uebergänge wegen dem verfeinerten Geschmack nicht ganz zusagen wollten, und nur „Judith" drang, einiger unverkennbar schöner Stellen halber, mehr durch. Seine späteren Dramen sind mir nicht bekannt.

Schon seit langer Zeit hatte man in Wien von der Errichtung einer Akademie der Wissenschaften, nach dem Beispiel anderer Staaten, gesprochen; endlich gelang es auch den rastlosen Bemühungen des Orientalisten v. Hammer-Purgstall, dieses große Unternehmen durchzuführen, und die neue, gelehrte Anstalt wurde am 30. Mai 1847 mit vieler Feierlichkeit eröffnet. An demselben Tag fand in den folgenden Jahren immer wieder eine öffentliche

Sitzung statt. Die Hauptfrage aber, welche die wissenschaftlichen Kreise bewegte, war: welche Gelehrten und Schriftsteller als wirkliche, welche als korrespondirende Mitglieder in die neu gegründete Akademie würden gewählt werden, zu deren erstem Kurator Fürst Metternich ernannt war (später wurde es Minister v. Bach). Von nun an thaten sich auch einzelne Professoren in s. g. populären Vorlesungen hervor, welche als früher nicht gekannte Unterhaltungen viel besucht wurden und dann immer eine größere Ausdehnung nahmen. Sie waren beliebter als die ernsten, oft Stunde langen, nicht Jedermann verständlichen Vorträge in der Akademie. Einen humoristischen Commentar zu jenem gelehrten Vereine bildet ein Pamphlet, welches in den 1840er Jahren unter dem Titel „Oesterreichischer Parnaß", bestiegen von einem heruntergekommenen Antiquar, — „Frei-Sing" — erschien. Es schildert in kurzen, drastischen Zügen, die nicht selten an die Karikatur streifen, Alle, welche sich da im Gebiete der schönen Wissenschaften oder Literatur bekannt machten. Blieben die Witze auch nicht immer der Wahrheit getreu, so waren wieder andere um so treffender. Zur Probe will ich hier nur zwei dieser satyrischen Schilderungen anführen. Von Hammer, dem Förderer und Präsidenten der neuen Akademie, sagt jenes Buch:

„Scharfes, ausdrucksvolles Gesicht, Adlernase, immer zerstreut, enormes Gedächtniß, weniger Geist; was er mit gigantischen Fäusten schreibt, davon wird nicht alles auf die Nachwelt kommen. Mitglied aller Akademien, große Erudition, noch größere Ehrsucht; allseitig gelobt, damit immer noch unzufrieden. Als orientalischer Sprachforscher verdienstlich, als Historiker mittelmäßig, als Poet unleidlich, abgedankter Hofdolmetscher und Erblandvorschneider, daher Opposition machender Doktrinär" u. s. w.

Ich füge bei, daß Hammer, bei seinem immensen Wissen, wenn auch eitel, doch gutmüthig und im Umgange zuvorkommend war; von seiner Zerstreutheit aber erzählte man sich unglaubliche

Dinge; so soll er unter anderen einmal auf der Bastey eine Magd gefragt haben: wem denn die allerliebsten Kinder gehören, die sie begleite? Wie? Eure Gnaden kennen ihre eigenen Kinder nicht mehr? war die Antwort der erstaunten Wärterin.

Aus der langen Gallerie hebe ich nur noch ein Bild, das einer Dame, hervor. „Fr. K. Pichler; Matrone, Wittwe, wohl=habend, als fruchtbare Romanschreiberin phantasiereich, doch immer prosaisch, ehemals beliebt, noch heute geachtet, thut sehr häuslich, spricht sehr gerne von Küche und Wäsche u. s. w."

Im Laufe d. J. 1847 verlor die kaiserliche Familie vier Mitglieder: den Erzherzog Joseph (Palatin), Karl und dessen Sohn Friedrich, endlich Marie Louise.

Unter allen diesen Todesfällen hatte der des greisen Erzherzog Joseph — im Januar — die meiste politische Bedeutung, denn abgesehen davon, daß seine lange Erfahrung, sein ruhiger, ver=ständiger Sinn ihn vor allen zu seinem schwierigen Amte befähigten, mußte bei der in Ungarn immer mehr überhand nehmenden Gährung die Wahl eines Palatin's der Regierung voraussichtlich große Ver=legenheiten bereiten. —

Der Erzherzog Karl, auch hoch bejahrt, unterlag einer kurzen Krankheit Ende April. Er wurde, wie er es gewünscht, nicht militärisch begraben, da er ja den größten Theil seines Lebens in stiller Zurückgezogenheit zugebracht. Die gerechte Trauer, welche dem Verluste eines Prinzen folgte, dessen Thaten die glänzendsten Blätter der österreichischen Kriegsgeschichte füllen, wurde nah und fern lebhaft getheilt. Doch erst jetzt erhebt sich vor der Hofburg ein Standbild, um der so leicht vergessenden Nachwelt die Züge eines Helden in's Gedächtniß zurückzurufen, der in unheilvoller Zeit, ohne Erfolg siegreich, dennoch gefeierter war, als viele lor=beergekrönte Feldherren. Ein nicht minderes Verdienst erwarb sich

Karl durch seine gediegenen, militärischen und strategischen Schriften, denen er außer der sorgfältigen Erziehung seiner Familie den größten Theil seiner Zeit widmete. Man überschätzte daher auch allzusehr den Antheil, welchen der Erzherzog an den politischen, wie an den Fragen der inneren Verwaltung genommen, und es war für näher mit den Verhältnissen Vertraute wahrhaft lächerlich zu hören, wie der Prinz in beständiger Opposition zum Hofe, ja sogar bemüht sei, die Rolle eines Herzogs von Orleans zu spielen und dergleichen mehr. Wenn es wahr ist, daß der Kaiser Franz seinen Bruder von den Staatsgeschäften möglichst ferne hielt und des letzteren zurückhaltende Stellung daher keine ganz freiwillige war, so konnte doch immer Karl in einer späteren Zeit seinen Einfluß mehr geltend machen, blieb aber auch da seiner schlichten, isolirten Lebensweise treu.

Vier hoffnungsvolle Söhne umstanden das Sterbelager und der dritte — Friedrich — hatte schon zur Freude des Vaters, mit 20 Jahren als Marineoffizier sich im Orient ausgezeichnet und das Ritterkreuz des M.-Theresien-Ordens erhalten, war somit das jüngste Mitglied, während sein Vater das Großkreuz als ältester Ritter des Ordens trug — gewiß ein ebenso seltener als ergreifender Fall! Wer hätte damals ahnen können, daß der junge Seeheld schon einige Monate später in Venedig das Opfer eines Nervenfiebers werden und seinem Vater sobald in die Gruft folgen würde? —

Im Dezember starb die Erzherzogin Marie Louise in Parma. Ein Pariser Biograph schrieb darüber:

„Une mort obscure, une fortune éclatante — une égale infériorité à sa prospérité, à ses malheurs — c'est ainsi qu'on peut résumer la destinée de Marie Louise. Il est des positions, qui obligent, dans lesquels l'insuffisance est presqu'une faute et Marie Louise fut dans une de ces positions, et on peut le dire, dans la plus singulière et la plus haute, dont

on ait conservé le souvenir. Associée à un homme extra-
ordinaire, elle fut médiocre, tort involontaire, sansdoute,
mais placée dans des circonstances, où il fallait du moins
supplier à la grandeur des vues par la plus énergique fermeté,
elle se montra faible, tort condamable et sans excuses. Si
aux temps de la toute puissance de l'empereur elle avait dû
nécessairement disparaitre, elle pouvait prendre noblement
sa revanche aux jours de l'adversité, en faisant preuve d'un
dévouement digne d'une telle infortune, en s'élevant par le
coeur à la hauteur du genie, conquérir par là aux aplau-
dissement du monde et de la posterité, une égalité touchante
avec celui, qu'elle ne pouvait égaler — elle ne sut être que
veuve, quand il fallait être épouse." Doch fügt er hinzu:
„certainement la position de Marie Louise était des plus
difficiles. Obsessions, séductions, menaces, rien n'a été épargné
pour lui faire accepter le triste rôle qu'on lui réservait etc. etc."
Dieses vom französischen Standpunkte aufgefaßte Urtheil mag ein=
seitig, hart erscheinen; dennoch fanden sich selbst in Deutschland
nicht wenige Stimmen, welche dasselbe theilten. Will man frei
von Leidenschaftlichkeit und Sentimentalität das ungewöhnliche Ge=
schick, wie das so bitter getadelte Benehmen der hohen Frau näher
prüfen, so wird eine unparteiische Geschichte sich zu einer milderen
Ansicht bekennen. Man denke sich eine unerfahrene, beinahe schüchterne
Prinzeffin, der man eines Tages plötzlich sagte, daß sie bestimmt
sei, dem gewaltigen Manne die Hand zu reichen, den man ihr
seit ihrer Kindheit als den unversöhnlichen, siegreichen Feind Oester=
reichs wie den Verfolger des Kaiserhauses geschildert — konnte sie
da wohl Napoleon sich mit einem anderen Gefühle als dem einer
inneren Scheu nähern? Ich glaube, daß diese drückende Empfin=
dung von Furcht sie während der Ehe nie verließ und sie in
Verbindung mit einem, allerdings jeder Energie oder jeden höheren
Aufschwungs entbehrenden Charakter jene Lage, die man ihr zum

Vorwurf machte, willig annehmen ließ. Wer aber vermag end=
gültig in so wichtigen, die Welt erschütternden Fragen über jeden,
durch so mancherlei Rücksichten bestimmten, Schritt zu entscheiden?

Wenige Wochen nachher starb zu Paris in den Tuilerien,
welche Marie Louise so vorübergehend bewohnt, eine Frau, die,
weniger als diese berufen, in die Geschicke Frankreichs einzugreifen,
dennoch unverkennbar einen, wenngleich stillen, doch um so nach=
haltigeren Einfluß übte — Mlle. Adelaide v. Orleans. — Ihr
meist richtiges Verständniß, ihr kluger Rath dienten nicht selten
ihrem königlichen Bruder zur Richtschnur des Benehmens und
bald nach ihrem Ende sah man Louis Philipp häufigen Schwankungen
in der Politik hingegeben — zwei Monate später hatte er Paris
verlassen! —

Im Oktober wurde die Trauung des Erzherzogs Ferdinand
von Este mit der Tochter des Palatins, Elisabeth, vollzogen.
Es war dies die erste Vermählung in der kaiserlichen Familie,
welcher ich beiwohnte. Die Feier wurde sehr einfach in der Schloß=
kapelle von Schönbrunn abgehalten; dem Kirchengange folgte eine
Beglückwünschungscour und ein Hofconcert.

Die jugendliche, schöne Erzherzogin sah reizend aus, war
aber schon nach 2 Jahren Wittwe geworden; eine Tochter —
einst die einzige Erbin der modenesischen Güter — war ihr aus
dieser Ehe geblieben.

Außer zwei Ausflügen nach Ischl und Steyermark, wo
ich Gratz und Maria Zell mit seinen romantischen Umgebungen
besuchte, machte ich keine längeren Entfernungen aus Wien.

Das wichtigste politische Ereigniß für Oesterreich während
des Jahres war die Palatinswahl in Ungarn. Sie konnte
unter den gegebenen Umständen keine zweifelhafte sein. Das dank=
bare Andenken, welches man dem Verstorbenen bewahrte, leitete

alle Blicke ebenso sehr auf den Sohn, als dieser selbst durch Be=
liebtheit und Fähigkeiten jener Auszeichnung völlig würdig erschien.
Erzherzog Stephan hatte als Statthalter in Böhmen sich den
Ruf eines gewandten, kenntnißreichen Geschäftsmannes erworben
und lange schon bezeichnete ihn die öffentliche Stimme als den
Nachfolger seines Vaters. Doch weniger glücklich als dieser, theilte
er auch nicht mit ihm alle Eigenschaften, welche in so schwieriger
Zeit zur Lösung einer, menschliche Kräfte beinahe übersteigenden
Aufgabe erforderlich waren. Vielleicht noch zu unerfahren, fehlte
dem jungen Prinzen, bei äußerst lebhaftem Temperamente, die
nöthige Mäßigung, die seinen Vater nie verlassen. Der Jubel,
welcher den neuen Palatin begrüßte, die Rundreisen, welche er,
getragen auf den Schwingen der begeisterten Huldigung der feurigen
Magyaren, durch das ganze Land hielt, waren allerdings auch für
ein weniger dafür empfängliches Gemüth schwindelerregend; auch
ist es außerhalb Ungarn kaum möglich, sich eine richtige Vor=
stellung von dem Grade des Enthusiasmus zu machen, der sich
bei solchen Anlässen in Einzügen, öffentlichen Versammlungen,
Tischreden u. dergl. bei obligater Begleitung von Säbel= und
Sporengeklirre, endlosen „Eliens" und rauschender Musik kundgibt.

Der Kaiser schickte seinen Neffen, den Erzherzog Franz
Joseph, nach Ofen, um daselbst den Palatin Stephan zu „in=
stalliren," dessen Eid entgegen zu nehmen u. s. w.; der jugendliche
Prinz trat hier zum ersten Male öffentlich auf, sprach geläufig
ungarisch und seine schlanke Gestalt nahm sich in der glänzenden
Husarentracht sehr gut aus; er war daher nicht minder, als der
Palatin, Gegenstand überschwänglicher Ovationen. Vielen Be=
schwerden wurden bei dieser Feier von dem, Ungarn immer wohl=
wollenden König abgeholfen, ja vielleicht in Erwartung besseren
Einvernehmens, manche Zugeständnisse oder Versprechen ertheilt,
deren man sich später als Waffen gegen die Regierung selbst be=
diente. Denn von diesem Zeitpunkte an bildete sich jene Partei

starrer Opposition, welche den Umsturz herbeiführte. Ich werde
darauf zurückkommen und kann jetzt nur die Lage Ungarns schildern, wie sie das unheilvolle Jahr 1848 traf. Wer sich der
allerdings nicht leichten Mühe unterziehen will, die Geschichte dieses
Landes seit dem Absterben des arpadischen Königstammes zu erlernen, wird sich überzeugen, wie sich da ein Vorgang aus dem
anderen folgerecht entwickelte und es können demnach die neuesten
Ereignisse den Eingeweihten nicht überraschen. Die, zweimal
durch Erbrecht, zu der ungarischen Krone gelangte Dynastie der
Habsburg mußte dieselbe sich mehr als einmal erkämpfen. Die
Reformation, die langen Türkenkriege, der Geist des Magyarismus
waren ebenso viele Hindernisse einer gedeihlichen Entwickelung oder
Verschmelzung der beiden sich abstoßenden Elemente. Näherte die
Noth oder der Trieb der Selbsterhaltung in drohenden Gefahren
die Ungarn Oesterreich, so war diese Aussöhnung mehr einem
vorübergehenden Waffenstillstande zu vergleichen; traten jedoch große
politische Krisen ein, kamen dazu noch Aufhetzungen von Außen,
so belebten sich wieder auf's Neue ihre Hoffnungen, wie der Drang
nach Unabhängigkeit und hellauf loderten alsobald die Flammen
des Aufruhrs. Ein solcher Zündstoff, genährt von fremden Einflüssen und unterstützt von der überall thätigen Propaganda, welcher
sich verblendete Magnaten und hochverrätherische Demokraten unter
Kossuth anschlossen, bereitete immer mehr jene Stimmung vor,
welche, wenn auch nicht ein völliges Losreißen von Oesterreich,
doch mindestens die Personalunion anstrebte. Gar viele irrige
Ansichten sind aus Unkenntniß dieser Verhältnisse über Ungarn
verbreitet, eben weil man seine Lage mit jener anderer Länder
verglich und sich doch keine in Europa eigenthümlicher gestaltete.
Man mußte vor allem das alte und neue Ungarn unterscheiden;
alt war Ungarn in seiner Verfassung, seinen abgenützten Gesetzen,
seinen mittelalterlichen Formen, Sitten, Gebräuchen und Herkommen; neu war es in seinen Ideen, in Benützung von

Erfindungen, in dem Streben nach erhöhtem Wohlstand und einer feinen Zuständen stets vorauseilenden Civilisation. Daher die unvermeidlichen Konflikte zwischen einer nicht mehr ausreichenden Gesetzgebung und einer gänzlich veränderten Sachlage, daher das Bemühen der Regierung, die anderen Unterthanen Ungarns gegen eine Verfassung in Schutz zu nehmen, welche nur Edelleute, keinen Mittelstand kannte, die Finanz= und innere Verwaltung, das Heerwesen mit den neuen Erfordernissen in Einklang zu bringen. Es waren seit tausend Jahren Städte gegründet worden, in Fragen des Rechts, des Handels, der Schifffahrt, des Fabrikwesens und in vielen anderen Dingen ganz neue Begriffe und Bedürfnisse entstanden. Schon vor 25 Jahren (1837) schrieb ich, daß solche traurige Wirren nur durch einen Staatsstreich von Oben oder eine Empörung von Unten enden könnten. Würde diese letztere durch Waffen unterdrückt, so wäre das Land als ein erobertes zu betrachten und ein Boden zu weiteren Verhandlungen gefunden.*) Dieser Fall ist nun wirklich 1849 eingetreten, aber dennoch kam man noch immer nicht zu einer befriedigenden Lösung. Die große Schwierigkeit besteht einmal in der Zähigkeit, mit welcher die Partei an ihren alten Satzungen hängt; sie ist von einer glühenden Vaterlandsliebe, an der sich manche Deutsche ein Beispiel nehmen könnten, beseelt, vergißt aber, daß die Welt rings um sie eine andere geworden, daß Sachsen, Kroaten, Rumänen, Slawaken und andere Völkerschaften die ursprünglichen Bewohner an Mehrzahl weit überflügeln u. dergl. m. Mit jenem, beinahe fanatischen Patriotismus geht eine gewisse politische Beschränktheit, eine maßlose Eitelkeit und Selbstüberschätzung Hand in Hand; sie betrachten alles Fremde mit souveräner Verachtung, und Einflüsterungen jeder Art bestärkten sie in ihrem Widerstand.

Vor allem hassen sie aber selbst den Schein eines Zwanges,

---

*) Erinnerungsblätter S. 23—36.

8*

und in dieser Ungebundenheit übersehen sie, daß sich noch stärkere
Gewalten als die ihrige der Macht der Umstände beugen mußten.
Ungarn hat die Segnungen des Friedens unter Oesterreichs sanftem
Scepter genossen, sah den Verkehr, das materielle Wohlergehen nach
allen Richtungen gefördert und während es diese Vorzüge mit den
anderen Kronländern theilte, die ihm zusagenden Neuerungen willig
annahm, toben die Wortführer, wenn es sich darum handelt, das
Land in Beziehung auf Verfassung und Gesetzgebung nur an=
nähernd den übrigen mit der Monarchie vereinigten Provinzen
gleich zu stellen und ihre Oppositionslust steigert sich jeweils wieder
im Hinblicke auf revolutionäre Bewegungen in allen Theilen der
Erde. So erhitzten sich allmälig die Köpfe, bis unerwartete Ereig=
nisse die längst vorbereiteten Pläne in den stürmischen Märztagen
zur Reife brachten.

Gaben somit die inneren Angelegenheiten Stoff genug zu
ernsten Besorgnissen, so waren es nicht minder wichtige politische
Vorgänge, welche die Aufmerksamkeit des Wiener Kabinets lebhaft
beschäftigten. Vorerst die Krakauer Frage, dann der Sonderbund=
streit, in dem die Eingriffe Oesterreichs und Frankreichs gerade
keine glücklichen waren. Ebenso wenig wollte es gelingen, eine
offene Wunde in Deutschland (wegen Schleswig=Holstein) zu heilen.
Auch in einigen Städten, selbst Residenzen, wie München, Stutt=
gart, kam es zu Unruhen, dabei Handelskrisen, die zunehmende
Theuerung der Lebensmittel, ein allgemeines Mißbehagen — end=
lich bildeten sich Turn= und andere Vereine mit unverhohlen poli=
tischer Tendenz, und die religiöse Wühlerei ging dabei nebenher.
Ronge, Dowiat u. A. nannten sich „Deutschkatholiken", an sich
schon ein unsinniger Ausdruck, da im Worte selbst ein innerer
Widerspruch liegt. Zu all diesen Erscheinungen kam nun noch
die verwirrende Politik Englands, welche die Verlegenheiten, die

ihm Irland und andere innere Gebrechen bereiteten, nach dem
Festlande abzuleiten suchte. Palmerston hetzte in der Schweiz,
wühlte in Spanien, herrschte in Portugal, tyrannisirte Griechenland, schrieb der Pforte Gesetze vor, chikanirte in Polen, in Deutschland, breitete nach allen Seiten seine Handelsideen aus, und als
vollends Lord Minto nach Italien geschickt wurde, vernahm man
aus jeder Stadt, die er besuchte, Klagen über Willkür, selbst
Grausamkeiten der Regierungen; hier, hieß es, verfolge man die
Protestanten, dort kerkere man Patrioten ein, unterdrücke jede
Freiheit, jeden höheren Aufschwung, und allsobald erschallten auch
schon die „Reformrufe"; selbst der Papst, der in seiner großherzigen
Auffassungsweise die Bewegung zu leiten gedachte, war den ungestüm
Drängenden schon nicht mehr thätig genug, und man rief ihm
das: Pio nono, sei bello e buono, ma stai! — mit Anspielung
auf seinen Familiennamen — zu.

Schon im Karneval 1848 brachen in Folge dieser Umtriebe
bedenkliche Unruhen in Mailand aus, welche unverkennbar im
geheimen Zusammenhange mit der Pariser Revolution der Februar-
tage standen.

Es war ganz natürlich, daß alle diese Symptome einer
steigenden Gährung nicht nur den Wiener Hof beunruhigen, sondern sich auch düstere Ahnungen in weiteren Kreisen verbreiten
mußten. Man verhehlte sich nicht, daß, welche Umwälzungen auch
die Zukunft in ihrem Schooße berge, jede derselben von noth-
wendiger Rückwirkung auf die Zustände der Monarchie sein müsse
und dieselben unter keiner Bedingung in dieser Weise länger fort-
bestehen könnten. Man erwartete und konnte keine Abänderung
in der äußeren Politik wie in den Fragen der inneren Verwaltung
von den Staatsmännern erwarten, welche den Rath des Kaisers
Ferdinand bildeten. Mit Recht behauptete man, daß es in Oesterreich nur einzelne Minister, aber kein, das Ganze nach bestimmten
Grundsätzen leitendes Ministerium gebe. Der Erzherzog Ludwig,

von den edelsten Absichten beseelt, war bei der Verantwortlichkeit, die auf ihm lastete, um so ängstlicher, als er ja nur Stellvertreter des Monarchen war. Graf Kolowrat nahm wohl manchmal einen Anlauf zu Neuerungen, kehrte aber bald, wenn er nicht durchdringen konnte, wieder um. Kübel stand mit Einsicht dem unglücklichen Finanzwesen vor, hatte aber auch keine Wünschelruthe und mußte sich damit begnügen, einen anderen Stein der Weisen zu finden: Gold immer mehr in Papier zu verwandeln. Graf J. Hardegg leitete mit mehr rechtlichem Sinne als Energie den Hofkriegsrath und Graf J. Sedlnitzky war eher alles andere, als ein tüchtiger Polizeiminister: ein feiner Lebemann, wohlwollend im Benehmen, faßte er sein Amt von der möglichst engherzigen Seite auf und verlor über kleinlichen Detailfragen und der Ausbeute einer müssigen Neugierde die eigentliche Bestimmung eines geregelten Polizeiwesens aus den Augen.

Endlich Fürst Metternich! Gegen ihn, als die Seele des Kabinets, waren immer die heftigsten Vorwürfe gerichtet, und es ist jetzt, kurz vor dem Schlusse seiner staatsmännischen Laufbahn, wohl am Orte, näher zu untersuchen: ob er dieselben auch in so vollem Maße verdiente? Ich habe wahrhaftig keinen persönlichen Grund, mich zum Vertheidiger jener Vergangenheit zu machen; ich verkannte nie ihre Schwächen, aber welche Regierung war und ist denn immer fehlerfrei? Glaubt man im Ernste, daß Fürst Metternich nicht, wenigstens ebenso gut als seine Gegner, die Lage mit Klarheit durchschaut und Mittel zur Abhülfe angestrebt hätte? Gar oft hörte ich ihn über Mangel an Capacitäten klagen, fähig, sich der Aufgabe zu unterziehen, so schwierige Fragen zu lösen. Sollte er, einem vielgehörten Rathe folgend, die Monarchie über Nacht mit einer Konstitution, in Begleitung aller nur denkbaren Freiheiten, beglücken, das Programm einer Partei aufstellen, die sich in ihrem seichten Liberalismus, als sie bald nachher an's Ruder kam, ebenso feig als unfähig erwies und allsogleich von den Wogen des Radikalismus hinweggespült wurde? Dabei vergeße man nicht, daß Metternich, wenn gleich vielfach in Geschäften erfahren, ein 74 jähriger Greis war und gerade die lange Uebung ihn für manche neuere Forderung der Zeit abstumpfte. Weßhalb trat er aber dann nicht ab? höre ich ausrufen, und habe hierfür nur eine Antwort: wem konnte er mit gutem Gewiſſen die Zügel übergeben?

Es ist eine längst anerkannte, aber noch immer nicht genug beherzigte Thatsache, daß eine nie ruhende Partei den Umsturz alles Bestehenden anstrebe, — man nenne sie Rothe, Socialisten, Jakobiner, Carbonari, Kommunisten, Radikale — sie alle wollen die Welt nach ihren Ideen reformiren, Staat, Kirche, Eigenthum, Familie, alle gesetzlichen Bande der menschlichen Gesellschaft untergraben und zerstören. Allenthalben thätig, erscheint sie, auf alle Stände einwirkend, in den verschiedensten Formen und spart weder süß einschmeichelnde Worte und Bestechungen, noch Drohungen. Ihr steht stets eine ganze Vorrathskammer von Schlagworten, von hochtönenden, aber hohlen Phrasen zu Gebote, wenn es gilt, Wahrheit in Lüge, die Wirklichkeit in eine Traumwelt zu verkehren und die Anfangs lockenden Pfade mit einem fahlen Irrlichte zu erhellen. Man würde die Existenz und Fortdauer eines solchen Vereins kaum für möglich halten, wenn nicht die eiserne Beharrlichkeit und eine an Wahnsinn grenzende Keckheit der Partei ihn erhielten und ihm selbst augenblickliche Siege verschafft hätten. Dazu kam die ganz unglaubliche, durch eine wühlerische Presse gesteigerte Verwirrung der Begriffe. Solchem frevelhaften Treiben mit vereinter Kraft entgegen zu treten, ist heilige Pflicht aller Regierungen, jedes ordnungsliebenden Staatsbürgers, denn nicht gegen Throne und Altäre allein ist diese dämonische Verschwörung gerichtet, es gilt der Civilisation, den Sitten, der ganzen jetzigen Welteinrichtung. Ist man im Allgemeinen auch über die Nothwendigkeit einig, solche verbrecherische Ausschreitungen zu bekämpfen,

so gehen doch die Ansichten über die Mittel zur Erreichung eines
so löblichen Zweckes gar weit auseinander. Die Einen wollen
dem Strom der Revolution einen gewaltigen Damm entgegen=
stellen, ihre Anhänger rastlos verfolgen und somit den Kampf
offen und rücksichtslos aufnehmen. Andere ziehen vor, jenem ver=
heerenden Strome eine Ableitung zu geben, damit er, die Dämme
gewaltsam zerreißend, nicht alles überfluthe; sie wähnen durch
Zugeständnisse den Geist der Empörung zu bannen und den augen=
blicklich herrschenden Ideen Rechnung tragend, künftigen Stürmen
um so sicherer vorzubeugen. Die Träger beider Systeme stehen
sich grollend gegenüber, und man macht sich gegenseitige Vorwürfe:
jenen, daß sie durch starren Widerstand die Sache der Revolution
fördern, diesen, daß sie durch Nachgiebigkeit ihr als blinde Werk=
zeuge dienen. Es gibt Beispiele genug, welche ebenso sehr für
wie gegen die Grundsätze dieser beiden Systeme angeführt werden
können. Oesterreich unterlag 1848 nach strengem Festhalten ebenso
gut, als Louis Philipp und andere Fürsten — welche bis zur
äußersten Grenze der Concessionen gelangt waren; am Ende kommt
es doch immer nur darauf an, wer der Stärkere ist und in
welcher Weise er die ihm gewordene Macht klug und kräftig zu
benützen weiß. Bei all dem sinnverwirrenden Treiben unserer
Tage drängt sich aber auch mit unverschämter Geschäftigkeit die
Lüge, noch mehr jedoch die politische Heuchelei allenthalben ein,
und mit Recht konnte ein geistreicher Franzose auf die an ihn
gerichtete Frage: „Qu'est ce que la vérité de nos jours?"
erwiedern: „C'est un mensonge qui par hasard se vérifie!"

Wenn der Fürst Metternich daher, wie ich schon angedeutet,
es sich zur Hauptaufgabe seines Lebens gemacht, der Hyder der
Revolution in jeder Gestalt und überall zu widerstehen, so irrte
er vielleicht hie und da in der Wahl der richtigen Mittel, es
fehlte ihm wohl eine gewisse Elasticität, aber es wäre doch wahrlich
an der Zeit, nicht länger auf eine Wirksamkeit zu schmähen, welche

bei ruhiger Prüfung den Bedürfnissen der Epoche vollkommen entsprach, welche namentlich, unter andauerndem Einverständniß mit Preußen, Deutschland so lange den inneren Frieden sicherte und, alles Geschreies ungeachtet, Oberitalien einen Grad von Ruhe und Wohlstand brachte, dessen es sich früher nie und auch jetzt noch, nach erlangter s. g. Freiheit, nicht erfreut.

Ich kann demnach keinen entschiedenen Tadel über jenes System aussprechen und glaube, daß man besser thäte, statt die ganze Last und Schuld an dem Leid unserer Zeit früheren Mißgriffen aufzubürden, sich ernstlich damit zu beschäftigen, mehr an die Gegenwart zu denken und an der Stelle der jetzigen Zerrissenheit Dauerndes aufzubauen.

So ging denn das Jahr 1847 nicht ohne ein drückendes Vorgefühl künftiger, drohender Geschicke zu Ende; schlimme Anzeichen mehrten sich, und Fürstin Melanie sagte mir, daß sie seit einiger Zeit von allen Seiten, auch von Mannheim, anonyme Briefe mit gemeinen Schmähungen und gehässigen Voraussetzungen erhalte, daß die Stunden ihres Glückes gezählt seien u. dgl. m. So sehr sie auch solche Zusendungen erschütterten, so stellte sie doch, wie sie sich ausdrückte, ihr und der Ihrigen Schicksal der Fügung Gottes vertrauensvoll anheim.

Im November traf General v. Radowitz in Wien ein und eröffnete somit jene lange Reihe von preußischen außerordentlichen Missionen, welche, bis heute wenigstens ohne sichtbaren Erfolg, die Einigkeit beider Großstaaten bald in einzelnen Fragen herbeiführen, bald im Ganzen befestigen oder wiederherstellen sollten. Ueberdieß sah man in Wien der weiteren Entwickelung der Berliner Zustände wie der neuen Verfassung mit einer gewissen Spannung entgegen, war aber von dem Ausgang der ersten Zusammenkunft der beiden „Häuser" wie der Haltung des Königs mehr befriedigt, als man erwartet hatte.

Dießmal war Radowitz berufen, die Schweizer Angelegen=
heiten in Paris zu besprechen und begab sich zugleich mit dem
Grafen Colloredo dahin, welcher nach seiner Vermählung (mit
der Gräfin Wittwe S. Sobainska=Potocka) den Posten in St.
Petersburg aufgegeben hatte und später durch den Grafen Buol
ersetzt worden war.

Die Geselligkeit bewegte sich in dem gewöhnlichen Geleise
von Tanzfreuden, Concerten und Routs. Eine Gesellschaft von
Damen und Herren des Adels veranstaltete zur Unterhaltung der
jungen Erzherzoge ein Liebhabertheater; im Hinblick auf die bald
nachher eintretenden Ereignisse war es wohl eine besondere Ironie
des Zufalls, daß hierzu Kotzebue's „Wirrwarr" gewählt wurde
und in Ermangelung eines anderen Lokals die Vorstellung im
Sitzungssaale des „Staatsraths" stattfand!

Der 24. Februar, von jeher ein Unglücks=, in diesem Jahre
auch noch der Schalttag, war erschienen. Es wurde an dem=
selben der Kriegsminister Graf Hardegg mit großem militärischem
Gepränge begraben. In den Morgenstunden starb die Fürstin
Jos. Lichtenstein=Fürstenberg. Diese hohe Dame kann den
Edelsten ihres Geschlechtes beigezählt werden: Mutter einer schönen,
zahlreichen Familie, war sie auch eine Zierde der Gesellschaft; ihr
feiner und zugleich heiterer Geist, verbunden mit einer natürlichen
Gutmüthigkeit, zog ihr in dem weiten Familienkreis wie bei Hofe
und in der großen Welt, in der sie sich mit Anmuth bewegte,
allgemeine Verehrung zu. Hatte sie sich auch in der letzten Zeit
wegen zunehmender Taubheit von zahlreicheren Versammlungen
entfernt gehalten, so schaarten sich doch immer freudig ihre Freunde
um sie. Ein Theil ihrer liebenswürdigen Eigenschaften ging als
willkommenes Erbe auf ihre vier Töchter über.

An dem Abend desselben 24. fand ein Hofball statt, auf
dem die meisten größeren, mit dem Hause Lichtenstein verwandten

Familien nicht erschienen. Ueberdieß lag auf dem ganzen Feste wie eine beengende Schwüle, und ihr möglichst zu entgehen, setzte ich mich an den Whisttisch; auch Graf Flahault, wohl nicht ahnend, was sich in jenen Stunden zu Paris begeben würde, nahm an der Partie Theil.

Erst nach einigen Tagen verbreiteten sich unheimliche Gerüchte, und der 29. Februar bestätigte Thatsachen, welche man sich kaum kurz zuvor noch möglich geträumt hatte. Nun folgten Tage der Bestürzung, der Anfang einer n e u e n Zeit!

Dreizehnter Abschnitt.

(1848 — 1851.)

Inhalt: Der 13. März. Flucht des Fürsten Metternich. Die neuen
Zustände. Ungarn, Italien. Die Verfassung vom 25. April.
Die Maitage. Der kaiserliche Hof in Innsbruck. Deputationen.
Auftritte. Das ungarische Ministerium und die Revolution. Flucht des
Palatins. Der österreichische Reichstag. Die Oktober-Schreckens-
tage. Die Belagerung Wiens. Die Flucht nach Olmütz. Kaiser
Franz Joseph. Uebersichtliche Zusammenstellung der politischen
Ereignisse des Jahres 1848. Fürst F. Schwarzenberg. Graf Franz
Stadion. Dr. Aler. Bach. Der ungarische Feldzug. Die Schlacht
von Novara. Die Reichsverfassung. Die deutsche Königswahl
in Frankfurt. Der Aufruhr in Baden. Die russische Intervention in
Ungarn. Die Einnahme Roms. Der Fall Benedigs. Radetzky in
Wien. Die österreichische Armee. Politische Betrachtungen. Die deutsche
Frage. Erfurt und Berlin. Holstein und Kurhessen. Radowitz. Zu-
stände in Baden. Ein Brief Metternich's. Zusammenkunft in Bregenz.
Meine Mission in Wien. Der Vertrag von Olmütz. Die Dresdener
Konferenzen. Wiederanstellung und Rückkehr nach Wien.

Die allgemeine Bewegung, welche sich in Italien vorbereitet,
in Paris entzündet, hatte sich seit dem 1. März auch ganz Deutschland mitgetheilt. Sie brach zuerst in Aeußerungen des Unwillens
gegen die Wirksamkeit des Bundestags aus und pflanzte sich in
den Kammern, wie in Volksversammlungen elektrisch fort. Aus
einer der letzteren ging der s. g. Fünfziger-Ausschuß in Heidelberg
hervor, aus dem sich dann das „Vorparlament" in Frankfurt entwickelte. Die Regierungen, selbst die der beiden Großmächte, schienen

rathlos; die Fluth des so überraschend schnell gesteigerten Wider=
stands war zu hoch angeschwollen, um ihn mit Waffengewalt unter=
drücken zu können; man nahm daher die Zuflucht zu Auskunfts=
mitteln, zu Concessionen, welche größtentheils den beabsichtigten
Zweck verfehlten. Abermals erschien General Radowitz, um sich
mit dem Wiener Kabinette über eine gemeinschaftliche Haltung,
den drohenden Gefahren gegenüber, zu berathen. In gleicher Weise
schickte Fürst Metternich den Grafen Colloredo nach Frankfurt,
dessen, auf die Klärung der Lage berechneten Instruktionen vom
12. März schon am folgenden Tage als erloschen betrachtet werden
konnten. —·

So verflossen die ersten vierzehn Tage in fortwährender
Spannung unter den bedenklichsten Nachrichten aus Italien und
aus deutschen Städten, wo es besonders in München zum Aufruhr
gekommen war. Der 13. März bezeichnete in Wien den Schluß
der bisherigen Regierungsweise und nach einem ungemein stür=
mischen Tage gab Fürst Metternich seine Entlassung ein; mit
dessen Rücktritt und den sich daran knüpfenden Zugeständnissen
wähnte man alle Uebel gehoben, während doch gerade dieser Tag
nur der erste in einer Reihe langer unheilvoller Monate war.
Ich habe es versucht, alle Ereignisse, welchen ich als Augenzeuge
beiwohnte, umständlich zu schildern;*) wenn ich diesen Besprechungen
noch einige weitere erläuternde Bemerkungen beifüge, so geschieht
es dem Plane dieses Buchs gemäß, um die persönlichen Eindrücke
näher hervorzuheben. Denn, da ich keine Geschichte unserer Zeit
schreiben, nur ihre Zeichen andeuten, selbst Erlebtes aufzeichnen
wollte, so kann ich von dem ewig denkwürdigen Jahre 1848 nur
ein Gesammtbild der Begebenheiten in chronologischer Folge ent=
werfen, und werde diese übersichtliche Darstellung·den nachstehenden
Skizzen später anreihen.

---

*) Erinnerungsbl. S. 132—182.

Jeder Tag der dritten Märzwoche brachte überraschende Erscheinungen; nachdem in den „drei" ersten Tagen „alles bewilligt" war, vermehrte der triumphartige Einzug des Erzherzogs Stephan, sowie der theatralisch sich geberdende Kossuth an der Spitze einer Deputation den allgemeinen Taumel, und als ich mich am 18. mit Radowitz über alle diese auffallenden Vorgänge unterhielt, rief er, entrüstet darüber und mit einiger Befriedigung, aus: „mein König ist Gottlob! noch willenskräftig genug, um sich so schmachvolles nicht abtrotzen zu lassen!" — In derselben Stunde fanden die bekannten kläglichen Vorfälle in Berlin statt! —

Den 19. traf gerade während einer Mondsfinsterniß Erzherzog Johann in seiner mir gegenüber liegenden Wohnung ein; überhaupt konnte ich von meinen Fenstern aus, wie in den ersten Logen, die wichtigsten auf dem Kohlmarkte und Michaelerplatz theilweise blutigen Begebenheiten übersehen. Mit einer vorübergehenden Ruhe in Wien trafen nun die Hiobsposten von Italien zusammen; die Piemontesen waren siegreich in Mailand eingezogen, Venedig gefallen und Radetzky hatte sich nach Verona, die Truppen in die Festungen zurückgezogen; Ferrara, früher besetzt, hatte nur noch österreichische Truppen in der Citadelle, während so das cisalpinische Königreich stückweise der Macht Oesterreichs entschlüpfte, war auch sein Einfluß in Deutschland von den Wortführern des Tages längst überflügelt und die stille Bundesversammlung mußte bald dem lärmenden „Parlamente" in der Paulskirche weichen.

Mittlerweile reichten sich in Wien Straßentumulte, Katzenmusiken, unterstützt von der ekelhaftesten Presse, die Hand; die Nationalgarde, auf die man so stolz war, verfiel bald fremden demokratischen Wühlereien, und der immer kecker hervortretende „Sicherheitsausschuß," im Bunde mit den Studenten, „den lieben Jungen" —, bereitete die bald folgenden Katastrophen vor. Noch war der 25. April — an dem die neue Verfassung erschien —

ein Tag unbeschreiblichen Jubels, doch schon der 15. Mai, mit künstlich herbeigeführtem Geschrei, machte, bei der feigherzigen Schwäche der Minister, diesen Täuschungen ein Ende. Schon den 18. floh der Kaiser mit seiner ganzen Familie in der Nacht nach Innsbruck; es ließen sich einzelne leise Töne nach Proklamirung einer Republik hören, doch trug vorerst noch ein gesunderer Sinn den Sieg davon und die, wenngleich scheinbar theilnahmlosen, Truppen hielten wenigstens die äußere Ruhe aufrecht. Da erschallte plötzlich der Ruf: „Windischgrätz rücke mit einer Armee heran" und in der Nacht vom 26. Mai bedeckten sich alle Straßen Wiens mit ungeheueren Barrikaden; man suchte sich im Wetteifer zu übertreffen und tyrannische Hausherren zwangen die friedlichen Mitbewohner, das Pflaster aufzureißen, selbst die Steine in die oberen Stockwerke zu schleppen um damit die eben einrückenden Truppen zu zerschmettern. Doch erwies sich zuletzt der ganze Lärm als ein blinder und alle diese Anstrengungen wurden in ihrer Zwecklosigkeit wahrhaft lächerlich.

Herr v. Wessenberg, welcher den Grafen Fiquelmont im auswärtigen Ministerium ersetzt hatte, ließ eine Einladung an das diplomatische Corps ergehen, sich an das kaiserliche Hoflager nach Innsbruck zu begeben. Der Adel, die Reicheren und Unabhängigen, wer nur immer konnte, hatten sich ohnehin schon von Wien entfernt. Ich begleitete die Herzogin P. v. Württemberg, welche sich nach Ischl begab, bis Linz. Die 77jährige Dame war noch nie auf einem Dampfschiffe gefahren und brachte daher vor Angst eine doppelt furchtbare Nacht mitten unter Flüchtlingen und bewaffneten Proletariern zu; ja, einige Studenten hielten sie wegen der Aehnlichkeit mit ihrem Bruder für den als Frau verkleideten Fürsten Metternich; ich war genöthigt ihnen im Ernste das Unsinnige dieser Vermuthung vorzustellen. In Linz erwarteten uns neue Emotionen! Der Gasthof wurde von einem tobenden Volkshaufen belagert, welcher auf Montecuculi und einige andere, von Wien entflohene Herren fahndete; sie, deren Namen noch vor Wochen so populär, wurden nun als Verräther verfolgt. Von Linz begab ich mich nach Thyrol.

Der zwölfwöchentliche Aufenthalt der kaiserlichen Familie in Innsbruck wird immer eine der denkwürdigsten Episoden dieses Sturmjahres bleiben. Wie in einer Zauberlaterne sahen wir da Menschen wie Begebenheiten an uns vorüberziehen; während der Kanonendonner in Paris und Prag wiederhallte, erfreute man sich an den Siegen der herrlichen Armee unter Radetzky in Italien; dazwischen die Reden des Parlaments in Frankfurt, wie das neue Schauspiel eines Reichstags in Wien, doch vor allem die seltsamen Begebnisse, welche sich in unmittelbarer Nähe zutrugen. Generale, Staatsmänner, Diplomaten, Couriere, Deputationen aller Kronländer kreuzten sich täglich auf den Straßen und das Innsbrucker Schloß, welches einst einen Kaiser sterben sah, war jetzt abermals Zeuge höchst merkwürdiger Auftritte. Kaiser Ferdinand, umringt von Ministern, in deren Mitte er beinahe wie ein Gefangener sich nicht frei bewegen konnte, hielt täglich Audienzen und lud Mittags oder Abends Gäste ein. Eines Tages mit anderen Gesandten zur kaiserlichen Tafel geladen, fand ich einen Platz neben mir leer, als bald nachher der ungarische Premier, Graf L. Bathiany, in einem ungezwungenen Morgenanzuge, in dem er höchstens die Martinswand hätte besteigen können, sich ohne weitere Umstände zu Tische setzte. Nachmittags drängte Bathiany den Kaiser in eine Ecke des Salons, um allein mit ihm zu sprechen, aus welcher Lage ihn die immer wachsame Geistesgegenwart seiner kaiserlichen Gemahlin befreite. An einem anderen Abende waren wir zum Thee bei der Erzherzogin Sophie, als gerade der Erzherzog Franz Joseph aus der Lombardei zurückkehrte, wo er die ersten glänzenden Waffenthaten bestanden. Nur mit innerem Widerstreben wich er der Nothwendigkeit und verließ blutenden Herzens den glorreichen Kampfplatz des tapferen Heeres; mit wehmüthiger Sehnsucht zeigte er uns Kriegsscenen, welche er selbst in ein Album skizzirt hatte.

Eine eigene, in dieser Weise nie in Innsbruck stattgefundene, Kirchenfeier war die Frohnleichnamsprocession, wo der kaiserliche Hof, umgeben von dem so bunt zusammengesetzten Gefolge und den Tyroler Schützen in ihren malerischen Trachten, erschien.

Eine ungarische Deputation reihte sich an die andere, jede zahl=reicher, ungestümer; selbst Erzherzog Stephan war gekommen in den Kaiser zu dringen, seine Residenz in Ofen aufzuschlagen. Hier war es, wo sich Graf Grünne, der Oberhofmeister des Palatins, von diesem trennte, und dem Erzherzog Franz Joseph zur Dienst=leistung beigegeben wurde. Die zum Theil dem höchsten Adel angehörenden Abgeordneten Ungarns wurden mit Auszeichnung empfangen; ihre Sendung blieb jedoch ohne unmittelbaren Erfolg. Ebenso erging es Jellachich, welcher sich nicht einmal in Innsbruck öffentlich zeigen, sondern den Kaiser nur ganz insgeheim sprechen konnte. Auch ein päpstlicher Legat war erschienen, dessen Sen=dung aber unter den gegebenen Umständen keine Aussöhnung hoffen ließ.

Eines Morgens war der Erzherzog Johann im Gasthofe zur Sonne abgestiegen und ich machte ihm mit anderen Kollegen die Aufwartung. Dieser Prinz hatte einst in Köln die unvor=sichtigen Worte: „kein Oesterreich, kein Preußen! ein einiges Deutschland" ausgesprochen! dafür büßte er nun, daß man ihn in Frankfurt zum deutschen „Reichsverweser" ausrief! Der Erzherzog drückte sich offen über die Lage aus und verhehlte sich die beinahe unübersteiglichen Schwierigkeiten nicht, welche ihn erwarteten, glaubte sich jedoch aus Pflichtgefühl dieser Aufgabe nicht entziehen zu dürfen. Von da begab er sich nach Wien, um im Auftrage des Kaisers die erste gesetzgebende Versammlung in der k. k. Reitschule feierlich zu eröffnen. Das diplomatische Corps reiste Ende Juni deßhalb ebenfalls wieder nach Wien zurück; nur Medem, Arnim

und ich blieben in Innsbruck. Der russische Hof hatte aus=
drücklich seinen Gesandten angewiesen, sich nicht von dem Kaiser
zu trennen, Arnim aber, zurückberufen, erwartete seinen Nachfolger,
den Grafen Bernstorff; da sich jedoch dessen Ankunft ver=
zögerte, übergab mir Arnim die Siegel und Papiere der preußischen
Gesandtschaft, welche ich jenem bei seinem Eintreffen einhändigte.
Mein eigenes Verbleiben war leider kein freiwilliges; eine Krank=
heit, an jene in Paris mahnend, hatte mich ergriffen, und ich
ließ mich in das romantisch gelegene stille Bad Mühlau bringen,
welches ich erst, gerade den Tag vor der Abreise des Kaisers, ver=
lassen konnte.

Wiederholt war man in den Monarchen gedrungen, in sein
„treues, völlig beruhigtes" Wien zurückzukehren, hatte ihm vor=
gestellt, daß nur dadurch der innere Friede gesichert werden
könnte u. s. w. Der Kaiser entschloß sich endlich, wiewohl ungerne,
zu diesem Schritte. Ich sah seinen Einzug auf der Durchreise
in Salzburg, wo sich in die freundliche Bewegung noch der
Jubel über die Ankunft des Fürsten Frdr. Lichtenstein mischte,
welcher die Schlüssel des wiedereroberten Mailand überbrachte.

Auf dem Wege dahin war ich noch in der Nacht einer
Deputation von Magnaten begegnet, unter welchen sich auch der
bald nachher einem so tragischen Schicksale verfallene Eugen
Zichy befand; ich sah ihn hier, heiter wie immer, zum letzten
Male. —

In Linz bestieg ich eines der Dampfschiffe, welches das
kaiserliche Fahrzeug nach Wien begleitete, war daher Zeuge, wie
sich da alles längs den Ufern belebte, Städte und Dörfer sich
schmückten und die Begrüßung in begeisterten Lebehochrufen zu
Nußdorf den höchsten Ausdruck fand!

Diese Freude, vielleicht auch ungeheuchelt, war nicht von
langer Dauer und zwei Monate verflossen in fortwährenden poli=
tischen Zuckungen. Mehr noch als Wien beunruhigten die

Vorgänge in Ungarn und ein Geist frecher Ungebundenheit hatte sich täglich mehr der ständischen Berathungen bemächtigt. Noch erinnere ich mich, wie Fürst Paul Esterhazy, bei dem ich am 1. September in Hütteldorf mit Deák u. A. aß, mir die peinlichen Gefühle schilderte, mit denen er sein trauriges Amt in einem von solchen Elementen zusammengesetzten ungarischen Ministerium fortführe. Seine Stellung war nicht länger haltbar und einige Wochen nachher waren auch schon die Gemäßigteren ausgetreten, nur Bathiany, Kossuth und die radicalen Mitglieder geblieben, war St. Szechenyi irrsinnig geworden, der Palatin auf der Flucht und Lamberg fiel als Opfer der Pflichttreue auf der Pester Kettenbrücke unter hochverrätherischen Händen! —

Nun kam der Oktober mit seinen Schrecknissen heran. Der 6. bleibt in seinen furchtbaren Ereignissen immer unvergeßlich. Der Kaiser floh in der Nacht nach Olmütz und der Reichstag schleppte seine Verhandlungen bis zur Zeit der Belagerung fort. Das diplomatische Corps, welches sich durch diese Vorgänge in einer eigenthümlichen Lage befand, da es keine Einladung nach Olmütz erhalten hatte, kam einige Male zu gemeinschaftlichen Berathungen bei Lord Ponsonby zusammen. Man konnte zu keinem Entschlusse gelangen und nur als wir von dem k. k. Kabinette höflich ersucht wurden, das „belagerte" Wien zu verlassen, begab ich mich mit einigen Gesandten nach Hitzing, andere zerstreuten sich in der Umgebung, nur Graf Medem, abermals bestimmten Weisungen folgend, verließ den Kaiser nicht. Die acht denkwürdigen Tage der Belagerung werden wohl nie aus dem Gedächtnisse der Augenzeugen schwinden! —

Der November verfloß still und unbehaglich, noch trüber durch die Reihe standrechtlicher Hinrichtungen, welche nun folgten; die Stadt bot einen Anblick von Verlassenheit und düsterer Stimmung, welcher sie lange nicht verließ!

9*

Den 2. Dezember hatte Kaiser Ferdinand seine Krone
niedergelegt und sein 18jähriger Neffe Franz Joseph den Thron
bestiegen. Fürst Felix Schwarzenberg war Minister = Präsident.
Fürst Windischgrätz bereitete sich zum Feldzuge nach Ungarn vor,
und der in Wien unterbrochene Reichstag — unseligen Andenkens —
trat in — Kremsier! wieder zusammen.

Mitte Dezember wurde ich beauftragt mich nach Olmütz
zu begeben, um dort den Prinzen Friedrich von Baden zu empfangen, welchen der Großherzog zur Bewillkommnung des Kaisers
dahin abgesendet hatte. Auch der Fürst von Fürstenberg war zu
gleichem Behufe im Namen des Reichsverwesers dort erschienen.
Das kaiserliche Hoflager in der alten mährischen Festung, von dem
in Innsbruck so sehr verschieden, bot doch manche Anziehungs=,
selbst Vergleich=Punkte. Das kaiserliche Ehepaar hatte bald nach
der Abdankung sich nach Prag zurückgezogen, um dort seinen
bleibenden Aufenthalt zu nehmen. Franz Joseph bewohnte mit
seinen durchlauchtigsten Eltern das fürst=erzbischöfliche Schloß, und
täglich waren Mittags und Abends viele fremde Gäste eingeladen.
Auch die Erzherzogin Elisabeth, die Prinzessin Amalie von Schweden
und Prinz Wasa hatten sich eingefunden; die Mehrzahl der Ange=
kommenen bildeten jedoch höhere Offiziere. Ich erhielt nun
Audienz — die erste — bei dem jungen Monarchen, und hatte
mehrere Besprechungen mit dem Fürsten F. Schwarzenberg. Die
Politik des Kabinets war damals mehr abwartender, als thätiger
Natur; die Ereignisse mußten zunächst ihren Gang bestimmen und
mit der größten Spannung sah man den mit jedem Tage in-
teressanter werdenden Nachrichten aus Italien und Ungarn ent=
gegen, denn, noch war es nicht an der Zeit, sich ernster mit den
deutschen Angelegenheiten zu beschäftigen. Dem Fürsten Schwarzen=
berg stand damals Hübner zur Seite; dieser Geschäftsmann war
früher zu diplomatischen Missionen verwendet, zuletzt Generalconsul
in Leipzig gewesen, und schloß sich nun, durch die Oktobertage

berufslos geworden, dem Hauptquartiere Jellachich's an. Fürst Schwarzenberg benützte die Erfahrung dieses gewandten Beamten und Jedermann glaubte schon ihn zum künftigen Unterstaatssecretär bezeichnet, als er Allen unerwartet zum k. k. Gesandten in Paris ernannt wurde.

In den letzten Tagen des Jahres begleitete ich den Prinzen Friedrich nach Wien, welches er nach kurzem Aufenthalt wieder verließ, um nach Karlsruhe zurückzukehren.

Ein Rückblick auf das Jahr 1848 gehört nicht zu den Annehmlichkeiten des Lebens; kaum wird es die Nachwelt für möglich halten, daß sich in dem kurzen Zeitraume von 366 Tagen eine solche Masse von Unsinn, Jammer, Verbrechen, Enttäuschungen, unnützen Blutvergießens, Verrath, Erbärmlichkeit, Lüge und Schwäche aufhäufen konnte. Keine Familie, keine Klasse der Gesellschaft, beinahe keine Stadt oder Land blieb von diesen verderblichen Einflüssen unberührt; selbst die radicale Partei vermochte sich ihres augenblicklichen Sieges nicht zu erfreuen, denn sie erbaute nur Kartenhäuser auf rauchenden Trümmern. Doch ein Vortheil ließe sich noch aus diesen schaudererregenden Vorgängen ziehen, wenn sie künftigen Geschlechtern zur fruchtbaren Lehre und Warnung dienen würden, eine erträgliche Lage nicht mit den nebelhaften Gebilden angeblich vollkommener, hienieden nie zu erreichender Zustände vertauschen zu wollen. Das alte Sprüchwort: „daß das Bessere der Feind des Guten sei," hat sich hier abermals in niederschlagender Weise bewährt.

Wie ich mir vorgenommen, lasse ich nun die Hauptereignisse jenes Jahres nach der Reihe vorüberziehen; es wird diese Uebersicht zwar nichts Neues enthalten, weil wir alles „schauernd selbst erlebt;" doch mag immerhin eine solche Zusammenstellung manches

Vergessene wieder in's Gedächtniß zurückrufen und der jüngeren Generation ein Gemälde aufrollen, dessen Farben nie stark genug aufgetragen werden können.

Januar 1848.

Revolutionäre Bewegungen in Mittelitalien und Sicilien. — Schweizer Wirren, englische Intriguen. — Tod Christians VIII. von Dänemark; neue Verwickelungen. — Provisorische Regierung in Palermo; Bombardement. — Neue Verfassung in Neapel. — Krieg zwischen Nordamerika und Merico.

Februar.

Neue Verfassung in Sardinien. — Unruhen in Padua, Pavia und anderen Orten. — Aufruhr in Mailand (Cigarren-Emeute). — Neue Verfassung für Sicilien. — Bewegungen in München. — Neue Verfassung in Toscana. — Allocution in Rom. — Widerstand der Abgeordneten in Schleswig-Holstein. — Reformbanquette und Auftritte in der Kammer zu Paris. — Die drei Tage (24., 25., 26.). — Flucht der königlichen Familie. — Lamartine und das neue Ministerium. — Die socialistische Republik.

März.

Standrecht in Mailand. — Provisorische Regierung und Wahlen zur constituirenden Versammlung in Frankreich. — Aufruf der deutschen Bundesversammlung. — Preßgesetz. — Proklamationen in Württemberg, Baden und anderen deutschen Staaten. — Rede des Königs von Preußen. — Russisches Manifest. — Fünfziger-Ausschuß in Heidelberg. — Vertrauensmänner bei'm Bundestag. — Beabsichtigter Fürstenkongreß in Dresden. — Einberufung des preußischen Landtags. — Allgemeine Amnestie in Deutschland. — Volksversammlung in Prag. — Die drei Tage (13., 14., 15.) in Wien. — Die Flucht des Fürsten Metternich. — Zugeständnisse an Ungarn; Ministerium Kossuth. — Revolution in Berlin (18.); Ministerwechsel. — Abdankung König Ludwigs von Bayern (20.). — Aufruhr in Mailand, Parma und anderen Orten. — Unruhen in Rom, Freischaaren (Crociati). — Concessionen an die Stände in Bayern, Hannover u. a. m. — Empörung in Venedig (22.), Capitulation Sichy's. — Proklamationen in Neapel, Turin und anderen Städten. — Aufstand in Modena (23.), Flucht des Herzogs. — Kriegserklärung Sardiniens (23.). — Die Piemontesen in Mailand (25.).

— Parlament in Palermo. — Belagerungszustand in Madrid. — Republikanische Bewegungen in Belgien. — Provisorische Regierung in Schleswig=Holstein. — Neue Verfassung in Posen. — Die Fünf= hundert in Frankfurt (Vorparlament) 31.

April.

Geträumte Einheit Italiens! — Neue Verfassung in Parma. — Provisorische Regierung in Modena, Sicilien u. dgl. — Fünfziger=Aus= schuß in Frankfurt; Entlassung der Bundestags=Gesandten; Wahlen für die erste deutsche Nationalversammlung. — Vereinigter Landtag in Berlin. — Landtag in Rendsburg; Gefechte in Holstein. — Be= lagerungszustand in Posen. — Unruhen in Paris; Bewegung der deutschen Arbeiter. — Blutiger Aufstand in den Straßen von Paris (16.). — Aufstand in Savoyen. — Gefechte in Gaëta, am Mincio u. s. w. — Chartisten in London. — Die neue Bundesverfassung in der Schweiz. — Revolutionäre Umtriebe in Baden; Hecker, Struve, Herwegh u. A. — Gefechte bei Kandern (Tod Gagern's, 20.), Staufen und Freiburg; Kriegszustand in Mannheim und im Oberlande. — Posen und Schleswig im deutschen Bunde. — Organisirung Ungarns und Böhmens durch k. k. Rescripte. — Oesterreichische Verfassung (25.). — Aufstand in Krakau (26). — Aufstand in Rouen. — Entwurf des deutschen Reichsgrundgesetzes (26.). — Reichsabgeordnete nach allen Seiten. — Großer Aufruhr in Rom, Rede des Papstes, neues Ministerium, Mamiani, dann Rossi; Bruch mit Oesterreich (29.).

Mai.

Czechische Agitationen. — Eröffnung der französischen National= versammlung. — Erstes Parlament in Sardinien. — Schlachten von St. Lucia und Somma=Campagna (6. u. 7.). — Aufstand in Posen; Mieroslawski. — Aufruf für die deutsche Flotte. — Streitig= keiten in Frankfurt; Ungarn allda vertreten. — Prinz von Preußen in Berlin zurück. — Neues Ministerium in Paris (11.), Louis Blanc. — Furchtbarer Aufstand und Straßenkampf in Neapel (15.). — Emeute in Wien (15.); neue Verfassung. — Flucht des k. k. Hofes nach Inns= bruck (18.). — Lostrennung von Siebenbürgen. — Erstes deutsches Parlament in Frankfurt. — Eröffnung desselben (18.); Heinrich v. Gagern. — Mainz im Belagerungszustand. — Constituante in Berlin (22.). — Italienische Flotte vor Triest; Blokade. — Oesterreichische Decrete und Proklamationen. — Sicherheitsausschuß, Pillersdorf; Reichstagswahlen.

— Barrikadentag in Wien (26.). — Sieg bei Curtatone (29.), später Einnahme von Padua, Vicenza, Treviso u. s. w. (Radetzky). — Blutiger Aufstand in Paris (wegen Polen).

Juni.

Slavischer Kongreß in Prag. — Landtag in Rom (4.). — Die Könige von Schweden und Dänemark in Malmoe (7.). — Anschluß Mailands an Sardinien (9.). — Empörung in Prag (12. bis 15.); Fürst Windischgrätz. — Allgemeine Verwirrung in Kroatien und der Militärgrenze. — Hoflager und Deputationen in Innsbruck. — Die Erzherzoge Johann und Stephan allda (Ban Jellachich). — Emeute und Zeughaussturm in Berlin (14.); neues preußisches Ministerium. — Unruhen in Serbien, Aufstand in Bucharest. — Arbeiterkraval in Paris, Lyon, Marseille und anderen Orten. — Blutiger Straßenkampf in Paris; Belagerungszustand, der vermittelnde Erzbischof Affre auf den Barrikaden erschossen, General Brea ermordet, Cavaignac Sieger über die rothe Republik, neues Ministerium, Louis Napoleon in der Nationalversammlung. — Kammern in Toscana, Sachsen, Belgien u. s. w. — Ende des Bundestags, deutsche Centralgewalt (27.). — Erzherzog Johann Reichsverweser (29.).

Juli.

Parlament in Neapel (1.). — Versammlung in Venedig (3.) und Anschluß an Sardinien. — Ungarische Nationalversammlung (5.); Erzherzog Stephan. — Russische Circularnote (6.). — Erklärungen Preußens und anderer deutschen Staaten in Frankfurt. — Der Herzog von Genua zum König von Sicilien erwählt. — Erstes deutsches Reichsministerium und Reichsgesandte. — Belagerungszustand in Irland. — Siege Radetzky's in Italien (bei Custozza u. a.). — Eröffnung des ersten österreichischen Reichstags durch Erzherzog Johann (22.). — Pesther Verhandlungen; Lossagung Kroatiens. — Russen und Türken in den Fürstenthümern.

August.

Einnahme von Mailand (5.). — Waffenstillstand zwischen Oesterreich und Sardinien. — Republik in Venedig (10.); Manin. — Zerwürfnisse mit Rom; Noten, Proteste. — Kaiser Ferdinand in Wien zurück (12.). — Bürger- und Racenkrieg in Ungarn. — Unruhen in Berlin, Wien und München (23.). — Waffenstillstand von Malmoe. — Preßgesetze und Deportationen in Frankreich. — Reichstagsgesetze in Wien; Staatsschriften wegen Ungarn.

September.

Beschießung Messina's (3.). — Jellachich gegen Ungarn. — General Wrangel in Berlin; Ministerium Pfuel. — Ungarische Deputationen in Wien. — Unruhen in Frankfurt; Ermordung Lichnowsky's und Auerswald's (18.); Rücktritt Heckscher's. — Republikaner in Baden; Struwe in Staufen (22. bis 25.). — Proklamation Oesterreichs an Italien. — Manifeste an Ungarn; Flucht des Palatins; neues Ministerium; Ermordung Lamberg's; Justizmord an Eugen Zichy. — Streit Oesterreichs mit der Schweiz. — Aufruhr in Köln; Belagerungszustand (26.).

Oktober.

Blutiger Aufstand in Wien; kannibalische Ermordung Latour's; abermalige Flucht des Kaisers (6.). — Beschießung des Zeughauses; Verhandlungen mit den Truppen. — Jellachich und der Reichstag. — Der kaiserliche Hof in Olmütz; Proklamation. — Die Abgeordneten Frankfurts; Welcker und Mosle, Robert Blum und Fröbel. — Belagerung Wiens (23. bis 31.); Einnahme. — Schlacht bei Schwechat (29.). — Demokratische Umtriebe in Berlin. — Frankfurter Parlamentsbeschlüsse.

November.

Belagerungszustand und Hinrichtungen in Wien. — Aufruhr in Lemberg; Kriegszustand. — Neue preußische Verfassungsurkunde; Ministerium Brandenburg; Verlegung der Kammersitzungen nach Brandenburg (7.); Unruhen, Widerstand der Deputirten, Bürgerwehr. — Synode der katholischen Bischöfe in Würzburg. — Manifest und Kriegserklärung an Ungarn. — Kammern in Turin und Unruhen in Toscana. — Revolution in Rom (15. bis 21.); Flucht des Papstes; Ermordung Rossi's; Gaëta und der König von Neapel. — Stände in Kurhessen, Baden und anderen Orten. — Oesterreichischer Reichstag in Kremsier (22.).

Dezember.

Ministerium Schwarzenberg-Stadion. — Abdankung des Kaisers Ferdinand (2.). — Kaiser Franz Joseph in Olmütz. — Auflösung der preußischen Kammern. — Neue Verfassung und Wahlgesetz (5.). — Feldzug in Ungarn; offene Empörung des Reichstags. — Manifest an Siebenbürgen. — Gesandtschaften in Olmütz; k. k. Noten nach Frankfurt. — Gagern Reichsminister. — Pariser

Programm und Bewegungen. — **Louis Napoleon** Präsident der franzö=
sischen Republik (20.). — Allgemeine Verwirrung und Trostlosigkeit der
Zustände in **Italien.** Mazzini, Garibaldi und die rothe Republik in
Rom; Verhandlungen in Gaëta, und zum Schlusse große Wanderung
der goldsuchenden Völker Europa's nach **Californien!**

* * *

Mit empfindlicher Kälte begann das Jahr 1849, eines der
traurigsten, welche ich erlebt, und dennoch verfloß es unter dem
Eindrucke der täglich wechselnden Ereignisse unglaublich schnell.

Meine diplomatische Laufbahn fand vorläufig mit der Sen=
dung nach Olmütz ihren Abschluß. Die großherzogliche Regierung
fand es gerathen, im Vertrauen auf die weitere Entwickelung der
Reichsverfassung, die Gesandtschaftsposten, bis auf jenen in Paris,
eingehen zu lassen, und nach Erledigung der dringendsten Geschäfte
bereitete ich mich vor, ohne nähere Bestimmung in's Vaterland
zurückzukehren, als mich die unerwartete Mai=Katastrophe davon
abhielt. Ich blieb demnach bis im Frühjahre 1850 privatisirend
in Wien, ohne Ruhegehalt oder Wartgeld, da mir von den früher
erhaltenen Einrichtungsgeldern die Hälfte mit 3000 Gulden abge=
zogen wurde. Dieser Verlust war für mich um so empfindlicher,
als ich genöthig war, das vor zwei Jahren von Paris mit großen
Kosten übersiedelte, wieder in Wien neu angeschaffte Mobiliar weit
unter dem Werthe, gleichsam auf den Barrikaden, zu veräußern.
Während dieser ganzen Zeit nahm ich um so mehr eine rein
beobachtende Stellung ein, als die Oede der Stadt, das Aufhören
jedes geselligen Verkehres mich nur auf die nächsten bekannten Be=
ziehungen beschränkte. Zeitweise sah ich den Fürsten Schwarzenberg,
der mich immer mit der gleichen Freundlichkeit behandelte und zu
Tische lud, oder besprach mich mit meinen früheren Kollegen. Auf=
merksam und mit stets erhöhtem Interesse folgte ich den Ereignissen,
welche sich, wenn auch in minder gewaltsamer Weise, doch so

seltsam und zum Theil überraschend entwickelten, daß die Lektüre der Blätter, die brieflichen Mittheilungen, verbunden mit einigen Ausflügen, die volle Zeit in Anspruch nahmen. Die Theater und öffentlichen Belustigungsorte wurden ebenso wenig besucht, als sie nicht viel Anziehendes boten, und war der über Wien verhängte Belagerungszustand auch nicht äußerlich drückend, so hemmte er doch eine ungestörte Bewegung, und griff unbequem in manche Privatverhältnisse ein.

Sehe ich nun aber auf meine mehr als zwanzigjährige Wirksamkeit bei den verschiedenen Gesandtschaften zurück, so fiel sie bis dahin in eine ruhige Epoche, in der keine wichtigen Vorgänge eine erhöhtere Thätigkeit entwickeln ließen. Bei der großen Oeffentlichkeit jedoch, mit der in unserer Zeit diplomatische, wie andere Geschäfte betrieben werden, wird es, hätte man dazu auch Lust, immer schwerer, interessante Enthüllungen zum Besten zu geben, politische Geheimnisse auszuschwatzen. Gar viele solcher Einzelheiten, welche heute wichtig, oder wenigstens bemerkenswerth, erscheinen, schrumpfen nach einigen Jahren zu höchst bedeutungslosen Thatsachen zusammen. Ebenso boten mir die Höfe, bei denen ich verweilte, keinen Anlaß, „pikante" Anekdoten zu erzählen, oder von mehr als alltäglichen Intriguen zu sprechen. Das Familienleben des Wiener Hofes unter den Kaisern Franz und Ferdinand war höchst einfach, und die beiden Könige, welche ihres Willens bewußt, und jedem fremdartigen Einflusse abgeneigt, damals zu München und Paris herrschten, ließen in ihren Schlössern nicht leicht Stoff für skandalsüchtige Neugierde aufhäusen.

Eines eigenen, mich persönlich betreffenden, Umstandes muß ich jedoch noch erwähnen. Ich war nämlich in den 10 Jahren — von 1838 bis 1848 — nach der Reihe bei drei Monarchen beglaubigt, und alle drei: der König Ludwig, Ludwig Philipp, wie der Kaiser Ferdinand legten in demselben Jahre 1848 ihre Kronen nieder, der eine zu Gunsten des Sohnes, der zweite für einen

10jährigen Enkel, der dritte endlich überließ sie seinem jugend=
lichen Neffen.

Ich werde nun, was sich zunächst unter meinen Augen zu=
getragen, in Verbindung mit den Vorgängen auf allen Punkten
in der Monarchie zusammenfassen und dann, was sich in anderen
Staaten, zumal in Deutschland ereignete, berühren.

Nach einer so furchtbaren Umwälzung, welche in ihrem rasch
dahinbrausenden Strome beinahe alles Bestehende mit sich fortnahm,
mußten vor allem Bausteine gefunden werden, eine neue Ordnung
der Dinge zu gründen; denn es galt hier nicht wie in anderen
Ländern, wieder einfach in die früher verlassenen Bahnen einzu=
lenken. Es waren da zwei Wege denkbar; man konnte sich ent=
weder zu einem provisorischen Zustande entschließen und so allmälig
eine geregelte Verfassung vorbereiten, oder man zog vor, eine schon
fertige allsogleich zu ertheilen. Man wählte die letzte Alternative
und war damit genöthigt, später wieder zur ersteren zurückzu=
kehren. —

Der unbegreifliche Versuch, den abgelebten Reichstag in
Kremsier wieder auferstehen zu lassen, war, wie vorauszusehen,
mißlungen. Die Versammlung wurde gesprengt, und man ließ,
allen weiteren Verwickelungen zu entgehen, wohl absichtlich, die
am meisten compromittirten Mitglieder entschlüpfen.

Um diese Lücke zu ersetzen, entstand nun die Verfassung vom
4. März — ein todtgebornes Kind — denn sie kam nie zur
Ausführung und wurde später ganz aufgehoben.

Die eigentlichen Leiter der damaligen inneren wie äußeren
Politik waren Fürst F. Schwarzenberg, Graf Franz Stadion,
Dr. Bach. Der Kaiser hatte sich die Aufsicht und Ordnung des
Heerwesens selbst vorbehalten und war dabei von ausgezeichneten
Feldherren wie von tüchtigen Generalstabsoffizieren unterstützt. Un=
verkennbar war schon zu jener Zeit der Einfluß des General=

adjutanten Grafen Grünne. Feldzeugmeister von Welden war Gouverneur von Wien.

Wollte ich ein historisch treues Charakterbild des Fürsten Ministerpräsidenten entwerfen, würde es, ich bin davon überzeugt, weder seine Familie und geringe Zahl von Freunden, noch viel weniger aber seine Gegner befriedigen. Es ist eine ganz eigene Existenz, die jenes Fürsten, der nach 30, in einer seiner Geburt wie seiner Stellung wenig würdigen Weise verlebten Jahren sich zu einer Höhe des Handelns, zu erfolgreichen Thaten emporge= schwungen, welche ihm für immer einen ehrenvollen Nachruhm in der vaterländischen Geschichte sichern. Sein Hauptverdienst war, daß er — ein Mann in einer charakterlosen Zeit mit Willens= kraft und rücksichtslosem Muthe durchgriff, und so sich seiner hohen Aufgabe klar bewußt, wie die „WJR" mit ihrem tapferen Schwerte, durch staatskluge Energie die Zertrümmerung der Monarchie ver= hinderte. Mischte sich später diesen schätzbaren Eigenschaften eine leidenschaftliche Auffassung bei, war die so nöthige ruhige Haltung auch oft durch eine gewisse krankhafte Reizbarkeit gestört, ließen endlich den Fürsten die glänzenden Erfolge sich selbst überheben, so bleiben doch seine wirklichen, unleugbaren Thaten von so über= wiegend günstiger Einwirkung auf den Gang der Ereignisse in Oesterreich, daß bei allen Mißgriffen seine Anhänger wie seine Feinde erkennen mußten, wie Schwarzenberg gerade der geeignete Minister für die Epoche seiner Wirksamkeit war. Ich werde Ge= legenheit finden, die eigenthümlichen Phasen derselben bis zu seinem frühen Ende zu verfolgen.

Graf Franz Stadion, auf den man einst immer als einen der fähigsten Beamten die Blicke gerichtet, den eine große Zukunft erwartete, hatte mit Geschick einige Provinzen verwaltet und war auch im Reichstag thätig gewesen. Gewandt in Geschäften gehörte er der liberalisirenden Klasse der österreichischen Staatsdiener an und war daher wohl am meisten geeignet, das Portefeuille des

Innern zu übernehmen. Seinen Anschauungen entsprach wohl zunächst die Verfassung vom 4. März. Die Last, welche zu tragen er sich zugemuthet, überstieg wohl seine Kräfte; er arbeitete mit großer Anstrengung, verfiel aber bald in eine Gemüths- krankheit, von der er sich nicht mehr erholte; er starb schon 1853.

Dr. Alexander Bach, ein kaum 30jähriger Mann, den fähigsten Advokaten Wiens beigezählt, nahm sich eifrig der Sache der „jungen Freiheit" an und seine Ernennung zum Justizminister während der Sturmperiode fiel weniger auf, als der Umstand, daß er sich später enge an den Fürsten Schwarzenberg anschloß, fortwährend Mitglied des Ministeriums blieb und sich selbst bei Hofe durch sein unstreitig eminentes Talent immer unentbehrlicher zu machen wußte. Damit verband Bach eine angenehme Per- sönlichkeit und der unvermählte, junge Minister bewegte sich leicht in höheren Kreisen; galt es aber der Verfechtung wichtiger In- teressen, wußte er mit seiner Geschmeidigkeit auch einen andauernden Muth zu vereinigen, der sich im Reichsrathe wie im Kabinete aus- sprach. Kam, wie man ihm vorwarf, sein Ehrgeiz seinem glänzenden Verstande gleich, so trat doch jener nie in einer verletzenden Form hervor und der Haß, der ihn traf, galt weniger seiner Person als der Art seines Emporkommens; dem Stande, welchem er früher nicht angehörte, blieb er immer fremd, während er auch jene, deren Fahne er verlassen, sich feindlich gesinnt sah.

Der Anfang des Jahres war den kaiserlichen Waffen günstig; nach einigen Gefechten bei Raab und Moor hatte man bald nach Neujahr Pesth erreicht, während sich das Rebellenheer nach allen Seiten hin zerstreute. Der lange Winteraufenthalt, welchen nun Fürst Windischgrätz in der ungarischen Hauptstadt genommen, bleibt heute noch Jedermann unerklärbar. Man hatte gehofft, er werde seine siegreichen Fahnen weiter über die Theiß tragen, den Heerd der Revolution zerstören; doch während jener, wohl durch irgend einen unbekannten Grund zu rechtfertigenden Unthätigkeit der

Armee sammelte Kossuth mit seinen offenen und geheimen An=
hängern neue Kräfte, überschwemmte das Land mit Papiergeld
und bereitete sich zu einem letzten, verzweifelten Kampfe vor.

Mit entschiedenerem Glücke trat die italienische Armee
auf. Radetzky, umgeben von dem tapferen Erzherzog Albrecht,
von Heß, Schönhals, Thurn und anderen ausgezeichneten Generalen,
nahm gerade in den letzten Märztagen eine glorreiche Revanche
bei Novarra für das ein Jahr zuvor erlittene Ungemach. Karl
Albert, der so lange Freundschaft für Oesterreich geheuchelt, dann
die Maske abgeworfen, um sich in die „Spada d'Italia" zu ver=
wandeln, dankte, nun entmuthigt, ab, um bald nachher einsam am
fernen Meeresstrande zu sterben. Auch der Stolz Victor Emanuels
war gebeugt; er schloß in einer Scheune einen demüthigenden
Frieden mit Radetzky, der noch an demselben Tage triumphirend
hätte in Turin einziehen können. Oberitalien war nun wieder
bis auf das durch seine Lage beinahe unzugängliche Venedig in
Oesterreichs Händen. Die Belagerung, wie die Wiedereroberung
der Lagunenstadt kostete aber während des Sommers Ströme von
Menschenblut und viele Millionen dem geldarmen Lande.

Der Hof war fortwährend in Olmütz geblieben; erst im
Mai machte der Kaiser eine vorübergehende Erscheinung in Wien;
da er diese Stadt noch nie als Monarch betreten, so verbat er
sich der Zeitumstände wegen ausdrücklich alle herkömmlichen Em=
pfangsfeierlichkeiten und Huldigungen.

Doch nur zu bald wurden meine Blicke von der Donau ab
zum Rheine hingezogen. Im Laufe des Winters war das Parla=
ment in Frankfurt in Parteigezänke, endlose Reden über Grund=
rechte und unentwirrbare Verlegenheiten gerathen, jeder Macht
beraubt; die mit kleiner Majorität dem König von Preußen
zuerkannte deutsche Krone, wurde von ihm zurückgewiesen, und er
legte in einem die edelsten Gesinnungen athmenden Briefe an
Arndt offen die Gründe nieder, welche ihn bestimmten, die ihm

zugedachte Ehre abzulehnen. Hiermit war nun ein ernster Wende=
punkt in den deutschen Verfassungsangelegenheiten eingetreten; die
Preußenfreunde suchten auf Umwegen das verlorene Terrain wieder
zu gewinnen, die „Großdeutschen" führten mit neuem Eifer ihre
Ansichten durch, und die Republikaner, ermuthigt, drückten nun
mit vollem Gewichte auf die mehr oder minder in ihrem Sinne
bearbeiteten Bundesstaaten. Die sogenannte Reichsverfassung war
endlich fertig geworden und ihre Einführung gab das Losungswort
zu den verschiedenartigsten Agitationen. Diese hatten zunächst das
Großherzogthum Baden und die benachbarte Rheinpfalz ergriffen.
Mittlerweile waren die Verhandlungen des Parlamentes, wie der
deutsche Fluß, im Sande zerronnen; die Versammlung selbst hatte
sich aufgelöst und die radicalen Mitglieder es versucht, sich als
„Rumpf=Parlament" in Stuttgart festzusetzen — so nahm denn
die Verwirrung in Süddeutschland mit jedem Tage zu, bis sie in
Baden den höchsten Grad erreichte.

Da ich selbst nicht anwesend war, so kann ich nur von den
mir mittelbar zugekommenen Schilderungen sprechen und halte mich
somit an die bekannten Thatsachen, ohne die sich dabei in Fülle
aufdringenden Betrachtungen anzuknüpfen.

War je eine Revolution unberechtigter in ihrem Ursprunge,
muthwilliger in ihrer Durchführung, so war es gewiß die in
Baden. Der Großherzog Leopold in seiner unerschöpflichen
Langmuth hatte in Allem nachgegeben, wo ihm nicht die unab=
weislichen Pflichten eines souveränen Bundesfürsten ein Festhalten
geboten, ja er hatte selbst die Reichsverfassung, deren Nichtannahme
der Vorwand zum Aufruhr werden sollte, feierlich eingeführt. Ihn
gegen revolutionäre Gewalt zu schützen, stand ihm seine eigene
monarchische Würde, getragen durch eine über jeden Verdacht oder
Vorwurf erhabene Persönlichkeit, stand ihm in einer „Muster=
verfassung" die Macht der Gesetzlichkeit, in dem Armeecorps die
Waffengewalt zur Seite! Der Großherzog, geachtet und beliebt,

mußte, wollte er nicht den Anforderungen einer meuterischen Rotte zum Werkzeuge dienen, das Schloß heimlich und in der Nacht mit seiner Familie verlassen; die Verfassung, deren Bestimmungen er immer heilig gehalten, wurde gewaltsam zerrissen, die Kammern durch eine provisorische Regierung und eine konstituirende Versammlung ersetzt; das Heer, auf dessen Pflege, Tüchtigkeit und Ausbildung man seit 40 Jahren Millionen verwendet, verließ zum Theile, bethört und verführerischen Einflüsterungen zugänglich, die Fahnen — dafür durchzogen ungeregelte Freischaaren plündernd das Land und die „Bundesfestung" Rastatt fiel in die Hände der Empörer. Der Großherzog hatte in Mainz einen Zufluchtsort gefunden und preußische Truppen, den Prinzen von Preußen an der Spitze, trieben die Rebellenhaufen von einem Ende des Landes zum anderen über die Grenze. Rastatt selbst aber konnte erst nach vielen Opfern und wochenlanger Belagerung seiner Bestimmung wieder gegeben werden. Belähmender Schrecken hatte während dieser Zeit die sogenannte gut gesinnte Bevölkerung ergriffen; man beugte sich eben wie allenthalben unter das Joch einer eisernen Nothwendigkeit und erst die traurigen Folgen klärten über die eigentliche Tragweite so vieler Verblendung, Nachgiebigkeit und Schwäche auf.

Als der Großherzog im August in's Land zurückkehrte, fand er es von den Preußen besetzt und es wurde ihm die, seinem gefühlvollen Herzen peinliche Aufgabe, strenges Recht zu üben, die unerhörten Frevel zu sühnen und Zeuge eines so ganz unnöthig heraufbeschworenen Jammers zu sein. Er übte, so viel er konnte, die schönste Regententugend des Verzeihens und Vergessens, und selbst die zertrümmerte Verfassungsurkunde wollte er wieder rein, in ihrer ursprünglichen Gestalt erhalten wissen.

Frankreich hatte sich während dieser Drangperiode mitten unter Aufständen und heftigen Kammerverhandlungen als Republik erhalten und mit anerkennenswerther Mäßigung mischte sich der neuerwählte Präsident derselben, Louis Napoleon, nicht störend in die deutschen Verhältnisse, hielt aber insbesondere Baden gegenüber ein wohlwollendes, freundnachbarliches Benehmen ein. Mit gleicher schonungsvoller Rücksicht verfuhr die Schweiz bei diesen Wirren.

Kaum war es möglich, in diesem gewaltigen Strudel die Zustände der einzelnen deutschen Bundesstaaten näher zu beobachten, wenn sich nicht etwa, wie in Dresden, blutige Auftritte, den badischen ähnlich, zeigten, oder aus Berlin, München und anderen Orten irgend eine gewichtige Stimme sich vernehmen ließ.

Es gehört wohl nicht zu den lohnenden Aufgaben, die Geburtswehen der deutschen Verfassung zu schreiben. Nach Auflösung des Parlaments hatte sich die allen Stürmen preisgegebene Centralgewalt wieder aufgerafft, es bildete sich ein neues Ministerium, es entstand das sogenannte Drei-König-Bündniß; man knüpfte Verhandlungen mit Oesterreich an; endlich kam im September ein Uebereinkommen zu Stande, das schon des ominösen Namens: „Interim" wegen auf keine lange Dauer Anspruch machen konnte — wenige Monate nachher legte auch Erzherzog Johann seine dornenvolle Würde nieder!

Eine noch unerquicklichere Episode dieser Zeit bildete der innere Krieg in Ungarn. Windischgrätz hatte das Kommando abgegeben und so sehr, durch ungünstige Umstände aller Art, die Lage des Heeres sich verschlimmert, daß der im Oberbefehl ihm nachfolgende General Welden sich sogar genöthigt sah, die Truppen ganz aus dem Lande zu ziehen und seine Aufstellung diesseits der Leitha zu nehmen. Auch Welden trat nun ab und wurde durch den martialischen Haynau ersetzt, der bis zum Schlusse dieses traurigen Feldzuges aushielt. Alle diese Vorgänge hatten die Magyaren in ihrer Widerstandskraft neu bestärkt; Honved's, Arm in Arm mit fremden Freibeutern, sammelten sich unter kühnen

Anführern, während der nicht kriegerische, aber nicht minder kecke Kossuth in Debreczin die Republik ausrief (14. April)!

Oesterreich entschloß sich nun, durch die Nothwendigkeit gezwungen, zu dem peinlichsten Schritte und rief die Hülfe der russischen Waffen zur Unterdrückung der ungarischen Empörung herbei. Im Mai hatte eine Zusammenkunft — die erste — der beiden Kaiser zu Warschau stattgefunden, wo der Czar den jungen Monarchen mit so vielen Beweisen freundlichen, beinahe väterlichen Wohlwollens überhäufte, daß Kaiser Franz Joseph, mit erleichtertem Herzen zurückkehrend, um so geneigter war, die auf so nachbarlich zuvorkommende Art angebotene Allianz anzunehmen. Sofort rückten nun in Eilmärschen die Russen unter Paskiewitsch und anderen Generalen über die Karpathen ein, während die österreichische Armee auf verschiedenen anderen Punkten operirte. Auch der Kaiser nahm an mehreren Gefechten Theil und zog unter anderen im Kugelregen über die brennende Brücke in Raab ein; er, welcher die Feuertaufe schon in Italien erhalten, wurde nun von Nikolaus mit dem St. Georgsorden, der nur dem tapferen Muthe im Felde verliehen wird, geschmückt; und so großen Werth legte Franz Joseph auf diese Auszeichnung, daß man seine Brust nicht selten mit keinem anderen, als diesem einfachen Ritterkreuz bedeckt sah.

Der Ausgang dieses widerwärtigen Kampfes ist bekannt; Görgey streckte, sich Rußland ergebend, bei Villagos die Waffen und die aufrührerischen Banden lösten sich auf.

Unterdessen hatte Haynau auf seiner Seite tüchtig gestritten, Temeswar eingenommen und eine furchtbare Justiz geübt, die vielleicht mehr nach dem strengen Kriegsrechte, als den Anforderungen einer weisen Mäßigung gut zu heißen war.

Mit dem Falle Venedigs war endlich auch die Herrschaft Oesterreichs in Oberitalien gesichert, und es trat nach so gewaltigen Anstrengungen augenblicklich eine erwünschte Ruhe ein.

10*

Noch wichtigere Ereignisse folgten sich rasch in den anderen Theilen Italiens. Rom, der rothen Republik verfallen, wurde von einer französischen Armee eingeschlossen und nach hartnäckigem Widerstande genommen. Seit jener Stunde erhält das Pariser Kabinet eine Garnison zum Schutze des Papstes wie für die Ruhe und Ordnung in Rom. In gleicher Weise kehrten die vertriebenen Fürsten wieder in ihre Staaten zurück; nur in Sicilien tobte der Bürgerkrieg länger fort.

Der Auswurf aller Nationen, welcher sich wie Raubvögel auf die Beute überall dahin geworfen hatte, wo die Flamme des Aufruhrs loderte, zerstreute sich nun nach allen Winden, floh nach der Türkei, nach der Schweiz und England, nach Amerika! um sich dann bei'm ersten Anlaß wieder als verheerende Gewitterwolke zusammenzuziehen und auf irgend einem von der Revolution bedrohten Punkte zu entladen! Denn der radikale Deutsche, Franzose, Italiener, Pole, Grieche, Ungar ist vor Allem Anhänger seiner Lehre, rother Republikaner, Handlanger der Propaganda, Anarchist, Freischärler oder wie sich diese saubere Gesellschaft immer nennen mag, dann erst, in zweiter Linie, gehört er irgend einer Nation an; noch widerlicher aber sind jene Dilettanten, meistens Engländer, die, ohne politische Ueberzeugung, nur aus rohem Blutdurste auf die „Menschenjagd" gehen.

Eine seltene, in jener Zeit der Erschöpfung und Gesinnungs- losigkeit um so erfreulichere Feier wurde den Wienern durch den Einzug Radetzky's bereitet. Der Kaiser wollte dem greisen Feldmarschall persönlich für seine über alles Lob, jede lohnende Anerkennung erhabenen Verdienste danken und in dem ebenso beliebten als heldenmüthigen Anführer die treue, opferwillige Armee ehren. In einem mit Blumen wie besäeten Wagen fuhr der alte, ruhmgekrönte Krieger bis zur Burg, und auf allen Straßen, von jedem der reich gezierten Fenster jubelte ihm aus vollem Herzen eine tiefergriffene Bevölkerung zu. In rührenden

Worten drückte der schlichte Feldherr seinen Dank dem huldvollen Kaiser wie der ihn mit sichtbarer Theilnahme umgebenden Menge aus. Schon seine einfache Erscheinung übte einen nicht zu beschreibenden Zauber aus, und sein edler, von wahrem Pflichtgefühl durchdrungener Geist theilte sich unwillkürlich den unter seiner Leitung glücklichen Truppen mit. Und in der That, wer konnte es dem Kaiser, wer seinen Räthen verdenken, wenn sie mit dankbarer Befriedigung und patriotischem Stolze auf eine Armee sahen, welche drei Worte wie glänzende Leitsterne auf ihre Standarten geschrieben hatte: Tapferkeit, Treue, Ausdauer! Wie hoch feierte man die Namen Jellachich, Schlick, Heß, Benedeck, Haynau, d'Aspre u. a. m., welche sich um den Helden-Nestor schaarten. Sie hatten mehr als einmal die Monarchie gerettet, und begreiflich war, daß man sich auch mehr als auf alle anderen Kräfte auf diesen festen, erprobten Hort des Heils verließ!

Inmitten dieser kriegerischen Bewegungen hatte sich in der Stille ein Theil der Bischöfe der Monarchie zu friedlichen Berathungen in Wien versammelt und mit den in Würzburg tagenden deutschen Oberhirten in Verbindung gesetzt. Der Kardinal Fürst-Erzbischof v. Schwarzenberg leitete diese Verhandlungen, welche keinen anderen Zweck hatten, als zu erwägen, ob in einer Zeit, wo jede Art von Freiheit sich geltend zu machen suchte, die katholische Kirche nicht auch wieder zum Vollgenusse ihrer so lang unterdrückten Rechte gelangen könnte?

Bei dem Schlusse des Jahres 1849 schien die Revolution in allen Theilen Europa's unterdrückt, und wo die eigenen Kräfte der Regierungen nicht ausreichten, traten andere Staaten ein. Während Preußen willig die Gelegenheit ergriff, in Baden und Sachsen zu interveniren, besetzte Frankreich Rom und verband damit unverkennbar die Nebenabsicht, den österreichischen Einfluß in Italien zu verdrängen. Am uneigennützigsten leistete wohl Rußland großmüthig Hülfe gegen die ungarische Insurrektion und

zog nach erreichtem Zwecke des Einmarsches seine Truppen allso=
bald wieder zurück. Schwieriger als der Sieg aber war der
Aufbau eines künftigen, geregelten Zustandes aus den Ruinen der
Gegenwart.

Verfolgen wir mit aufmerksam prüfendem Auge die Ergeb=
nisse dieser zwei Jahre, so dringen sich uns vorerst zwei Fragen auf:
erstaunt forschen wir nach der Entstehung dieser Umwälzungen
und suchen uns dann wieder den kläglichen Ausgang derselben
zu erklären. Im Widerspruche mit den Männern der Bewegung
halte ich an der Ueberzeugung fest, daß der revolutionäre Schwindel,
welcher unseren halben Erdtheil ergriffen, ein künstlich heraufbe=
schworener, ein gemachter war. Zu einer tiefgehenden Unzufrieden=
heit, zu einem alle gesetzlichen Schranken durchbrechenden allgemeinen
Aufstande lagen durchaus keine genügenden Gründe vor; Handel
und Industrie hatten überall einen Aufschwung genommen, wie
nie zuvor, in behaglicher Ruhe genoß man die Segnungen eines
langen Friedens und mit einem mäßigen Grade politischer Freiheit
verband sich ein sich immer mehr entwickelndes humanes Streben;
Städte erweiterten, verschönerten sich, ein gewisser Wohlstand ver=
breitete sich über alle Klassen, und hatte dieses erfreuliche Bild,
wie Alles, auch seine Schattenseiten, so berechtigten diese doch noch
keineswegs zu einer Schilderhebung, welche die Früchte der Civilisation
zu vernichten drohte. War es nun der Ehrgeiz Einzelner, war
es der unbezwingbare Trieb der Massen nach Veränderung, war
es endlich das schleichende Gift der Umsturzpartei, genug! es
gährte in den Gemüthern und eine geschäftige Presse machte sich
bereitwillig zum Organ dieser Bestrebungen. Schon der Alt=
meister der Radikalen, Börne, sagte einst: „Nehmt uns alle Frei=
heiten, laßt uns nur die der Presse, und wir werden uns alle
anderen schon wieder zurückerobern!“ Freiheit! Freiheiten! dehn=
bare Worte, welche sich Jeder nach seinem Sinne auslegt und
worunter die Meisten die Befugniß verstehen, nur das zu thun,

was ihnen gerade beliebt. Um nun zunächst diesem Drange nach
Reformen einen Namen zu geben, mußte ein Vorwand, irgend ein
Losungswort gefunden werden; in Frankreich schrie man gegen die
Uebergriffe der Dynastie, in Deutschland schimpfte man auf Bundes=
tag, Kleinstaaterei, und hier wie in Italien suchte man die Ein=
heitsideen zu verbreiten, die Eitelkeit wie den Stolz der Nationen
zu reizen.

Der zündende Funke war in den Februartagen gegeben, und
diese Revolution zeichnete sich vor allen anderen dadurch aus, daß
man den Weltverbesserern völlig freie Hand ließ; in Volksver=
sammlungen wie in Parlamenten konnte sich die moderne Schul=
weisheit neben der geschwätzigen Dialektik der Advokaten gehörig
breit machen. Die Regierungen wichen Schritt für Schritt den
ungestümen Anforderungen der Neuzeit und widerstanden selbst
nur schwach den bewaffneten Angriffen offener Empörer. Die
Revolution konnte daher nicht mehr, wie früher, klagen, daß man
sie in ihrem völkerbeglückenden Werke gestört, die Entwickelung
ihrer Früchte gewaltsam aufgehalten; sie saß vielmehr am Ruder
und erntete, wie immer, nachdem sie mit Lüge, Verrath, falschen
Vorspiegelungen begonnen, Schmach, Elend, Anarchie. Denn es
ist mit ihren Grundsätzen nun einmal kein Abkommen zu treffen;
sie eilt stets unaufhaltsam ihrem Verhängniß entgegen. Diese
Erfahrungssätze sind so bekannt, daß sie als ebenso viele Gemein=
plätze gelten könnten; dennoch vergißt man nur allzu leicht die
alte Fabel von den Kindern Saturn's und spielt mit dem Feuer,
bis es uns verzehrt. Es jagt eine lebhafte Phantasie jenen Nebel=
gebilden nach, aus deren unbestimmten Umrissen sich allmälig
fester ausgeprägte Gestalten zu entwickeln scheinen, um alsobald
wieder anderen zu weichen und sich zuletzt in ein völliges Chaos
aufzulösen.

Folgen nun solchen politischen Orkanen als naturgemäße
Nachwehen Erschlaffung, übersieht man mit Schaudern, was sie

zerstört, so suchen kluge Staatsmänner wieder gut zu machen, was verdorben wurde, künftigen Ausbrüchen der Volkswuth zuvorzukommen. Solche weise, durch die Nothwendigkeit gebotene Maßregeln nennt man dann die „Reaktion", und dieß gehässige Schlagwort soll Alles brandmarken, was die Gegner der Revolution zur Abwendung drohender Gefahren unternahmen. Man rüttelt, verdächtigt, wühlt so lange, bis wieder Alles in Frage gestellt ist und auf listige oder gewaltsame Weise der unheilvolle Pfad politischer, halsbrechender Experimente auf's Neue betreten werden kann.

Ich gehöre nicht zur Klasse der unbedingten Lobredner der Vergangenheit; ich bin vielmehr überzeugt, daß die Ideen jeder Zeit sich zu entwickeln ihre Berechtigung haben und die Weltgeschichte in ihrem regelmäßigen Gange ebenso wenig still steht, als sie in Sprüngen vorwärts schreitet. Die Natur geht uns hierin mit ihrem Beispiele voran; nichts ist da überstürzt, alles bewegt sich in einem an gewisse Gesetze und Grenzen gebundenen Kreise. Die erste Regel der Staatsklugheit ist aber, indem sie den Geist jener Ideen richtig zu erfassen wie zu leiten versteht, nur das Mögliche anstreben zu wollen. Die Revolution, unbändig, will jedoch diese scharf gezogene Linie überschreiten und drängt so, gewaltthätig, die möglichen Fortschritte wieder in dem Grade zurück, als sie solche frevelhaft erzwingen wollte. Staatsmänner, die selbst in gutgemeinter Absicht, ohne Vorliebe für umwälzende Ideen oder persönlichen Ehrgeiz, sich an die Spitze der Bewegung stellen, im Wahne, sie nach Gutdünken zu leiten, laufen deßhalb immer Gefahr, mit dem Strome fortgerissen zu werden.

Ueberlese ich nun, was ich vor 14 Jahren geschrieben, scheint mir beinahe jedes Wort auf die heutigen Zustände zu passen. Damals wie jetzt wurden nicht leicht zu befriedigende Wünsche laut, brach sich ein Gefühl des Mißbehagens, der Unzufriedenheit Bahn; damals wie jetzt sehnte man sich nach irgend einem schöpferischen Genius, fähig und zugleich mächtig genug, die Lage zu beherrschen.

Es fällt mir soeben aus jener Zeit ein Artikel aus bekannter Feder in die Hände; er sagt: „Man vermag in unserer Zeit nicht einmal die wesentlichsten Verbesserungen, die wichtigsten Umgestaltungen unseres leidenden Staatslebens selbst nur auf dem Papiere zu formuliren, noch weniger sie in's Leben zu rufen. Die meisten Staaten mußten bisher ihr tiefes, inneres Siechthum geheim halten und durch unzureichende Hausmittel zu bekämpfen suchen, können jedoch einer heroischen Kur sich nicht länger entziehen. Vielleicht gibt es nicht drei Länder in Europa, in welchen ein kraftvoller, kluger und hochherziger Fürst, welcher, die Bedürfnisse der Zeit verstehend, die dringenden Reformen rasch und mit belebendem Athem einführe, dadurch der Freiheit die rechte Bahn bräche, in diesem Augenblick nicht ein unendlich größerer Wohlthäter würde, als alle diese papiernen Verfassungen, diese vom Redeteufel besessenen Kammern alle, welche geistreich oder langweilig, aber immer wortselig und eigensinnig über Theorien streiten und Persönlichkeiten anfeinden, während der politische Sturm das lecke Schiff auf die Sandbank zu werfen oder in den Grund zu bohren droht."

Gehen wir aber noch in fernere Zeiten zurück, so finden wir wieder dieselben Erscheinungen, und Plato legt (Republik I. 7) dem Sokrates folgende Worte in den Mund:

„Die Demagogen sind die wahre Krankheit des Staats, welcher jeder Gesetzgeber, jeder politische Arzt die größte Aufmerksamkeit widmen sollte. Die Heftigsten derselben sprechen und handeln, die anderen umstehen die Rednerbühnen, hetzen und schneiden jedem, der nicht denkt wie sie, das Wort im Munde ab, damit alles nach ihrem Willen gehe. Des Volkes entartete Mundschenken, geben sie der dürstenden Menge Freiheit ohne Maß zu trinken und ist sie einmal berauscht, so loben und ehren sie nur jene Behörden, die sich den Massen gleichstellen. Die Kinder sprechen so laut als die Eltern, versagen ihnen alle Ehrfurcht um frei zu sein, ja selbst Greise nähern sich den Jünglingen, um nicht lächerlich oder despotisch gesinnt zu erscheinen. Die Söhne schreiben den Vätern, die Schüler den Lehrern Gesetze vor. Diese Umwälzung erstreckt sich auf alle Familien, auf den gesammten Staat. Um das Volk in Abhängigkeit zu erhalten und die öffentlichen Versammlungen zu beleben, versäumen die Demagogen nicht ihm die Plünderung der Güter der Reichen zu versprechen; die höheren Klassen werden angeklagt, sich gegen das allgemeine Wohl und die Freiheit zu verschwören; gezwungen, sich zu vertheidigen, sind sie schon zuvor gerichtet. Das Volk sucht sich Führer — dies ist die Pflanzschule der Tyrannen; denn die gleichförmige Wirkung einer übertriebenen Freiheit führt zur übertriebenen Knechtschaft!"

Diese vor Jahrtausenden ausgesprochenen Worte zeigen, daß die Menschen mit ihren Wünschen, ihrem Treiben, ihren Leidenschaften immer dieselben bleiben, daß die Einen keck ihre verderblichen Zwecke verfolgen, die anderen, verblendet oder erbärmlich, sie darin unterstützen, oder aus Feigheit selbst Hand an das Werk der Zerstörung legen. Es beweisen jene schon damals auf Erfahrung gegründete Worte, daß jede gewaltsame Revolution unausbleiblich zur Anarchie führe und diese nur mit Militärdespotismus oder Fremdherrschaft enden könne. Alle Warnungsstimmen verhallen in solch' betäubendem Geschrei nach „Reformen," in der souveränen Verachtung alles Hergebrachten und in dem nicht zu befriedigenden Drange nach Neuerungen, nach den berauschenden Gütern von Freiheit, Unabhängigkeit, Gleichheit, allgemeiner Verbrüderung und einem irdischen Paradiese. Was daher in jener längst vergangenen Zeit gedacht, gefühlt, geschrieben und erfahren worden, liegt in seiner Nutzanwendung auf das neunzehnte Jahrhundert sehr nahe, und lebte Plato unter uns, er würde wohl dem Rufe, ein „Reaktionär" zu sein, kaum entgehen können. In der französischen Schreckenszeit hätte er gewiß für einen „enragé modéré" gegolten!

Es gibt eben gewisse ewig unwandelbare Gesetze, die man nicht ungestraft übertreten kann und auf welche die Lehre vom Fortschritte und der freien Forschung nicht anwendbar ist. Es ist vor allen das von Gott in eines jeden Menschen Brust gelegte Rechtsgefühl, dem sich die größten Verbrecher, selbst Kronräuber, nicht entziehen können, denn sie suchen ihre Frevel wenigstens immer mit einem „Scheine" des Rechts zu entschuldigen. Folgt das Strafgericht der That auch nicht stets auf dem Fuße nach, läßt sich der Zusammenhang der Ursachen mit den Wirkungen nicht immer klar nachweisen, scheint oft ein blinder Zufall die Weltbegebenheiten zu leiten, so halte ich es mit jenem französischen Philosophen, der auf die Frage: qu'est ce que le hazard? erwiederte: c'est l'incognito de la providence! — Diese Grundsätze mögen veraltet erscheinen, bleiben aber darum nicht minder wahr! —

Das ganze Jahr 1850 war mit Verhandlungen über die deutsche Frage angefüllt und in beinahe convulsivischen Zuckungen mühete man sich ab, das Verfassungswerk zu Stande zu bringen, die Mittel aber, welche man hierzu anwandte, konnten von allen Seiten nicht unglücklicher gewählt sein. Der Dualismus der beiden Großmächte trat hier in der ausgesprochensten Form hervor und der Erfolg entsprach auch vollkommen diesen immerwährenden, beklagenswerthen Zerwürfnissen. Man tauschte eine Unzahl von Reformprojekten, diplomatischen Noten, energischen Protesten in gereizten Redensarten aus; Zeitungsartikel, Flugschriften erschienen legionenweise; doch erfolgte kein Einverständniß und damals wie jetzt ertönten die bedeutungsvollen Worte: „Staatenbund oder Bundesstaat, preußische Hegemonie oder Trias, Mainlinie oder

Sonderbund, Verfassungsreform, Groß- oder Klein-Deutschland, Bundesfeldherr und oberster Gerichtshof, Nord oder Süd u. dgl. mehr."

Preußen suchte auf dem Wege der sogenannten „Union" wieder zu erlangen, was es in Frankfurt verloren; es rief das Sonder-Parlament in Erfurt, den Fürstentag in Berlin zusammen. Dieser Aufstellung gegenüber bildete sich eine Oester= reich zuneigende Partei; es entstand das sogenannte Vier-König= Bündniß! eine neue Union, der bestehenden gegenüber. So war denn die Kluft auf eine beinahe nicht mehr auszufüllende Weise erweitert und Persönlichkeiten, wie ungünstige Umstände trugen das ihrige dazu bei, den Bruch in dem Grade unheilbar zu machen, daß er am Schlusse des Jahres in einen Bürgerkrieg auszuarten drohte. Dazwischen zogen sich die kläglichen Streitig= keiten wegen Schleswig-Holstein und Kurhessen, und während Dänemark trotzte, selbst den Kampf mit dem in sich un= einigen deutschen Bunde nicht scheute, brachten es Oesterreich und Preußen nicht einmal dahin, die Ruhe in Kassel herzustellen und das verhältnißmäßig unbedeutende Zerwürfniß in der Verfassungs= frage jenes Landes beizulegen. Es zeigte sich dabei, wie in allen anderen Fällen, der Fluch, welcher mit dieser Uneinigkeit und Eifer= sucht der Großmächte auf Deutschland ruhte, und wieder tritt uns nun die betrübende Ueberzeugung entgegen, daß man in dieser Hinsicht seit 12 Jahren nichts gelernt und nichts vergessen, fort= während „innerhalb wie außer den Mauern sündige" und sich immer in demselben Kreise bewege. Es muß das Herz jedes ächten Vaterlandsfreundes bei diesen unseligen Wahrnehmungen bluten und den Augenblick sehnlichst herbeiwünschen, in dem eine richtigere, die wahren deutschen Interessen erkennende Ansicht die Oberhand gewinnen, einseitigen Auffassungen weniger Rechenschaft getragen werden dürfte.

Radowitz war die Seele aller jener Verhandlungen und hatte sich im Vertrauen auf die Unfehlbarkeit seiner Doktrinen

geschmeichelt, so schreiende Dissonanzen endlich in Harmonie auflösen zu können. Er, der Rathgeber und Freund seines königlichen Herrn, wohl nicht ohne Regungen von Ehrgeiz und Eitelkeit,
unterlag dem mühsamen Kampfe mit der Zeit, die er nicht, mit
den Menschen, die ihn nicht verstanden, und starb (1853) enttäuscht,
sich nur mehr unvergänglicheren Dingen zuwendend, welche er stets
in weit hellerem Lichte erkannt, als die irdischen.

Als ich in den ersten Tagen des Mai in Karlsruhe
eintraf, fand ich das ganze Land mit preußischen Truppen besetzt;
der Erfurter Kongreß war von badischen Abgeordneten beschickt
und das Ministerium „Klüber" steuerte mit vollen Segeln dem
Hafen der „Union" zu. In derselben Woche war der Großherzog selbst zu dem sogenannten „Fürstentag" nach Berlin abgereist und immer schneidender zeigte sich die Spaltung, welche
Deutschland in zwei Lager theilte.

Ohne bestimmte Beschäftigung zog ich mich vorerst nach
Baden-Baden zurück, wo der Sommer, bei den traurigen Wirren
im engeren wie im größeren Vaterland, minder glänzend war, als
in früheren Jahren. Dennoch traf ich auch hier wieder mit einer
ganzen Menge von Bekannten zusammen und abermals war der
elegante Salon der Großherzogin Stephanie der erwünschte Vereinigungspunkt vieler hoher oder berühmter Gäste; ich sah da die
beiden geistvollen Fürstinnen, die Königin Sophie der Niederlande
und Helene von Rußland, Prinz und Prinzessin von Preußen,
den König von Württemberg und Prinz Emil von Hessen, Marmont
und Thiers, viele andere Fürsten, Krieger, Diplomaten und Gelehrte, die anmuthige Gräfin Bergen, französische, englische, russische
Damen in großer Zahl.

Von Baden aus machte ich öftere Ausflüge nach Karlsruhe,
wo weder der Hof noch die Gesellschaft sobald das gehörige Gleich

gewicht fand, sich geselligen Freuden zu überlassen; es war daher
um so erfreulicher, auch hier wieder den immer gleich gastfreien
Häusern der Frauen von Berstett und Gourau zu begegnen. Das
Theaterpersonal, nachdem das große Gebäude im Jahre 1847 ein
Raub der Flammen geworden, mußte sich mit einem sehr unbe=
quemen Lokale in der Orangerie begnügen, und die Vorstellungen
verloren dadurch an Reiz, wie an Anziehungskraft. Erst in einer
späteren Zeit, als mit dem freilich nicht allen Anforderungen ent=
sprechenden neuen Saale die Lust zum Theaterbesuche wieder er=
wachte, wurde auch die Leitung der Hofbühne den Händen des
kunstsinnigen Ed. Devrient übergeben.

Während dieses Sommers machte der **Präsident** der
Republik einen Besuch in Straßburg und wurde von mehreren
benachbarten Höfen beschickt.

In England dagegen hatten **Ludwig Philipp** und **Fürst
Metternich** zugleich ein Asyl gefunden, und beide mochten sich
wohl mit gemischten Gefühlen in einem Lande unter Staats=
männern bewegt haben, die, wie Palmerston, nicht ohne Einfluß
auf ihr widriges Geschick gewesen. Der Julikönig, zwar umringt
von einer ihn liebevoll pflegenden Familie, schien sich nicht mehr
von dem unerwartet furchtbaren Schlage, welcher alle Freuden
und Hoffnungen seines Lebens zerstört, erholen zu können; wie
theilnahmlos ließ er die Tagesbegebenheiten an sich vorüberziehen
und Ende August starb der 77jährige Mann in einem Alter,
welches außer Ludwig XIV. kein französischer König erreicht hatte.
Dieser Todesfall, welcher einige Jahre zuvor ganz Europa er=
schüttert hätte, ging nun beinahe spurlos vorüber.

Fürst Metternich, der so würdevoll vom politischen Schauplatz
abgetreten war,[*] hatte sich mit seiner Familie und einigen ver=

---

[*] Erinnerungsbl. S. 140.

trauten Freunden über Holland nach England begeben. Die Reise
durch Deutschland war nicht ohne Gefahr, und nur die Geistesgegenwart und der Muth Karl Hügel's retteten den Fürsten vor
den Zornausbrüchen eines gedankenlosen Pöbels. In London angelangt, sah sich der Fürst allsobald von der Elite der aristokratischen
Gesellschaft umgeben und verließ England nur, der Theuerung
wegen, um in Brüssel einen Kreis gleich wohlwollender Bekannten
wieder zu finden.

Aus jener Zeit nun besitze ich ein Schreiben Metternich's,
das gleichsam als Seitenstück zu dem bekannten Briefe gelten kann,
den er damals an den Fürsten Pückler gerichtet hatte.

Richmond, den 24. August 1849.

Mein lieber Vetter!

Ich benütze eine sich mir darbietende Gelegenheit, um Ihnen
für ihre freundschaftliche Erinnerung zu danken. Die Einwirkung
der Tagesgeschäfte findet in den persönlichen Verhältnissen eine
Grenze, welche dieselbe zu überschreiten nicht vermag; dies ist
und bleibt insbesondere eine Wahrheit zwischen Ihnen und mir
und würde sicher auch der Fall sein, wenn Verwandtschaft und
Gleichheit der Gesinnung nicht ihrerseits ein Band zwischen
uns böten.

Von der großen Bühne, auf welcher das Weltdrama aufge-
führt wird, zurückgetreten, hat mir die Vorsehung den Genuß eines
Raumes zwischen diesem Rücktritte und dem aus dem Leben gewährt. Ich bin ihr für diese Wohlthat dankbar und würde sie
noch in einem volleren Werthe fühlen, wäre die Welt nicht in
einer Bewegung, welche die Ruhe der Denkenden und Fühlenden
stört. Wäre deren Ende berechenbar, so würde die Bewegung
auf die edlere Klasse der Menschen weniger peinlich eingreifen, als
dies der Fall ist. Eine beruhigende Wirkung erzeugt jedoch das
Uebel auf mich, da die Ergebnisse mir beweisen, wie ich in

alledem, was ich wollte und nicht wollte, mich einer Irrung nicht überließ!

Diesen Ausspruch beziehe ich recht eigentlich auf die Vorgänge in Deutschland und in Specie auf die in Ihrem Lande. In keinem ist dem Unding, welches sich die Benennung des Zeitgeistes beilegt, mehr an die Hand gegangen worden, als im Großherzogthum Baden; nirgends ist andrerseits der Beweis unwiderlegbarer geliefert worden, wohin solche Nachgiebigkeit führt! Die Frage: sollen keine Fortschritte stattfinden? ist keine Frage; jeder Vernünftige wird sie mit einem kathegorischen „Ja!" erwiedern, wenn die Vorfrage gesichert ist, was Fort-, was Rückschritt ist! Gott weiß, daß Baden wie das gesammte Deutschland an Fortschritten sich arm erwiesen hat; die Struve, Hecker und Konsorten dürften wohl selbst gegen diesen Ausspruch nichts einzuwenden finden! —

Ueber die Mittel, das Großherzogthum zur wirklichen, nicht zur übertünchten, augenblicklichen Ruhe zurückzuführen, stehe ich mir selbst gegenüber noch im Dunklen; von Mehr ist glücklicherweise für mich nicht die Rede, ich sage glücklicherweise, denn die, welche sich mit der Aufgabe nicht zu befassen haben, sind wohl nicht die Gedrängten!

Lassen Sie sich über meine Gesundheit nicht irre führen. Ich leide am 77. Altersjahre und der Fall gehört allerdings zu den sehr bedenklichen, weiter fehlt mir nichts, was diesen Charakter trüge. Das Uebel macht Anspruch auf Schonung und ich betrachte dieselbe als eine Pflicht. Ich sage Ihnen dies, weil ich weiß, daß Sie Antheil an mir nehmen.

Leben Sie wohl und lassen Sie uns stets etwas von Ihrem Wohlergehen hören. Sie wissen, wie aufrichtig wir alle Ihnen zugethan sind, und jede ausdrückliche Versicherung dieser Art von meiner Seite würde ich nur als eine Wiederhohlung des Bekannten betrachten. (gez.) Metternich.

Karl v. Hügel, welcher seit seiner Rückkehr aus Ostindien sich in Hitzing wieder mit botanischen Studien beschäftigte, aber auch, wie immer, in der Gesellschaft beliebt war, verkaufte seine Villa, welche später in den Besitz des Herzogs Wilhelm von Braunschweig überging. Hügel aber nahm, in einem Alter von über 50 Jahren, den Gesandtschaftsposten in Florenz an, wo er sich mit einer jungen Engländerin verband, ein gastfreies Haus hielt und mit der ihm eigenen Begabung nun auch diplomatische Geschäfte leitete. Nachdem ihn der unheilvolle Sommer 1859 aus der schönen Arnostadt vertrieben, wurde er zum Gesandten in Brüssel ernannt.

Der Herbst 1850 brachte in der Lage Deutschlands große Veränderungen hervor — es kam zum längst vorausgesehenen Bruche. Oesterreich, wenigstens für den Augenblick in seinem Innern beruhigt, trat nun entschieden den weiteren Unionsbestrebungen Preußens entgegen, welches auf diesem Wege, nach dem Vorgange der beiden Hohenzollern, immer mehr kleine Bundesstaaten einzuverleiben gedachte. Der am 2. September wieder zu Frankfurt eröffnete Bundestag bot allen deutschen Fürsten, welche eine Zertrümmerung der Verfassung nicht wünschten, einen Anhaltspunkt und Schutz gegen fernere Gefahren. Nach und nach schlossen sich auch Regierungen an, welche bisher zur Union gehalten hatten, und so fand sich Preußen immer mehr isolirt. Dazu kam, daß sich Oesterreich nun auch thätiger der Streitfragen annahm, welche Deutschland bewegten; die schwarzgelben Fahnen flatterten an der Nordsee und Erekutionstruppen rückten, die gestörte Ordnung wieder herzustellen, nach Kurhessen. Preußen concentrirte, dem weiteren Umgreifen der kaiserlichen Waffen entgegenzutreten, seine Armee, und so kam es, daß im Oktober seine Truppen auch bis auf den letzten Mann aus dem Großherzogthum Baden zurückgezogen wurden. In Karlsruhe selbst aber fand in Folge dieser

Ereignisse eine Personalveränderung in der Art statt, daß Minister Klüber die Leitung des auswärtigen Departements dem Freiherrn L. v. Rüdt-Collenberg überließ.

Während dieser Zeit hatte auch eine Zusammenkunft mehrerer deutschen Fürsten mit dem Kaiser Franz Joseph in Bregenz stattgefunden.

Um die seit Jahr und Tag mit dem Wiener Kabinette abgebrochenen diplomatischen Verbindungen wieder anzuknüpfen, wurde ich Mitte November vom Großherzog in außerordentlicher Mission dahin abgesendet. Es war gerade der wichtigste Wendepunkt in den verwirrten deutschen Angelegenheiten. Eine Masse von Truppen hatte sich in Böhmen angehäuft; ebenso zogen in Eilmärschen preußische Regimenter der entgegengesetzten sächsischen Grenze zu. Jeden Augenblick erwartete man in ängstlicher Spannung den Ausbruch des Bruderkampfes — da ergab sich noch in letzter, aber guter Stunde ein Hoffnungsschimmer und eine in Olmütz verabredete Zusammenkunft sollte Deutschland die Schmach eines Krieges ersparen, welcher, wie er auch immer ausgehen mochte, nur beiden Theilen nachtheilig sein konnte. Fürst Schwarzenberg und Herr v. Manteuffel kamen wegen der Bedingungen überein, welche endlich zu einem Verständnisse führen sollten, und hier war es wieder der Kaiser Nikolaus von Rußland, dem das Verdienst zukam, durch eine ernste, thätige Vermittlung die schon über ganz Deutschland schwebende Gefahr glücklich abgewendet zu haben.

Es war gerade an diesem denkwürdigen 29. November, als mir der Kaiser Franz Joseph in Gegenwart des Unterstaatssekretärs v. Werner Audienz ertheilte. Noch den Tag zuvor hatte ich eine lange Unterredung mit Meyendorf, der, als russischer Gesandter beglaubigt, mit einem nicht genug anzuerkennenden Eifer die Vermittlerrolle in Olmütz übernommen.

Das Nächste, was man nun für die Beruhigung Deutschlands in Aussicht stellte, war die Abhaltung von Ministerial-

Conferenzen in Dresden, und in den letzten Tagen traf ich mit Herrn v. Rüdt in dieser Stadt zusammen, um von da vorerst wieder nach Karlsruhe zurückzukehren.

Der Olmützer Vertrag, so erfreulich er auch in mancher Beziehung in seinen Ergebnissen war, erreichte doch den Hauptzweck einer völligen Aussöhnung zwischen beiden Großmächten nicht. Das schon halb gezückte Schwert kehrte zwar wieder in die Scheide zurück, aber es war in den beiderseitigen Verhältnissen ein Stachel geblieben, der bei dem geringsten Anlasse die Spaltung zu erweitern drohte und einen abermaligen Bruch befürchten ließ. Preußen warf Oesterreich, wohl nicht mit Unrecht, vor, sich seines Uebergewichts bewußt, den versöhnten Feind zu sehr gedemüthigt zu haben, und Oesterreich, seinen eigentlichen Vortheil verkennend, reichte wirklich dem schwächeren Gegner die Hand nicht in der Art, wie man sich's erwartete. Diese gegenseitigen Gefühle wirkten denn auch lähmend auf die Dresdener Verhandlungen zurück; sie zogen sich bis in den Mai hinaus; man konnte sich, wie vorauszusehen, nicht verständigen, und Preußen, bei der Unmöglichkeit, seine eigenen Bundesreformplane durchzusetzen, willigte zuletzt lieber einfach in die Wiederherstellung der alten, vor zwei Jahren gewaltsam unterbrochenen Verhältnisse und erklärte, den Bundestag, mit den bisher noch nicht eingetretenen Staaten, beschicken zu wollen. Viele erprobte Geschäftsmänner hatten sich in Dresden versammelt; manche gelungene Ausarbeitung führte zu zweckmäßigen Vorschlägen, doch Alles wurde zuletzt nur als „schätzbares Material" bei Seite gelegt, und es blieb außer diesem von jener Versammlung wohl kaum ein anderes sichtbares Erinnerungszeichen übrig, als das große Bild, welches der sächsische Hofmaler Vogel von dem Sitzungssaale mit den berathenden Bevollmächtigten entwarf.

Doch mit der Rückkehr nach Frankfurt war noch nicht jene Ruhe, jenes Gleichgewicht wieder gefunden, wodurch sich die Bundestagsverhandlungen vor 1848 während 30 Jahren auszeichneten.

11*

Allerdings hätten sich auch zu dieser Zeit Gründe zu Zerwürfnissen genug und Oesterreich hinreichend Anlaß gefunden, sich über Separat= unterhandlungen, wie etwa jene des Zollvereins, zu beschweren; doch man verlor in Wien nie aus den Augen, daß Preußen eine deutsche, gleichberechtigte Macht war und man der Erhaltung des inneren Friedens auch selbst Opfer bringen müsse; ebenso kam Preußen den Ansprüchen Oesterreichs, wo immer möglich, rück= sichtsvoll entgegen. Nun hatte sich aber die Lage der Dinge ver= ändert; in erbitterter Stimmung trat man wieder in Frankfurt zusammen, und was Olmütz an Hader gesäet, was Dresden nicht auszugleichen vermochte, brach sich nun bei jeder Gelegenheit Bahn. Preußen zeigte sich in allen Fragen immer gereizter, immer weniger geneigt, sich den Bundesbeschlüssen zu unterwerfen, und so stehen wir nun wieder auf dem Punkte, abermals das schon Erfahrene durchleben zu müssen, den vor 12 Jahren unterdrückten Kampf wieder auf's Neue entzündet zu sehen.

In Folge der Dresdener Bestimmungen wurde Freiherr August v. Marschall zum großherzoglichen Bundestagsgesandten ernannt und ich kehrte, nach einem achttägigen Aufenthalt in Dresden, Mitte März auf meinen früheren Posten nach Wien zurück. — Der Großherzog, welcher den ganzen Winter über leidend gewesen, zuletzt von den Masern befallen worden war, empfing mich noch in seinem Krankenzimmer. Ich dankte ihm für meine Wiederan= stellung und Ernennung zum geheimen Rathe und beurlaubte mich bei dem edlen Fürsten ohne Ahnung, daß es ein Abschied für das Leben sein würde! Eine ganze Reihe von Briefen, in denen er, mehr meinen guten Willen und Diensteifer, als wirkliche Verdienste anerkennen konnte und mich seiner Gnade versicherte, liegt vor mir, und sie sind für mich jetzt noch Lichtpunkte in der Erinnerung!

Vierzehnter Abschnitt.

(1851 — 1856.)

Wien. Einnahme Sebastopols. Das Concordat. (1856.) Münz=
konferenz. Der Pariser Friedensvertrag. Versammlung der Bischöfe
der Monarchie in Wien. Neubauten und bildende Künste. Das Arsenal.
Sir Hamiltonn. Seymour. Rückblicke. Meine Abberufung. Die letzte
Zeit in Wien.

* * *

Als ich mich in Wien — dießmal in einer Basteiwohnung —
wieder eingerichtet, galt es vorerst, mich in die gänzlich veränderten
Verhältnisse einzuleben. Bei Fürst Schwarzenberg fand ich, wie
immer, den freundlichsten Empfang, und mit meinen Kollegen hatte
ich bald wieder die früheren Beziehungen aufgenommen.

Es mußte nun vor Allem der Zustand der Monarchie unsere
lebhafte Aufmerksamkeit erregen, denn kein anderer Staat in Europa
befand sich in einer seltsameren Lage; ein Studium derselben bot
daher ein reiches Feld zu vielen, aber auch den verschiedenartigsten
Betrachtungen. In den Kronländern war scheinbar wenigstens
Alles zu einer gewissen friedlichen Ordnung zurückgekehrt, doch
trug die innere Verwaltung entschieden den Charakter des
Provisorischen; es war da so wenig etwas geregelt, wie in
den Beziehungen zu den auswärtigen Mächten. Es trat daher
mit jedem Tage dringender die Frage an die Regierung heran,
wie sie den Uebergang zu einem geordneteren, gesetzlichen Zustand
der Dinge vorbereiten und durchführen würde? Mit sichtbarem
Widerstreben beschäftigte sie sich mit der Erledigung dieser Frage,
und das Jahr 1851 ging darüber hin, ohne daß es schien, als
sei man zu einem bestimmten Beschlusse gekommen. Zwei Pläne
verfolgte das Kabinet jedoch mit Vorliebe: der eine, nach Außen
gerichtet, war der Wunsch, die Gesammtmonarchie in den deutschen
Bund aufgenommen zu sehen, der zweite die Idee eines österr.
Einheitsstaates. Beide Projekte stießen selbstverständlich auf
zahllose Schwierigkeiten, und so eifrig sie auch Fürst Schwarzenberg

durchzusetzen bemüht war, so mußte er doch, der Nothwendigkeit weichend, ihre Wiederaufnahme einer späteren Epoche vorbehalten.

Während dieser Verhandlungen wandte man die größte Sorgfalt der Organisation der Armee wie der Ordnung der Finanzen zu. Die letzteren, der wahre Krebsschaden Oesterreichs, waren der ebenso treuen als umsichtigen Verwaltung des ausgezeichneten Ministers Ph. v. Kraus anvertraut. Er hatte mit seltener Geistesgegenwart und Aufopferung sein mühevolles Amt während der Sturmperiode fortgeführt, den Staatsschatz gerettet, und mit wahrer Befriedigung las man nun seinen zur öffentlichen Kenntniß gebrachten Vortrag an den Kaiser vom 23. April. Entwarf diese Darstellung auch, wie es wohl nicht anders sein konnte, ein ungemein trübes Bild von der Finanzlage, so lag doch wieder ein beruhigender Gedanke in der Erwartung, daß von nun an jährlich ein regelmäßiges Budget entworfen und bekannt gemacht werden würde. Es verband sich damit die Hoffnung, daß sich das gehörige Gleichgewicht zwischen Staatseinnahmen und Ausgaben endlich finden und mit dem wiederkehrenden Kredit auch das allgemeine Vertrauen heben werde. Die Kriegslasten hatten ungeheure Summen verschlungen, ebenso waren ganze Provinzen mit ihren Steuern im Rückstand geblieben. Diese Ausfälle zu decken, trug denn der Finanzminister, wie zu allen Zeiten, zunächst dringend auf Verminderung des Armeeaufwandes an. Die späteren Ereignisse machten auch diese Erwartungen theilweise zu illusorischen, dennoch blieb es immer verdienstlich, wenigstens eine neue Bahn vorgezeichnet zu haben. — Von den weiteren Personal- und anderen Veränderungen nehme ich mir vor, im Zusammenhange später zu sprechen.

Der kaiserliche Hof hatte während dieses Sommers seinen Aufenthalt in Schönbrunn, später in Ischl genommen und den Besuch des Königs Otto von Griechenland und der großherzoglich hessischen Herrschaften erhalten. Der hellenische Monarch, welcher später noch öftere Erscheinungen in Wien machte, trug immer die Nationalkleidung, die, so malerisch sie ist, doch nie so recht zu seinem Aeußeren passen wollte. — Der Kaiser selbst aber war in beständiger Bewegung; in Venedig mit Jubel empfangen, begab er sich später auch nach Mailand und Verona, suchte da überall auszugleichen, so viele Wunden zu heilen, und die ganz zeitgemäße Verleihung eines Freihafens an Venedig weckte erloschene Sympathien wieder auf. An diese Reisen schloß sich ein Besuch des Kaisers in Begleitung Radetzky's in dem Uebungslager bei Olmütz an.

Das Wiener Kabinet, nun weniger mit auswärtigen Fragen beschäftigt, setzte doch die unerfreulichen Verhandlungen wegen Holstein fort und gerieth mit dem immer schrofferen englischen Ministerium vielfach in Konflikt; denn nicht nur fanden die italienischen und ungarischen politischen Flüchtlinge dort eine gastliche Aufnahme, sie wurden auch noch in ihren Umtrieben unterstützt, und während Kossuth als der Held des Tages einen triumphartigen Einzug in London hielt, mißhandelte bekanntlich bald darauf der Pöbel den greisen Feldherrn Haynau.

Ungeachtet der verwirrten Lage Europa's führte England, im stolzen Selbstgefühle der bewahrten Ruhe, die erste Weltausstellung durch; der Prinz-Gemahl stellte sich an die Spitze des Unternehmens, und den einstigen Feenpalästen ähnlich, erhob sich nun in Wirklichkeit ein riesenhaftes Krystallgebäude im Hydepark.

In Frankreich schleppten sich die republikanischen Zustände unter stürmischen Sitzungen der Assemblée fort.

In Warschau traf Kaiser Nikolaus mit dem König von Preußen zusammen.

Im öffentlichen Leben Wiens hatte sich nur wenig verändert; es gingen die Theater wie die Gartenbelustigungen ihren gewohnten Lauf, doch vermißte man die einstige unbefangene Heiterfeit, und die Genußsucht selbst hatte nicht mehr wie früher den gemüthlichen Anstrich. An die Stelle von Johann Strauß war sein minder begabter Sohn, jedoch mit größeren Prätensionen, getreten; andere Musikgesellschaften, wie die so ausgezeichneten Regimentsbanden, suchten ihn zu verdrängen. Die Wiener konnten aber immer über dem jungen Strauß und Lanner nicht die talentvolleren Väter vergessen, und mit wehmüthiger Theilnahme war eine große Menschenzahl dem Sarge des „ersten" Strauß gefolgt, hinter dem man seine mit schwarzem Flor umhüllte Violine trug. Er war 1849 in den besten Jahren einem Scharlachfieber erlegen.

Die politischen Ereignisse waren auch nicht ohne Rückwirkung auf das Burgtheater geblieben und sogar H. Laube zum artistischen Direktor ernannt; die Richtung, welche er der Anstalt gab, war zwar nicht immer nach dem Geschmacke aller Besuchenden, doch ließ sich eine bühnenkundige Hand, eine gewisse Gewandtheit in der Leitung nicht verkennen. Ausgezeichnete Schauspieler wurden gewonnen, und das Repertoir, wenn auch nicht immer feine Auswahl, bot doch offenbar mehr Abwechslung. Die Scenirung, das Zusammenspiel ließen auch fortan nichts zu wünschen übrig und Publikum wie Kasse fanden sich vollkommen befriedigt. — Oper und Ballet zogen sich, wie es in diesen beschränkten, den jetzigen Anforderungen so wenig entsprechenden Räumen möglich war, fort. Auch eine italienische Oper war nach langer Zeit wieder erschienen, und die Wiener waren großstädtisch oder gutmüthig genug, um den fremden Sängern nicht die gemeine, ungünstige Aufnahme entgelten zu lassen, welche jenseits der Alpen deutsche Sänger und selbst Italiener gefunden, wenn sie von Wien zurückgekehrt waren. Von deutschen Opern erregte der von Meyerbeer selbst geleitete „Prophet" mit seiner elektrischen Sonne und seinen Schlittschuhen das meiste Aufsehen. Im Ballette erhielt sich Satanella — Taglioni — als entschiedener Liebling.

Die Theater der Vorstädte, welche während der Unruhen

die ihnen zu Gebote stehenden Kräfte in der unwürdigsten Weise mißbraucht hatten, fingen, wohl gezwungen, wieder an, in eine bessere Bahn einzulenken. Jedes edlere Gefühl empörende Parodien, Tendenzstücke der verwerflichsten Art wichen nun patriotischen Er- güssen, begeisternden Kriegsscenen, dem Weißischen Kinderballette und den jetzt so harmlos gewordenen Possen von Kaiser, Elmar, Berla u. A., gehoben durch das drastische Spiel der weltbekannten Komiker. Auch Nestroy wirkte fortwährend mit der Feder wie auf der Bühne; doch zogen seine Stücke nicht immer wie früher an; auch seine Muse konnte sich dem berauschenden Taumel der Zeit nicht entziehen, und ich war selbst eines Abends Zeuge, wie ein solch mißrathenes Kind den Dichter in die peinliche Verlegen- heit setzte, sich vor dem Parterre zu entschuldigen und zu ver- sprechen, künftig Besseres zu leisten. In der Folge hatten die Wiener Spaßmacher, zu denen sich auch Treuman gesellte, einen Wettkampf an Laune und gelungener Travestirung mit Levaſſor zu bestehen.

Eine andere, viel ungewöhnlichere Erscheinung war der Neger Ira Albridge, welcher, umgeben von einer höchst mittelmäßigen Gesellschaft, englische Dramen im Karltheater zum Besten gab. War mir schon im Allgemeinen die brittische Deklamations- und unnatürliche Spielweise immer unangenehm gewesen, so wurde mir der schwarze Mime mit seinem Geschrei und übertriebenen Wesen ganz unleidlich, obwohl nicht zu läugnen war, daß seine Darstellung des „Otello" eine begreifliche Anziehungskraft übte.

Ungleich mehr befriedigte mich eine andere fremde Künstler- natur — die Ristori, die an Reinheit des Organs, Kraft des Ausdrucks und malerischen Attituden nicht leicht erreicht werden kann.

Endlich muß ich noch des Pepita-Fiebers erwähnen, das die Balletfreunde Wiens in ebenso abgeschmackter Weise ergriff, als anderwärts.

Einen neuen ästhetischen Genuß gewährten mir die Vorlesungen Shakespeare'scher Dramen durch Holtei; es war nicht möglich, mit richtigerer Betonung und mehr Kraftaufwand zu lesen, als dieser schon in Jahren vorgerückte talentvolle Mann; ich habe Tiek nie gehört, aber dennoch befriedigten mich diese unterhaltenden Vorträge in ebenso hohem Grade, als die zahlreich sich dabei einfindenden Zuhörer, welche einer so seltenen Begabung ihre volle Anerkennung zollten.

Außer Vieurtemps, Ernst, Servais, Th. Milanollo und anderen reisenden Künstlern war Jenny Lind — dießmal nur als Concertsängerin — an der Seite eines unansehnlichen Gatten erschienen; so sehr sie auch wieder durch ihre Lieder entzückte, so war für sie doch die eigentliche Blüthezeit vorüber; nur im Frühling schlägt die Nachtigall!

Auf einem Ausfluge nach Mähren lernte ich die anziehendsten Theile dieses Kronlandes kennen. Feldsberg und Eisgrub, auf deren großartige Anlagen die Fürsten Lichtenstein so viel verwendet, erregen die Bewunderung aller Kunst- und Naturfreunde. Weniger sprach mich Brünn mit seinem traurigen „Spielberge" an, während das benachbarte Adamsthal voll überraschender Schluchten und wildromantischen Felspartien um so sehenswerther ist, als man nur selten davon spricht. Die furchtbare Höhle „Maczula" soll der alten slavischen Sage nach sogar Adam und Eva zum vorübergehenden Zufluchtsorte gedient haben; jetzt läßt man, wohl symbolisch, nur eine arme „Ente" auf einem reißenden Bergstrome unter Felsenwänden durchschwimmen, bis sie eine Stunde nachher wieder an dem entgegengesetzten Ende der Schlucht das Tageslicht erblickt. Unaufhörlich hämmern die fürstlich Salm'schen Eisenwerke und beleuchten Nachts mit röthlichem Schimmer das unheimliche Thal.

Mitte Juni begab ich mich nach Linz, um auf ihrer Durch=
reise die Großherzogin Sophie zu begrüßen, welche in Begleitung
des Prinzen Karl von Baden sich nach Ischl begab, um dort
einen längeren Badeaufenthalt zu nehmen.

Dieser junge Prinz war bestimmt in kaiserliche Kriegsdienste
zu treten und vom Kaiser zum Lieutenant in dem durch seine
Heldenthaten ausgezeichneten zehnten Jägerbataillon ernannt worden.
Der Prinz kam deßhalb im August nach Wien, wo ich die Ehre
hatte, ihn an den kaiserlichen Hof in Schönbrunn und bei seinen
anderen Ausflügen, endlich nach Ischl selbst zu begleiten. Hier
erwarteten mich nun ebenso interessante als bewegte Tage. Die
kaiserliche Familie war nach den langen politischen Zerwürfnissen
wieder zum ersten Male mit dem preußischen Königspaare zu=
sammengetroffen; die Großherzogin Sophie und die Prinzessin
Amalie von Schweden vermehrten mit dem Großherzog von
Hessen den Kreis der hohen Verwandten, denen sich die Herzogin
von Cambridge mit der Prinzessin Mary anschloß. Schwarzenberg
und Mannteufel, umgeben von einer Schaar Diplomaten, Grünne
in der Mitte vieler Generale, bildeten einen glänzenden Hofstaat.
Es fehlte nicht an Bällen, Concerten, Landpartien, und Mittags
wie Abends versammelte die Erzherzogin Sophie die hohen Gäste,
deren täglich zunehmende Zahl die bescheidenen Räume ihrer
Wohnung kaum zu fassen vermochte. Leider begünstigte der Himmel
diesen Aufenthalt nicht, denn, wie nicht selten in diesen Gebirgen,
strömte unaufhörlich Regen herab und der König von Preußen
bemerkte scherzend, daß es für Ischl keine Sonne geben müsse,
denn noch nie habe er sie da gesehen!

In der Hälfte September hatten alle Herrschaften Ischl
wieder verlassen und ich folgte der Großherzogin Sophie nach Linz,
wo sie sich von ihrer durchlauchtigsten Schwester trennte, mit welcher
ich sodann auf dem Dampfschiffe nach Wien zurückkehrte. Prinz

Karl beurlaubte sich noch in seiner neuen Uniform zu Karlsruhe, und begab sich dann vorerst in die Garnison nach Florenz.

Bald darauf war jedoch auch Prinz Friedrich von Baden auf seiner Rückreise aus Italien, wo er den Herbstübungen der Armee unter Radetzky beigewohnt hatte, zu einem mehrtägigen Besuche nach Wien gekommen.

Um jene Zeit endete mit 73 Jahren in dem benachbarten Frohsdorf die Tochter Marie Antoinettes, M. Therese, Herzogin v. Angoulême, in den Armen des Herzogs von Bordeaur, ihres Neffen, ein durch so wechselvolle Schicksale vielgeprüftes Leben!

Kaum war ich wieder in Wien eingetroffen, als Fürst Metternich nach 3½jähriger Abwesenheit dahin zurückkam. Er hatte von Belgien aus den Johannisberg besucht und fand nun mit einer begreiflichen Genugthuung die selbstgebaute, so geschmack=voll wie bequem eingerichtete Villa wieder. Er umgab sich da mit seinen Büchern, Kunstschätzen und gar vielen Andenken einer an Erinnerungen so reichen Zeit. Einige Freunde des Hauses bewillkommten freudig die heimgekehrte Familie.

Der Haß und die Erbitterung, welche sich 1848 gezeigt, galten mehr den politischen Grundsätzen des Fürsten, als seiner Person; man war gewohnt mit seinem Namen ein System zu bezeichnen, und beide den Verwünschungen der Parteien Preis zu geben. Der Fürst verließ nur selten sein Kabinet, erschien beinahe nie öffentlich und war daher der Bevölkerung Wiens wenig be=kannt. Seine Persönlichkeit war aber durchaus nicht der Art, gehässige Leidenschaften zu erwecken, und in seiner Zurückgezogenheit zeigte er, mehr als zu einer anderen Zeit, wie fremd ihm jeder Groll, wie sehr Nachtragen, Rachegefühle durchaus nicht in seiner Natur lagen; Klagen, lieblose Urtheile kamen nie aus seinem Munde. Höchstens sagte er, wenn ihm etwas besonders auffiel, mit einem gutmüthigen Lächeln: cüriös! Von Göthe erzählte man, daß er bei solchen Anlässen: „wunderlich genug!" ausgerufen habe.

Wie oft, bei ihren seltsamen Erlebnissen, mögen die beiden alten Herren sich dieser Ausdrücke bedient haben!

Der Fürst führte nun seine gewohnte Lebensweise fort, schrieb den Morgen über Briefe, auch Memoiren, wie man sagt, ordnete seine Papiere wie die etwas verwickelten Privatangelegenheiten und wurde in diesen Geschäften durch häufige Besuche unterbrochen, mit welchen ihn der Kaiser, die Erzherzoge, auswärtige Fürsten wie Minister und Gesandte beehrten. Der Salon erinnerte in seiner Lebhaftigkeit an frühere Zeiten, nur mit dem Unterschiede, daß keine andere Rücksicht die Besuchenden bestimmte, als jene der Anhänglichkeit und Verehrung. Im Sommer erfreute ihn dann der Blumenflor in seinem schönen Garten, oder erheiterte ihn eine Reise nach seinen Besitzungen. Ueberhaupt aber hatte sich Metternich eine Frische des Gedächtnisses und der Eindrücke zu bewahren gewußt, welche Vergangenheit wie Gegenwart mit gleicher Theilnahme umfaßte. Litteratur und Kunst regten ihn immer gleich an, sowie er denn auch mit einem, bei ihm so begreiflichen Interesse die Tagesgeschichte verfolgte. Nur an seinen Geburts= und Namenstagen versammelte er Verwandte und Freunde zu größeren Mittagstafeln, und besuchte Abends nie Gesellschaften oder Theater.

Eine zunehmende Taubheit wurde seinem geselligen Sinne immer empfindlicher; er konnte nicht mehr an allgemeinen Gesprächen Theil nehmen, doch störte ihn dies nicht in seiner heiteren Laune, und oft vertiefte er sich auch Abends in die Lesung irgend eines politischen Werkes, das er gewöhnlich mit Randbemerkungen versah. War aber von seiner eigenen Amtsthätigkeit die Rede, so sah er mit ungetrübten Blicken darauf zurück; er hatte die Monarchie auf eine Höhe der Macht und äußeren Ansehens gebracht, deren sie sich zu keiner anderen Epoche erfreute, hatte nie einen ungerechten Krieg heraufbeschworen, nie einen für Oesterreich schmachvollen, oder auch nur demüthigenden Frieden unterschrieben; Schwächen und Irrthümer hatte er aber mit den Staatsmännern aller Zeiten gemein. Mit philosophischer Ruhe belächelte daher Metternich die Anfeindungen der Mitwelt und im Hinblick auf Alles, was sich nun rings um ihn ergab, glaubte er einer unparteiischen Geschichte getrost das Endurtheil überlassen zu dürfen. Je einseitiger und verläumderischer gewisse Schilderungen des Charakters des Fürsten, wie seines Familienlebens sind, desto mehr glaubte ich hier die historische Wahrheit wieder zur Geltung bringen zu müssen. An Parteileidenschaft und Gehässigkeit hat aber in jeder Beziehung Hormeyer alle Schriftsteller übertroffen, und was er in seinem cynisch-barbarischen Style über jenen Gegenstand sagt, wird zum Zerrbilde, und kann nur den lügenhaftesten, erbärmlichsten Schmähschriften beigezählt werden. Wenn ich mir aber überhaupt die entschiedenen Feinde des Fürsten zurückrufe, so kann ich mir nur Glück wünschen, zu seinen Anhängern zu gehören.

Im Herbste erschien bei Manz und Hügel in Wien von mir eine politische Brochüre: „Einundfünfzig Zeichen der Zeit." Sie entstand unter dem Eindrucke der gewaltigen Ereignisse der jüngst vergangenen Jahre, und ich freute mich des Anklangs, welchen dies kleine Werk bei Gesinnungsverwandten fand.

Gegen Ende d. J. war auch von Wien aus die Telegraphenlinie mit dem Großherzogthume eröffnet und nie hatte ich früher vermuthen können, daß ich auf eine Anfrage in Karlsruhe die Antwort erhalten würde, ohne mich nur von meinem Schreibtische zu erheben.

Die Einführung der Geschwornengerichte brachte ein ganz neues Schauspiel nach Wien und wie in jedem Lande prägte sich auch hier diese Anstalt wieder in ganz eigenthümlicher Weise aus. Bei der kurzen Zeit ihres Bestehens konnte man über ihre Wirksamkeit immerhin nur gewagte Schlüsse ziehen. Ueberhaupt sind über die praktische Bedeutung der Schwurgerichte in Deutschland die Alten noch lange nicht geschlossen und es eröffnet sich hier ein weites Feld für juridische Controversen. Man nimmt bei uns an, daß die Jüry dem ursprünglich deutschen Schöppengerichte nachgebildet sei, und ohne hierüber mit den Rechtsgelehrten streiten zu wollen, glaube ich, daß jedenfalls nur wenig davon in die Art der heutigen Verhandlungen übergegangen ist. Auch den weiteren Einwurf, welchen man den Gegnern vorhält, wollen wir nicht in seinem ganzen Umfange gelten lassen, den nämlich, daß allenthalben, wo dies neue Institut noch eingeführt worden, es sich dergestalt mit den Sitten, Wünschen und Bedürfnissen der Bevölkerung verwachsen, daß eine Abschaffung nicht mehr möglich gewesen wäre. Ich weiß nur, daß viele Staatsbürger die Ausübung ihres Amtes als Geschworne für eine wahre Last, für Zeitversäumniß, für eine unnöthige, mit Opfern verbundene Plage halten, die sie ihren gewohnten Geschäften entzieht. Aber auch abgesehen von diesem hier nicht maßgebenden Bedenken sollte man sich denn nicht lieber, statt die Anstalt der Geschworenengerichte für etwas Heiliges, Unantastbares zu erklären, mit dem Gedanken beschäftigen, das fremdartige Institut mit u n s e r e n Anschauungen mehr in Einklang zu bringen und statt sich starr an die einmal gegebenen Formen zu halten, die auffallenden Gebrechen zu heilen? Könnte man etwa mit den unbestreitbaren Vortheilen des geheimen Verfahrens und gelehrter Richter nicht ein öffentliches Zeugen- und Schlußverhör verbinden, um gehörige Bürgschaft für gerechte Aussprüche zu gewähren und den oft offenbar unter sich widersprechenden oder ungleichen Verdikten vorzubeugen? Dazu kommt, daß das Amt des öffentlichen Anklägers immer als ein gehässiges erscheint; in den Augen des gewöhnlichen, müßigen und gaffenden Publikums, das oft nur zu leicht Partei für den Angeklagten nimmt, tritt die richterliche Behörde gleichsam wie die Hand nach einer Beute ausstreckend auf, die sie sich nicht entschlüpfen lassen will. Selbst Gebildetere können sich bei besonderen Anlässen dieses peinlichen Gefühls nicht immer erwehren. Im entgegengesetzten Fall, wenn die Verhandlungen oder der Ausgang den Erwartungen der Bevölkerung nicht entspricht, so läßt sich der Pöbel in seiner vorgefaßten Meinung oft zu Zornausbrüchen verleiten, welche sich nicht mit der ernsten Würde der Gerechtigkeitspflege vertragen. Von dem Gerichtssaale gehen sodann diese Eindrücke auf die Bierbänke, in die Blätter über, und die Journalistik beutet die Verhandlungen gehörig aus, umgibt sie mit dramatischem Interesse, und richtet sie ihren neugierigen, emotionssüchtigen Lesern zu.

Ich habe mich oft und viel mit diesen Fragen beschäftigt, selten eine sich mir darbietende Gelegenheit, den Sitzungen von Geschworenen beizuwohnen, versäumt und in Frankreich, Belgien wie in Deutschland die lehrreichsten Erfahrungen gesammelt. Immer aber drängten sich mir da Bedenken auf, welche sich zunächst auf die Personen, dann aber auch wieder auf die Gattung der abzuurtheilenden Verbrechen bezogen. Der Grundsatz der Gleichheit Aller vor dem Gesetze erleidet hier gar viele beklagenswerthe Ausnahmen. Ein Mann von Bildung, eine Frau aus höheren Ständen, ein junges Mädchen als Angeklagte oder Zeugen, schuldig erkannt oder freigesprochen, gleichviel! erdulden doch ohne allen Zweifel ungleich größere moralische Qualen, als der stumpfsinnige oder gemeine Verbrecher, als der freche, entartete Sträfling, welcher mit cynischer Freude sich oft noch als den Helden eines Dramas betrachtet, auf den alle Augen gerichtet sind. — Gewisse Gesetzesübertretungen aber können nur mit dem größten Nachtheil für die Sicherheit oder die Moral öffentlich bestraft werden. Bei politischen Verschwörungen, ausgedehnten Räuberbanden, wo ein gewisser Terrorismus auf die Meinung des Tages drückt, die Furcht vor der Rachsucht der Betheiligten die Geschworenen einschüchtert, wirken Schrecken oder Drohungen gleich mächtig ein. Auch ist nicht zu berechnen, wie viel böser Same durch solche Ausstellung in jungen, unerfahrenen Gemüthern ausgestreut, wie die Gerichtshalle nur zu oft zur Schule des Verbrechens und bei ihren Enthüllungen ein der Abschreckungstheorie geradezu entgegengesetztes Ziel erreicht wird. Als Beispiele führe ich nur einige Fälle an, deren Zeuge ich war. So stand eines Tages ein des Raubmords Angeklagter vor den Assisen zu Paris. Der angeblich von ihm Ermordete war zufällig von seinen Wunden wieder geheilt worden und trat nun als Zeuge gegen den Verbrecher auf. Die Geschworenen hatten keine „circonstances atténuantes" wollen gelten lassen, und der Gerichtshof erkannte nach französischen Gesetzen auf die Todesstrafe. Der widerwärtige Eindruck, welchen diese „Cause" in mir zurückließ, wurde bleibend gesteigert, als ich einige Tage nachher die Gipsmaske des Unglücklichen ausgestellt sah. Wer aber das zahlreiche „Blousenpublikum" beobachtete, wie es mit Spannung den Zeugenaussagen folgte, sich schon zum Voraus das Resultat zuflüsterte, mußte sich überzeugen, daß manche Zuhörer mehr in das Triebwerk der peinlichen Justiz, wie der Mittel der Vertheidigung und praktischer eingeweiht waren, als viele Rechtsfreunde. Es sind mir später manche Fälle vorgekommen, in denen, bei weit gewichtigeren Anzeichen, aus gerade zufällig einwirkenden Gründen, eine mildere Strafe oder gar Lossprechung erfolgte.

Auch in Mainz erinnere ich mich eines Schwurgerichts, wo an einem Vormittag ein 17jähriger Lehrbursche wegen Hausdiebstahls mit fünf Jahren Gefängniß bestraft, ein Dienstmädchen aber von gleichem Alter, wegen desselben Vergehens, freigesprochen wurde. Wo bleibt da, ich wiederhole die Frage, die Gleichheit vor dem Gesetze?

Den Juryverhandlungen in Wien nun wohnte ich, soviel ich konnte, bei; Richter wie Geschworene bewegten sich noch schwerfällig in diesen ungewohnten Formen und die Angeklagten so wenig als die Anwälte, die Zeugen so wenig als die Zuhörer konnten sich noch recht in die neuen Zwischenspiele finden; dabei waren die Räume ungeeignet, ärgerliche Auftritte nicht selten.

Die Behandlung eines Falles von „Gotteslästerung" flößte mir ganz eigene Betrachtungen ein; ich sagte mir, daß, bei den über dieses Verbrechen bestehenden verworrenen Begriffen eine Aburtheilung desselben bei „verschlossenen Thüren" vorzugsweise wünschenswerth erscheinen müsse. Das Aergerniß, welches bei der Aussprache der Fluchworte gegeben wurde und nun durch Strafe gesühnt werden soll, fand sich ja bei den öffentlichen Verhandlungen dadurch zehnfach wiederholt, daß jene jedes religiöse Gefühl verletzenden Lästerungen von den Zeugen fortwährend vorgebracht wurden. — Ich weiß wohl, daß solche einzelne Beispiele nichts für oder gegen den Werth des Instituts beweisen, bin aber der Meinung, daß es die Aufgabe einer weisen Gesetzgebung bilde, aus der Summe des bisher Erfahrenen die immerhin nöthigen Verbesserungen daran vorzunehmen und stets dahin zu streben, daß der oberste Grundsatz jeder Strafgerechtigkeitspflege: „es werde kein Unschuldiger bestraft, es entgehe kein Schuldiger der verdienten Strafe;" immer mehr zur Wahrheit werde!

In den ersten Tagen des Dezembers wurden wir von der Nachricht des Staatsstreichs überrascht, welchen Louis Napoleon sich erlaubte. Der Eindruck derselben kam beinahe jenem gleich, welchen die Februarrevolte hervorgebracht. Man sah dadurch wieder alles in Frage gestellt, und war auch das verhängnißvolle Wort: „Kaiserreich" noch nicht ausgesprochen, so fühlte doch Jedermann, daß der „diktatorische Präsident" nicht schüchtern auf halbem Wege stehen bleiben, sich seine Geschicke vielmehr, unaufhaltsamer als je, erfüllen würden. Man sah in der Wahl des Tages eine Wirkung des Zaubers, welcher sich für die Napoleoniden an denselben knüpfte, verhehlte sich aber auch nicht, daß mit diesen abergläubischen

12*

Ideen der praktischere Wunsch verbunden war, aus einer völlig
falschen Lage herauszutreten, seinen Gegnern zuvorzukommen, seine
Anhänger zu ermuthigen und der ganzen Welt durch eine kühne
That zu imponiren!

Einige Wochen später — am letzten Tage des Jahres —
erschienen im Amtsblatte der Wiener Zeitung die kaiserlichen
Dekrete, welche die Verfassung vom 4. März 1849 mit allen
damit zusammenhängenden sogenannten freisinnigen Institutionen
abschafften. Die erste Frage, welche man sich bei dieser auffallen=
den Nachricht stellte, betraf ihren etwaigen Zusammenhang mit
dem Pariser Staatsstreiche. Viele nahmen einen solchen an, ich
war jedoch der Ansicht, daß es dieser Auslegung nicht bedürfe,
und andere gewichtigere Gründe jene außerordentliche Maßregel
hervorriefen. So weit greifend und folgereich jener merkwürdige
Erlaß auch war, so erregte er doch weniger Aufsehen, als man
hätte erwarten dürfen und selbst die Blätter äußerten sich darüber
nicht in ausführlicher Weise. Die Beurtheilung des „zahmen
Staatsstreichs,“ wie man ihn nannte, war freilich, je nach dem
Standpunkt der politischen Parteien, eine sehr verschiedene. Die
Verfassungsfreunde sahen darin einfach die Rückkehr zum früher
verlassenen Systeme; die Gemäßigteren hofften auf einen, der Lage
mehr entsprechenden Umbau der Konstitution; die Feinde jeder
solcher Anstalten aber wollten, daß sich der Kaiser auf sein gutes
Recht und im Falle von Angriffen auf sein tapferes Schwert
verlasse. All diesen einseitigen Anschauungen ferne, gab ich mich
der Ueberzeugung hin, daß das österreichische Kabinet mit jenen
Beschlüssen weder eine Gewaltthat· üben, noch auch trügerische
Hoffnungen erwecken wollte. Eine Wiederaufnahme absolutistischer
Richtungen war ebenso wenig möglich, als die Durchführung einer
nach dem gewöhnlichen Muster ausgearbeiteten Verfassung. Es
konnte demnach die Regierung größerer Tadel darüber treffen, eine
solche Verfassung voreilig ertheilt, als, bei der Gewißheit, sie nicht

vollziehen zu können, dieselbe widerrufen zu haben. Die Monarchie bedurfte nach so ungeheuerer Aufregung nothwendig der Ruhe; man schien nach so vielen mißlungenen Versuchen nicht wieder einen neuen anstellen zu wollen; man fand es gefährlich, abermals die Bahn leidenschaftlicher Discussionen zu betreten, und bei dem verwirrten Zustande mehrerer Provinzen, bei dem passiven Widerstande Ungarns zumal, war jetzt gewiß nicht die Aussicht zu Verwirklichung der Idee eines Einheitsstaates gegründet. Fand man es daher in Wien gerathen, zuerst die Grundlagen des neuen Staatsgebäudes auf festeren Boden anzulegen, alles genau zu ordnen und zu ebnen, die zerrütteten Finanzen zu regeln, aber alle Verbesserungen und Erleichterungen, welche die Bewegung dem Lande gebracht, beizubehalten, so war, wie mir dünkte, für den Augenblick wenigstens der richtige Ausweg gefunden, den sich von allen Seiten aufthürmenden, nicht geringen Schwierigkeiten und Verlegenheiten zu begegnen. Der Zukunft mußte dann freilich vorbehalten werden, so Manches dauernd auszugleichen und die Lösung solcher Frage eine mehr peinliche als lohnende Aufgabe der hierzu berufenen Staatsmänner sein.

In jenem Manifeste kam denn auch eine Stelle vor, in der es heißt: die Geschwornen-Gerichte sind „aufzulassen." Der Ausdruck: „auflassen" in diesem Sinne gehört jenen an, wie man sie häufig im österreichischen Kanzleistyle findet und vergebens würde man sie in einem deutschen Wörterbuche suchen. Dahin zähle ich auch die gewöhnliche Redewendung in den kaiserlichen Handbilleten: „Ich finde zu bestimmen" c. a. m. Es scheinen dabei immer einige Worte, wie etwa: „Mich bewogen" u. dgl. in der Feder geblieben zu sein. Solche Ausdrucksweise geht in Oesterreich nicht nur auf die Geschäftssprache über; auch im gewöhnlichen Leben bedient man sich ganz fremdartiger Worte, oder legt schon bekannten eine andere Bedeutung unter, von der sich „Adelung" gewiß nichts träumen ließ!

(1852.) Von nun an sahen wir uns in eine Zeit erhöhter Thätigkeit und fortwährender Unruhe versetzt, welche besonders gegen die behaglichen Zustände vor 1848 grell abstach. Eine Verhandlung, eine Aufregung reihte sich nun für uns Diplomaten an die andere, und es schien als ob mit der fortgesetzten Bewegung der elektrischen Telegraphen bei Tag und Nacht sich auch die Besorgung der Geschäfte, nicht mehr nach einem regelmäßigen Laufe richten ließe. Hierzu kamen eine ganze Menge fürstlicher Besuche, außerordentliche Sendungen und mit dem neuen Kaiserreiche an der Seine eine nie endenwollende Spannung, welche mit jedem Tage mehr die Worte: „l'Empire c'est la paix!" Lügen strafte!

Das Wiener Kabinet, sich einer mehr praktischen Richtung, vorzüglich in seinen Beziehungen zu Deutschland, zuwendend, faßte den früher schon gehegten Gedanken eines Anschlusses an den großen Zollverein wieder auf. Es hatte die politische Wichtigkeit desselben, sowie die damit verbundenen Handelsinteressen nie verkannt, war aber ebenso wenig im Stande gewesen, den Vertrag zu verhindern, als später den bereits getroffenen Bestimmungen beizutreten. Fürst Schwarzenberg legte großen Werth auf diese nun eingeleiteten Verhandlungen, und am 4. Januar eröffnete er sie mit einer feierlichen Rede im Landhause, wo auch die gewöhnlichen Sitzungen stattfanden. Die deutschen Gesandten waren hierzu mit Weisungen versehen, wohnten aber nur bei besonderen Anlässen den Berathungen bei, zu welchen die Bundesstaaten eigene Bevollmächtigte ernannt hatten. Baron H a n d e l, Oesterreich vertretend, leitete die Verhandlungen, und sein „Name" schon entsprach, wie keiner, der Natur derselben. Als Fachmann zeigte Ministerialrath v. Hock, wie immer, so auch hier, sich als einen der fähigsten Köpfe, gewandt mit dem Worte, wie der Feder.

Von Karlsruhe war Finanzrath Hack abgesendet worden,

deſſen Erfahrungen und Kenntniſſe ihn zu einem der tüchtigſten
Mitglieder der Commiſſion machten.

Die Beſprechungen zogen ſich in die Länge; die lebhaften
Discuſſionen boten nicht immer das Bild erwünſchter Einigkeit,
und wenn die gehegten ſanguiniſchen Erwartungen auch nicht alle
in Erfüllung gingen, ſo war doch eine Ausſicht zur weiteren
Entwickelung der getroffenen Verabredungen eröffnet.

Der Miniſter=Präſident ſollte das Ende der Conferenzen nicht
erleben. Den 20. April wurde das Schlußprotocoll unterzeichnet,
wobei Graf Buol eine Rede hielt, welche der bayeriſche Geſandte,
Graf Lerchenfeld, erwiderte. Die Unterhandlungen wurden vor=
läufig unterbrochen, um in Berlin, dann im Herbſte wieder aber=
mals zu Wien aufgenommen zu werden. Die Abgeordneten wurden
mit vieler Auszeichnung behandelt, öfters zur kaiſerlichen Tafel
gezogen, und bei allen Hoffeſten eingeladen.

Wie ſich in dem diplomatiſchen Treiben eine ungemeine
Regſamkeit zeigte, ſo war in die hof= und geſelligen Kreiſe
wieder eine lang vermißte Lebhaftigkeit zurückgekehrt. Die Adels=
familien aus Böhmen, ſelbſt ungariſche, hatten ſich zahlreich einge=
funden; dabei verweilten viele hohe Fremde längere Zeit in Wien
und verſammelten ſich um den kaiſerlichen Hof; Feſte aller Art
erfreuten die elegante Welt in ungewohnter Weiſe. Unter den
Privatzirkeln aber war jener der Fürſtin L. Schönburg der be=
liebteſte, ſtets von der Elite der Geſellſchaft beſucht.

Der Miniſter=Präſident, welcher kein Haus machte, ſehr einfach
lebte und blos kleine Diners gab, lud nur einmal zu einem
Balle ein, auf dem der Kaiſer erſchien. Nach längerer Zeit war
auch wieder der erſte Hofball abgehalten worden, wobei der Cercle
aber mehr Zeit nahm, als es die Tanzluſtigen wünſchten. Der
Kaiſer nahm keinen Theil an den Tänzen, entſchädigte ſich aber

dafür auf den sehr belebten Kammerbällen bei der Erzherzogin Sophie. Die großartigen Feste bei Lichtenstein und Schwarzenberg wurden wieder aufgenommen und unter den Gesandten entfaltete vorzüglich Lord Westmoreland die glänzendste Gastfreundschaft.

Die Fürsten Leiningen und Fürstenberg brachten einen Theil des Winters in Wien zu und auch der Herzog Ernst von Sachsen-Coburg nahm einen mehrtägigen Aufenthalt. Ihm folgten bald nachher die beiden Großfürsten Nikolaus und Michael zu einem Besuche am kaiserlichen Hoflager. Man suchte die jungen, liebenswürdigen Prinzen in jeder Weise zu unterhalten und gerade am 13. März — vier Jahre nach der Katastrophe — fand ein anziehendes Fest in der Burg statt; Talente und Schön= heit vereinigten sich hier, um in Vaudevilles, wie in lebenden Bildern zu glänzen. Winterthaler's „Decameron" *) bildeten die reizendsten Frauen Wiens und ebenso gefiel das einfache „Ave Maria" nach Ruben. **)

Im Laufe des Winters verließ einmal der Kaiser plötzlich Wien, um Triest und von da Pola mit den Küsten zu besuchen. Auf dem Rückwege hatte eine heftige Bora in hoher See das Schiff ergriffen, welches nur nach großer Gefahr und Anstrengung mit dem Kaiser wieder im Hafen einlaufen konnte.

Seit längerer Zeit war Fürst F. Schwarzenberg leidend, sein Aussehen im höchsten Grade beunruhigend gewesen; seine hagere Gestalt, sein blasses, verzerrtes Gesicht erschienen gespenster= artig; die Herzkrämpfe wiederholten sich und ich selbst, als ich im Januar einst allein mit ihm mich im Kabinet befand, war Zeuge eines solchen Anfalles. Dennoch bestimmten ihn mehr aufopfernde

---

*) Fürstin Auersperg-Colloredo, Fürstin Windischgrätz-Lobkowitz, Fürstin Rohan-Waldstein, Fürstin Clary-Fiquelmont. Gräfinnen Karoline Czernin, Julie Huniady, Karoline Kinsky, Fr. Paula v. Linden. Fürst Moritz Lobkowitz, Graf Waldstein, Hr. v. Lenzoni.

**) Gräfin Helene Zichy, Graf Franz Thun, Baron Werthern.

Vaterlandsliebe als Ehrgeiz, die schwere Last der Geschäfte fortzu=
tragen, und nur auf das dringende Anrathen der Aerzte entschloß
er sich, im Frühjahre eine Erholungsreise nach Neapel anzutreten,
da ihm der Aufenthalt in dieser Stadt immer so sehr zugesagt
hatte. Schon waren alle Vorbereitungen zur Abreise getroffen
und Graf Buol, bestimmt während des Fürsten Abwesenheit das
Ministerium zu leiten, bereits unterwegs. Eines Morgens —
5. April — fand sich Schwarzenberg nach einem erquickenden
Schlaf ungewöhnlich gestärkt und schickte einer Dame ein Bouquet
mit einigen Zeilen, worin er die Hoffnung aussprach, auf der
bevorstehenden Reise seine Gesundheit wieder zu erlangen. Er
empfing den Tag über die gewöhnlichen Geschäftsbesuche, unter
denen jener des englischen Gesandten der letzte war; hierauf hielt
er noch einen Ministerrath und begab sich gegen 5 Uhr in sein
Toilettezimmer, um sich zu einem Diner bei seinem Bruder, dem
Fürsten Adolph, anzukleiden. Als der Kammerdiener nach einigen
Minuten in jenes Gemach eingetreten war, fand er den Fürsten
besinnungslos auf dem Boden liegend. Der Kaiser, Minister
Bach, Priester, Aerzte und viele Bekannte eilten mit der fürstlichen
Familie auf diese erschütternde Kunde herbei; doch alle Bemühungen,
ihn in's Leben zurückzurufen, waren vergebens! Die Trauer über
diesen unerwarteten Verlust kam der allgemeinen Bestürzung gleich,
wenn die Frage aufgeworfen wurde, welcher Staatsmann wohl zu
seinem Nachfolger ernannt würde? Einige Tage später traf der
schon zu seinem Stellvertreter berufene Graf Buol ein und über=
nahm sofort das Portefeuille der auswärtigen Angelegenheiten. Er
war sich des ganzen Gewichts der Verantwortung, die er auf sich
nahm, bewußt und erklärte dem diplomatischen Corps, als er es
empfing, daß nur seine Ergebenheit in den allerhöchsten Willen
und des Kaisers ehrenvolles Vertrauen ihm so viel als nöthig
Kraft und Muth verleihen könnten, die ihm übertragene Würde
anzunehmen.

Wegen der Stille der Charwoche fand das Leichenbegängniß des Fürsten Schwarzenberg ohne großes militärisches und anderes Gepränge statt, und wurde der Sarg nach der Gruft in Wittingau gebracht. Doch wohnte der Kaiser selbst dem Trauergottesdienste bei und ehrte das Andenken seines thatkräftigen Ministers in jeder Weise.

Von den kaiserlichen Räthen, welche mit Schwarzenberg eingetreten waren, blieben noch Bach und Graf Leo Thun. Ersterer hatte nach Stadion's Rücktritt das Ministerium des Innern, das er bis 1859 leitete, und Schmerling das Justizdepartement übernommen. Dieser wollte seine Ueberzeugungen jedoch nicht dem Amte opfern und trat zum obersten Gerichtshof über, worauf der jüngere Kraus jene Stelle erhielt. Sein Bruder Ph. v. Kraus, Bruck, Baumgärtner waren nach der Reihe Finanzminister, und beide Letztere standen, wie später Toggenburg, zeitweise auch dem Handelsministerium vor.

Das Kriegswesen wurde während dieses Zeitraums von verschiedenen Generalen geleitet. Der Kaiser behielt sich das Oberkommando vor und aus seiner Generaladjutantur flossen die wichtigsten, die Armee betreffenden Veränderungen, Beschlüsse und Befehle.

Zur Zeit des Todes des Fürsten Schwarzenberg waren die Gesandtschaftsposten Oesterreichs wie jene der auswärtigen Staaten in Wien in folgender Weise besetzt:

1. K. K. Gesandte.

In Rom: Graf M. Esterhazy.
 „ Rußland: Graf A. Mennsdorf, dann Graf Val. Esterhazy.
 „ England: Graf Buol, dann Graf Colloredo.
 „ Frankreich: Aler. v. Hübner.
 „ Frankfurt: Graf F. Thun, dann Gl. v. Prokesch.
 „ Berlin: Gl. v. Prokesch, dann Graf Thun.

In München: Graf Val. Esterhazy, dann Graf Rud. Apponyi.

„ Stuttgart: Baron Handel.

„ Dresden: Graf Kufstein.

„ Hannover: Hr. v. Koller.

„ Karlsruhe: Hr. v. Philippsberg.

„ Kassel und Darmstadt: Graf Ingelheim.

„ Hamburg u. s. w.: Graf Lützow.

„ Haag: Baron Dobbelhof.

„ Brüssel: Baron Brints.

„ Schweden: General v. Langenau.

„ Kopenhagen: Graf Hartig.

„ Spanien: Graf Georg Esterhazy.

„ Portugal: Hr. v. Walter.

„ Neapel: Gl. v. Martini.

„ Turin: Graf Rudolph Apponyi.

„ Florenz: Baron C. Hügel.

„ Parma u. s. w.: Hr. v. Allegri.

„ Konstantinopel: (unbesetzt), dann Hr. v. Bruck.

„ Athen: Graf L. Karolyi.

„ Schweiz: Hr. v. Tom.

„ Amerika: Hr. Hülsemann.

2. Diplomatisches Corps in Wien.

Rom: Msgr. Viale Prela, Nuntius.

Rußland: Baron v. Meyendorf.

England: Lord Westmoreland.

Frankreich: Hr. v. Lacour, dann Baron Bourqueney.

Preußen: Graf H. Arnim.

Spanien: Hr. d'Ayllon.

Portugal: Hr. v. Soares de Leal.

Neapel: Fürst Petrulla.

Sardinien: Graf A. Revel.

Toscana: Hr. v. Lenzoni.

Parma: Baron Ward.

Schweden: Hr. v. Wedel, dann Gl. v. Mannsbach.

Dänemark: Graf Bille-Brahe.

Niederlande: Baron Heekeren.

Belgien: Graf Osullivan.

Bayern: Graf Lerchenfeld.

Württemberg: Baron Linden, dann Baron Hügel.

Hannover: Graf Platen, dann Baron Stockhausen.

Sachsen: Baron Könneritz.

Baden: Baron Andlaw.

Hessen-Kassel: Baron Schachten.

Hessen-Darmstadt: Baron Drachenfels.

Braunschweig, Nassau u. s. w.: Baron Zedlitz.

Mecklenburg, Oldenburg u. s. w.: Hr. v. Philippsborn.

Sächsische Häuser: Baron Borsch.

Johanniterorden: Graf E. Coudenhove, dann Graf Morzin.

Türkei: Arif Efendi.

Griechenland: (unbesetzt), dann Hr. v. Skhinas.

Brassilien: Hr. v. Lisboa.

Schweiz: Hr. A. Steiger.

Hamburg: Hr. Dr. Hetscher (1852).

Nordamerika: Hr. Jackson (1853).

Wenige Wochen nach jenem Todesfall erlitt ich einen noch weit schmerzlicheren Verlust durch den Hintritt des Großherzogs Leopold, dem ich während einer 22jährigen Dienstzeit in treuer Anhänglichkeit ergeben war. Eine telegraphische Depesche meldete mir, daß er den 24. April Abends halb 7 Uhr einer langwierigen, schmerzhaften Krankheit erlegen sei. Es wurde mir nun die traurige Aufgabe, dieses höchst bedauerliche Ableben dem kaiserlichen Hof und den durchl. Geschwistern der Großherzogin anzuzeigen.

Die Regierungszeit des dahingeschiedenen Fürsten fiel in die Periode zwischen den beiden Pariser Revolutionen; sie begann stürmisch und endete unter dem für das Gemüth des Großherzogs so peinigenden Eindrucke der Erlebnisse der letzten Jahre; er konnte desselben sich nicht mehr völlig entschlagen und es drückten ihn bis zum letzten Augenblicke jene trüben Erfahrungen. Ich will hier die abgenutzte Phrase, „daß der Großherzog Leopold bei seiner Herzensgüte und allen anderen edlen Eigenschaften in ruhigen, gewöhnlichen Zeiten ein vortrefflicher Regent gewesen wäre", nicht wiederholen. Welcher Fürst irgend eines Landes kann, in unserer bewegten Epoche zumal, darauf rechnen, während 20 Jahren mit ungestörtem Glücke zu regieren? Bei all dem unverdient erlittenen Ungemache wird das Andenken des verewigten Herrn in seinem schönen Vaterlande, dem er stets aus voller Seele anhing, gesegnet bleiben. Einen noch düstereren Schein warf auf dieß traurige Ereigniß der trostlose Gesundheitszustand des Nachfolgers, welcher zwar unter dem Namen Ludwig II. zum Großherzog ausgerufen wurde, für den aber der jüngere Bruder, Prinz Friedrich, die Regentschaft übernahm. — Ich erhielt nun allsobald meine neuen Beglaubigungsschreiben, welche ich Seiner Majestät dem Kaiser in einer besonderen Audienz — der vierten — zu überreichen die Ehre hatte. Von Karlsruhe wurde in außerordentlicher Mission der Generalmajor v. Rotberg nach Wien gesendet, während der Kaiser den großherzoglichen Hof durch den Feldmarschall-Lieutenant S. v. Reischach beschicken ließ.

Diese betrübenden Vorgänge in Baden hatten als peinlichen Nachhall auch konfessionelle Zerwürfnisse wach gerufen. Schon 1851 ergab sich in Folge einer vom Erzbischof von Freiburg auf den Grund der Würzburger Besprechungen der großherzoglichen Regierung überreichten Denkschrift ein Konflikt, der in seiner beklagenswerthen Nachwirkung sich zu jenem bekannten „Kirchenstreite" entwickelte, welcher erst in diesen Tagen (1862) in einer beide Theile befriedigenden Uebereinkunft seinen Abschluß fand. Da ich nur mittelbar durch meine Stellung in diese Verhand= lungen gezogen wurde, so wird man bei dem schmerzlichen Gefühle, mit dem sie mich erfüllten, die Rücksicht ehren, wenn ich mich jedes weiteren Eingehens darauf enthalte.

Den 8. Mai traf, schon längst erwartet, der Kaiser Nikolaus von Rußland (zum dritten und letzten Male) in Wien ein. Einige Tage vorher war auch der Großfürst Konstantin ange= kommen. Der Kaiser fuhr dem Czaren bis Prerau entgegen, und um Mittag wogte eine unabsehbare Menge durch die Jägerzeil dem Nordbahnhofe zu, um die beiden Monarchen jubelnd zu be= grüßen. Nikolaus brachte die drei Tage seines Aufenthalts nur im Kreise der kaiserlichen Familie zu, gab keine Audienzen und wohnte Abends den Vorstellungen im Burgtheater bei, wo absichtlich nur kleine, unbedeutende Stücke gegeben wurden. Außer bei den Erzherzogen stattete der Kaiser auch bei Prinz Wasa, den Fürsten Lichtenstein, Metternich und Windischgrätz Besuche ab, fuhr uner= kannt in der Stadt umher und machte eine Praterfahrt mit. Wie immer war aber sein Hauptaugenmerk auf die militärischen Anstalten gerichtet und eine längere Besichtigung dem im Bau begriffenen Arsenale, der Artilleriekaserne wie der neuen Equitationsschule zugedacht. Doch die größte Anziehungskraft auf das schaulustige Publikum übten die beiden großen Paraden und Truppenmanöver im Feuer auf dem Glacis. Kaiser Franz Joseph kommandirte und führte selbst die Regimenter vor; das Wetter war herrlich und ein glänzender Generalstab umgab die beiden Kaiser. Nikolaus trug den einen Tag die rothe Husarengeneral=Uniform, den anderen die weiße seines Küraßierregiments Nr. 5. Man fand den Czaren auffallend gealtert, finster blickend, auch saß er vorwärts gebeugt zu Pferde, und wenig war mehr von der früheren imposanten

Haltung zu sehen; doch soll er sich in der kaiserlichen Familie ungemein heiter gezeigt haben und empfing immer nach Tisch einige hochgestellte Generale, wie Jellachich, Schlick u. a. Der Großfürst Konstantin, welcher, wie dessen Gemahlin, zugleich mit seinem Vater in Wien verweilte, reiste sodann nach Petersburg, während Nikolaus nach einem Riesenzapfenstreiche von acht Regimentsmusikbanden gegen Mitternacht am 11. Wien verließ, um nach einem Besuch bei dem Kaiser Ferdinand in Prag nach Berlin zurückzukehren.

Bei diesem Anlasse wurden, wie gewöhnlich, viele Orden, Geschenke u. dgl. ausgetheilt; worauf man aber bei Hof den größten Werth zu legen schien, war die ungemein zuvorkommende Weise, mit der der Czar den jungen Kaiser bei diesem letzten Besuche in Wien behandelte; er sprach es wiederholt aus, daß, wie er den Kaiser Franz als einen Vater verehrt, er nun für dessen Enkel väterliche Gesinnungen hege. Es hieß sogar, der Czar habe bei'm Abschiede laut die Worte ausgerufen: Entre nous, c'est à la vie et à la mort!

So hatte die russische Politik, welche im Jahr 1826, sich von Oesterreich abwendend, eine andere Richtung verfolgte, nun gegen Ende der Regierung des Kaisers Nikolaus sich wieder enger an den Wiener Hof angeschlossen; man hielt im Angesicht der drohenden Haltung der Westmächte dieß Bündniß für ein ernstes, dauerndes, und nur ganz außerordentliche, unvorhergesehene Ereignisse konnten einem solchen, auf gegenseitigen, wohlverstandenen Interessen gegründeten Zusammengehen störend entgegentreten.

Während dieser militärischen Feste hatte auch Louis Napoleon (10. Mai) eine große Heerschau über die Truppen gehalten und bald darauf eine Rundreise durch Frankreich angetreten, auf der er, im Widerspruch mit seinen Handlungen, jene berühmte, nur aus vier Worten bestehende Rede in Bordeaux hielt, worauf die neue Verfassung erschien, welche, durch allgemeine Abstimmung bestätigt, das Vorspiel zu dem Drama des neuen Kaiserreichs werden sollte.

Der Kaiser Franz Joseph war beinahe dieses ganze Jahr über abwesend. Ein Besuch in Ungarn in vier Abtheilungen war von hochwichtiger politischer Bedeutung. Der junge Monarch dehnte denselben auch nach Siebenbürgen wie nach Agram aus und wurde allenthalben mit einem unglaublichen Jubel empfangen, wie er sich in so eigenthümlicher Weise nur bei diesen, für begeisternde Eindrücke so empfänglichen Völkerschaften äußern kann. Keine Mißtöne, kein Unfall störten diese, einem fortwährenden Triumphzuge gleichkommende Reise; der Kaiser hörte Wünsche wie Beschwerden ruhig an; in den lauten Taumel der Menge mischten sich patriotische Reden und Toaste; Alles athmete Friede, Versöhnung, Vergessen der Vergangenheit, und nichts ließ die trotzige Opposition ahnen, welche ein Theil verblendeter Patrioten später den wohlgemeinten Absichten ihres Königs entgegensetzen würden. In der That, wenn man die damals stattgefundenen Verabredungen sowie die späteren Vorschläge der Ungarn vom Jahr 1857 mit den ungestümen Anforderungen der Neuzeit vergleicht, so war die Einwirkung der seitherigen politischen Ereignisse wie fremder Einflüsterungen auf die Stimmung unverkennbar. Dem befriedigenden Empfange in Ungarn entsprach auch die Art, wie das Eintreffen des Kaisers in Wien mit Beleuchtung, Triumphbogen u. dgl. gefeiert wurde, und ganze Schaaren von Magnaten gaben ihm das Geleite bis zum Nordbahnhof. Nach solchen Resultaten konnte sich das kaiserliche Kabinet um so mehr der gegründeten Hoffnung einer friedlichen Ausgleichung überlassen, als die im darauffolgenden Jahre erschienenen organischen Statute einen weiteren Weg zur Verständigung anbahnten. Im Herbste bezogen 14 Kavallerieregimenter das Lager von Palota bei Pesth und führten großartige Manöver aus. Der Kaiser begab sich wiederholt dahin und empfing mehrere hohe Besuche. Auch der Prinz Friedrich von Baden war zum ersten Mal als „Regent" nach Wien gekommen und einer kaiserlichen Einladung nach Pesth gefolgt. Ebenso war der Kronprinz von Württemberg und der Prinz Wilhelm von Baden daselbst eingetroffen. Nach der Rückkehr brachte Prinz Wilhelm noch einige Tage in Wien zu, während welchen ich ihn, so wie früher den Regenten, bei Besichtigung der Merkwürdigkeiten zu begleiten die Ehre hatte. -

Später machte der Kaiser unter allgemein erfreulichem Eindrucke einen Besuch am königlichen Hofe zu Berlin, wo zugleich unter Theilnahme Bruck's die Verhandlungen über die Zollfrage einen gedeihlichen Fortgang zu nehmen schienen.

Während des Sommers brachte ich einige Wochen in Baden bei Wien zu und verließ es nur zu einem Ausfluge nach Pesth, um mich von der Richtigkeit der obigen Angaben persönlich zu überzeugen.

In diesem Jahre wurde zum ersten Male in der St. Anna-kirche, welche dem französischen Gottesdienste eingeräumt ist, der 15. August mit Hochamt und Tedeum begangen, wenn es gleich noch keinen Kaiser gab. In den folgenden Jahren wurde diese Feier regelmäßig wiederholt, wobei gewöhnlich Abbé Mislin celebrirte. Dieser ausgezeichnete Priester hatte mit mehreren geistlichen Würden eine ehrenvolle Stellung erlangt, stand als Lehrer in naher Beziehung zu den kaiserlichen Prinzen und ist der Verfasser eines sehr geschätzten Werkes über die „heiligen Stätten", welche er zweimal besuchte. Nicht nur der beschreibende Theil, auch die Bemerkungen, welche Mislin über die religiös-politischen Zustände im Oriente einflicht, sind von hohem Interesse.

Den 20. Oktober kamen die Zollvereinsbevollmächtigten wieder zusammen. Die Verhandlungen zogen sich den ganzen Winter hindurch fort und endeten mit dem feinen Bestimmungen nach bekannten Vertrage, welchen wir alle am 22. Februar 1853 Abends im auswärtigen Ministerium unterschrieben und mit unseren Siegeln versahen. Die Abgeordneten wurden mit Orden bedacht, Hack aus Baden aber starb bald darauf, und sein Verlust wurde um so aufrichtiger in Wien beklagt, als man ihn da von einer so vortheilhaften Seite hatte kennen lernen.

Im Dezember fand mit großer Feierlichkeit die Verleihung des goldenen Bließes im Rittersaale statt, worauf Hochamt und Tedeum in der Burgkapelle folgten. Seit 23 Jahren war es wieder zum ersten Male, daß ich einem so erhebenden Feste bei= wohnte, welches sich von den früheren dießmal nur dadurch unter= schied, daß die Mitglieder nicht in der altherkömmlichen Ordens= tracht, sondern in Uniform erschienen. Das übrige Ceremoniel, welches der Kaiser mit ruhiger Würde und leichtem Anstande vollzog, war dasselbe wie vor 400 Jahren geblieben. Die Neu= aufgenommenen leisteten den Eid in lateinischer Sprache, erhielten knieend vom Kaiser den Ritterschlag und den Bruderkuß, worauf ihnen die goldene Colanne umgehängt wurde. Die meisten älteren Ordensritter waren erschienen und folgende neue Mitglieder ernannt: die beiden Brüder des Kaisers, Ferdinand Max und Karl Ludwig, vier weitere Erzherzoge, Joseph, Rainer, Heinrich und Sigmund, der Erbgroßherzog von Toscana, die Fürsten Salm, Trautmanns= dorf, Bathiany, Karl Lichtenstein, Karl Schwarzenberg, Karl Auers= perg, Landgraf Frd. Fürstenberg, Feldmarschall v. Wimpfen, die Grafen Fiquelmont, Wratislaw, Lanckaroncki und später Gyulai.

An einem Morgen der ersten Dezembertage verkündeten der Welt Telegramme nach allen Richtungen, daß die französische Republik zu Grabe getragen und wieder ein Napoleon — als der Dritte — Kaiser sei. Diese Nachricht traf uns keineswegs unvorbereitet, dennoch blieb sie nicht ohne sichtbare Rückwirkung auf die Gemüther. Die Kabinette, wenn gleich mißtrauisch und zögernd, ließen die Anerkennung nicht allzu lange erwarten, mußten sich jedoch sagen, daß, wenn vielleicht auch in anderer Weise, der Geist des Oheims wieder in die europäische Politik eindringen werde. In der That war der Gang des Neffen in den „idées napoleoniennes" klar vorgezeichnet und unverhohlen die Stellung dieses Geschlechtes, den übrigen Fürstenhäusern gegenüber, ausgesprochen. Es handelte sich darum, die Jahre 1814 und 1815 aus den Annalen des Kaiserreichs zu streichen, sowie um den Wunsch, sich an den Urhebern der Frankreich angeblich lästigen und beschämenden Verträge zu rächen. Dieß konnte nicht gewaltsam, nur auf Umwegen geschehen, und so war denn wieder das bekannte „l'un après l'autre" zur geheimen Parole geworden. Es ging aus diesem Streben jene doppelzüngige Politik hervor, welche, wenn sie auch Anfangs durch überraschende Sprünge und kluge Verstellungskunst bedeutende Vortheile errang, doch allmälig Gefahr läuft, allgemeine Erbitterung hervorzurufen und sich in ihren eigenen Netzen zu verfangen. Es trat daher zu jener Zeit die ernste, leider nicht immer beachtete Mahnung an die Großmächte heran, den Bund der Einigkeit fester gegen Uebergriffe zu schließen, welche den Frieden und das Gleichgewicht in Europa auf's Neue bedrohen mußten, und ein engeres Verständniß der drei östlichen Staaten war um so dringender geboten, als England, sei es aus Furcht, sei es aus anderen Gründen, sich von der Linie des Widerstandes, welche es früher gegen die Napoleoniden eingehalten, losgesagt hatte.

Schon vor dem 2. Dezember sprach man von einer bevorstehenden Vermählung des Präsidenten. Er war während des Sommers in Baden-Baden erschienen; doch die bald erfolgte Verlobung des Kronprinzen von Sachsen mit der Prinzessin Karola Wasa widerlegte wenigstens eines dieser vielen Gerüchte. Niemand konnte aber erwarten, daß Napoleon wenige Wochen nach seiner

Thronbesteigung sich mit einer jungen Spanierin aus edlem Ge=
schlechte vermählen würde, von der man nur wußte, daß sie schön,
lebhaft und unabhängig war. Wie einst Josephine, sah sich nun
auch eine Gräfin Eugenie Teba=Montijo=Alba unerwartet mit
einer Kaiserkrone geziert.

Die Veränderungen in Frankreich führten auch die Abberufung
des seitherigen Gesandten v. Lacour herbei, welcher auf kurze Zeit
nach Konstantinopel, dann nach Neapel versetzt wurde, um später,
wie andere diplomatische Sterne, im Senat zu erbleichen. Die
Ernennung seines Nachfolgers war nicht ohne Bedeutung; Herr
v. Bourqueney, unter Louis Philipp einer der gewandtesten
Agenten, war veranlaßt worden, aus seiner Zurückgezogenheit zu
treten, um den Wiener Posten anzunehmen, dem er denn auch
mit unverkennbarem Erfolge vorstand, wie wir sehen werden.

Das Jahr 1853, eines der wichtigsten für die Wendung
in dem Geschicke Oesterreichs, fand diesen Staat zu keiner anderen
Macht in einer entschieden feindseligen Stellung, doch auch, mit
Ausnahme Rußlands, zu keiner in besonders intimer Beziehung.
Mit England dauerte begreiflicher Weise die durch sein schnödes
Benehmen in der Flüchtlings= und anderen Fragen eingetretene
Spannung fort; mit Frankreich war man anscheinend freundlicher,
doch nicht ohne eine beobachtende, selbst kalte Zurückhaltung, und
so sehr man sich auch wieder Preußen genähert, so war doch noch
lange nicht auf ein inniges Verhältniß zu rechnen. Mit Spanien
und Italien, besonders dem römischen Hofe, war man auf dem
besten Fuße; nur Sardinien grollte fortwährend, und der mühsam
unterdrückte Mißmuth wäre wohl schon früher zum Ausbruche
gekommen, hätte ihn nicht der ruhige Sinn des verständigen,
persönlich beliebten Gesandten Grafen Revel aufgehalten.

Bei dieser Sachlage traten nun plötzlich ernste Zerwürfnisse mit der Pforte ein und die immer offene orientalische Frage erschien wieder auf lange Zeit in erster Reihe. Das Wiener Kabinet hatte den F. M. L. Grafen Leiningen nach Konstantinopel geschickt, die Aufrechthaltung der Verträge nachdrücklich zu verlangen. Der Sultan bezeigte sich bei diesen billigen Anforderungen nachgiebig, und der unterhandelnde General kehrte mit einem allseitig befriedigenden Uebereinkommen zurück. Dieser Erfolg war in St. Petersburg nicht unbeachtet geblieben, und allsobald Fürst Menzikoff am Bosphorus erschienen, um in ziemlich barscher und gebieterischer Weise, wie man sagte, auch die Ansprüche Rußlands geltend zu machen. Von dieser Zeit an drängten sich die Ereignisse im Osten, gährte es in allen türkischen Provinzen, entzündete sich der Aufstand in Montenegro und die gleich Anfangs leidenschaftliche Auffassung der so verwirrten Fragen ließ nicht leicht eine friedliche Lösung hoffen.

Diese Verwickelungen wurden noch durch einen gewissen sich allenthalben zeigenden meuterischen Geist gesteigert. In Mailand und anderen italienischen Städten kam es zu blutigen Auftritten, die Flüchtlinge setzten ihre Umtriebe überall fort und die Geschäftsbeziehungen Oesterreichs mit der Schweiz wurden förmlich abgebrochen. — Mitten in diesen von Außen wie im Innern auf den Kaiserstaat einstürmenden Begebenheiten war es wohl nicht an der Zeit, es mit neuen Verfassungs= und anderen Reform=Projekten zu versuchen; es galt vorerst der Abwehr näher liegender Gefahren und dennoch fehlte es nicht an einer erhöhten Thätigkeit, um in den einzelnen Kronländern zeitgemäße Einrichtungen zu treffen und provisorische Zustände durch dauernde auf gesetzlicher Grundlage zu ersetzen.

Auch in mancher anderen Beziehung hatten sich die Sitten und Ansichten in Wien verändert. Man war dem tollen Einflusse des Tischrückens und Klopfens, des Geistercitirens und anderen

Unsinns mehr nicht entgangen; man brachte es mit den geheimniß=
vollen Erscheinungen des „Od," des Magnetismus in Verbin=
dung, doch jene Modethorheit, welcher die höheren Stände hier
weniger als anderswo verfielen, war auch bald wieder geheilt. Im
Gegensatze zu diesem neuen, frivolen oder abergläubischen Treiben
gab sich in erfreulicher Weise eine Rückkehr zu einer mehr religiösen
Richtung der Gemüther kund, und gelang es früher dem genialen
Veith und anderen weniger begabten Kanzelrednern nicht nachhaltig
durchzubringen, so zogen nun die erhebenden Vorträge der Brüder
Klinkowström, Jarisch's u. A. die höheren Stände, wie die Menge
an; während der Fastenzeit, besonders aber an den Neujahrsabenden,
füllten sich die Kirchen mit Andächtigen und man konnte sich da
von der Kraft des mit wahrhaft apostolischem Eifer verkündeten
Wortes Gottes überzeugen!

Eines Morgens — den 18. Februar — begab ich mich
zur gewohnten Stunde in das Ministerium, wo ich zu meinem
Entsetzen erfuhr, daß ein Mordversuch auf den Kaiser stattgefunden
hatte. Wie ein elektrischer Schlag erschütterte diese Nachricht die
ganze Stadt und wurde durch den Telegraphen allsobald nach
allen Richtungen verbreitet.

Der Kaiser hatte in Begleitung seines Adjutanten Grafen
M. Odonnel kaum seinen täglichen Spaziergang gegen halb ein Uhr
um die Bastey angetreten, als sich ihm rückwärts ein junger unan=
sehnlicher Mensch näherte und mit voller Kraft einen Dolch in
das Genick stieß. Glücklicher Weise prallte das Mordinstrument
an einem Wirbelknochen ab und der Thäter, welcher zu einem
zweiten Stoß ausholen wollte, wurde von Odonnel ergriffen, mit
dem er rang. Ein harmloser Spaziergänger, der Bürger Etten=
reich eilte herbei und mit seiner wie der nahen Wache Hülfe
wurde der tobende Mörder eingeführt. Der Kaiser, leicht ver=

wundet, mehr aber durch die Heftigkeit des Dolchstoßes erschüttert, behielt die volle Besinnung und erholte sich einige Augenblicke in dem nahe gelegenen Palais des Erzherzog Albrecht, von wo aus er seine Eltern beruhigen ließ, auch den ersten ärztlichen Beistand erhielt. Tedeum und Beleuchtung feierten noch an demselben Abende die glückliche Abwendung der Gefahr, welche um so größer, als es sich herausstellte, wie wohl berechnet die Stelle des Halses, war, auf die das Attentat gerichtet worden. Der Kaiser, obgleich sehr angegriffen, an Schwindel und Augen= schwäche leidend, genas bald und es wiederholten sich wie vor 27 Jahren bei seinem kaiserlichen Großvater alle jene Beweise rührender Theilnahme und Anhänglichkeit, gleich ehrenvoll und er= freulich für die Fürsten, wie ihre Völker, deren beider Glück und Geschick innig mit einander verbunden sind. Auch jetzt eilten wieder Deputationen aus allen Kronländern herbei, Gedichte, Er= gebenheits=Adressen füllten die Tagesblätter, um die Wette legten Leute aus allen Ständen milde Gaben auf den Altar des Vater= landes wie der Wohlthätigkeit nieder; mancher frommen Stiftung schloß sich endlich jener Bau der Votivkirche an, welche ihre Ent= stehung dem brüderlichen Sinne eines ritterlichen Prinzen verdankt.

Viele Höfe, vor allen die deutschen, schickten Abgesandte, um dem Kaiser ihren Antheil zu bezeigen; von Baden wurde dazu der Oberst von Seutter beordert.

Kaum hatte man sich von jener erschütternden Kunde erholt, als man auch nach den näheren Umständen und Beweggründen des unerwarteten Mordversuches forschte. Der Kaiser war im Sommer zuvor monatelang ohne militärische Begleitung in allen Theilen Ungarns und Italiens umhergereist, und nirgends hatte sich eine Spur von geheimen Verschwörungen oder verbrecherischen, gegen seine Person gerichteten Anschlägen gezeigt. Nun fiel ihn, nicht hundert Schritte von der Hofburg entfernt, am hellen Mit= tage ein Unbekannter meuchelmörderisch an, und Graf Odonnel sagte mir, daß er sich auf den Kaiser wie eine Hyäne auf die Beute mit wildem, grinsendem Geschrei geworfen habe. Der Mörder nannte sich Janos (Johann) Libeney aus Stuhlweißenburg, ein 21jähriger Schneidergeselle. Politischer Fanatismus, Verführung und, wie es scheint, ein verstocktes Gemüth brachten ihn zu der verruchten That, an der sich, wie er hartnäckig behauptete, keine Mitschuldigen betheiligt hatten. Der Unglückliche wurde zum Strange verurtheilt, und als er, von einem Priester geleitet, zum Richtplatz fuhr, erregte sein unvortheilhaftes, durch das schwarze verworren herabhängende Haar noch abschreckendere Aeußere mehr Mitleid als Abscheu.

Der ehrliche Ettenreich aber war nun plötzlich durch Zufall ein berühmter Mann geworden, in den Adelsstand erhoben, mit Ehren, Geschenken und Orden überhäuft, und das Gefühl, so unverhofft aus seiner Dunkelheit gezogen zu sein, schien eher beengend als erfreulich auf ihn einzuwirken.

Mitte März starben beinahe zu gleicher Zeit zwei Männer, nach verschiedenen Richtungen bekannt und einflußreich — der Erzbischof Dr. Ed. Milde und der Feldzeugmeister v. Haynau.

Während sich in der alten Domkirche zu St. Stephan die Geistlichkeit zur Bestattung ihres Oberhirten im feierlichen Zuge versammelte, gab die Generalität, unter großem militärischem Gepränge und Geschützessalven, dem alten Helden das letzte Geleite. Haynau war mit seinem langen, auffallenden grauen Schnurrbarte eine echte Soldatennatur; ohne höhere wissenschaftliche Bildung, tapfer, selbst tollkühn im Angriffe hing er wie sein Ruhm immer nur vom zufälligen Erfolge ab; eigensinnig und rücksichtslos war er auch unverträglich in Friedenszeiten und seine nicht zu läugnenden Verdienste fanden sich mit einer seltenen Selbstüberschätzung gepaart. Ich begleitete ihn noch eines Sonntags von einem Abend bei Buol bis zur Treppe; mitten in derselben Nacht ereilte ihn der Tod.

Der Frühling in Wien war durch viele hohe Gäste ausge=
zeichnet — drei Könige, denen sich später die Königin Amalie
von Griechenland und der Vladika von Montenegro, Fürst Danielo
anreihten. Der letztere war der verwickelten politischen Verhältnisse
seines Gebirgsländchens wegen nach Wien gekommen, gut aufge=
nommen und mit einem Orden ausgezeichnet worden. Es war
ein kleiner, aber schöner junger Mann, dessen äußere Vorzüge die
malerische Tracht seines Stammes noch mehr hervortreten ließ.
Er unterlag bekanntlich einige Jahre später einem tragischen
Geschicke.

Der König Leopold der Belgier war mit dem Herzog
von Brabant in Wien angekommen und in dem von seinem
Gesandten bewohnten koburgischen Palais abgestiegen. Die ein=
nehmende Persönlichkeit, das freundlich wohlwollende Wesen dieses
Monarchen fanden auch hier die günstigste Aufnahme und das
lebhafte Interesse, welches sich mit seiner Anwesenheit verknüpfte,
wurde noch durch den Umstand erhöht, daß sich der belgische
Thronerbe mit der Erzherzogin Marie Dorothe, der zweiten Tochter
des Palatins, verlobte. Einige Hoffeste, unter denen der allerliebste
Rosenball in den kaiserlichen Treibhäusern, verherrlichten den könig=
lichen Aufenthalt.

Einige Tage später traf der König von Preußen zum
Gegenbesuche in Wien ein. Dem hohen Gast zu Ehren fand
in der k. k. Reitschule wieder eines jener glänzenden Karoussels
statt, wie man sie zur Zeit des Kongresses bewundert hatte. Herren
des Adels und Officiere bildeten das aus Rittern und Sarazenen
zusammengesetzte Turnier.

Endlich machte König Max von Bayern mit zahlreichem
Gefolge eine vorübergehende Erscheinung in Wien, stieg in der
Burg ab, und empfing, wie auch die beiden anderen Könige, das
diplomatische Korps. Er wohnte einer theatralischen Vorstellung
in Schönbrunn bei. Paraden, Audienzen, Vorstellungen, Ordens=

vertheilungen waren wie gewöhnlich auch hier die unvermeidliche Begleitung dieser fürstlichen Besuche.

In der zweiten Hälfte des Septembers begab sich sodann Kaiser Franz Joseph in das Lager von Olmütz, wo er mit dem Kaiser Nikolaus zusammentraf, der vier Tage blieb, und bei dem der junge Kaiser den Besuch dann am 2. Oktober in Warschau erwiderte; wo sich auch der König von Preußen eingefunden. Der Czar hielt sich auf der Rückreise mit dem Thronfolger noch kurze Zeit in Potsdam auf, und kehrte sodann nach Petersburg zurück. Es waren dieß die letzten Begegnungen, die letzten vertraulichen Besprechungen der beiden Kaiser. Daß die orientalische Frage der ausschließliche Gegenstand derselben gewesen, läßt sich nicht bezweifeln; daß sie leider zu keinem günstigen Resultate führten, zeigte die Folge. Es ist dieß im Interesse der Menschheit zu beklagen; ungerecht wäre es aber jedenfalls, Oesterreich allein die ganze Last der Verantwortlichkeit dafür aufzubürden, denn nur in den vereinten Kräften der drei östlichen Großmächte lag es, der Welt den Frieden zu erhalten. War Rußlands stolzer Wille vielleicht allzu unbeugsam, oder glaubte es ernstlich nicht an den Ausbruch eines Krieges, so war es wieder an Preußen, weniger als Oesterreich bei der Verwirrung im Oriente betheiligt, das ganze Gewicht seines politischen Einflusses, dem weiteren Umsichgreifen der drohenden Kriegsflamme entgegenzustellen. Daß der von den Seemächten, unter dem Vorwande, die Türkei zu schützen, unternommene Kampf kein völkerrechtlich begründeter, daß es nur darauf abgesehen war, das russische Reich zu schwächen, darin konnte sich kein unbefangener Staatsmann täuschen. Gelang es dem Wiener Kabinet nicht, den Kaiser Nikolaus zu größerer Nachgiebigkeit zu bewegen, und dadurch den hochgespannten Anforderungen der französisch-englischen Allianz die Spitze zu brechen, so war freilich auf längere Zeit die Aussicht auf die Erhaltung der Ruhe in Europa verloren.

Alles, was nun in den drei folgenden Jahren geschah, --
betrübend im Ganzen, aber höchst merkwürdig für den aufmerk-
samen Beobachter — ist einem großartigen, politischen Schach-
spiele zu vergleichen, bei dem man die einzelnen Züge der Gegner
genau verfolgen konnte.

Bei der erdrückenden Masse des zu Erzählenden entschlüpfen
die Einzelheiten, aber faßt man auch das ganze Drama nur in
den hervorragenden Zügen auf, so entsteht doch immer nur ein
verworrenes Bild, so schwer findet man sich zurecht in der Menge
von Konferenzprotocollen, Missionen, Noten, Manifesten, Protesten,
Gefechten, Verlusten und Vorgängen zu Land wie zur See. Die
Nachwelt wird es kaum glaublich finden, daß so viel gesprochen,
geschrieben, verhandelt wurde, ohne erheblicheres Resultat, und
Verblendung, Leidenschaftlichkeit wie Mangel an Umsicht und
Energie einen ebenso unnützen als blutigen und gräuelvollen Krieg
herbeiführen konnten.

Ich werde die Episoden derselben während jedem dieser drei
Jahre kurz beleuchten, denn wir befanden uns ja gerade zu Wien
in dem Brennpunkte der Verhandlungen; dahin waren die meisten
außerordentlichen Sendungen mit den Vermittlungsvorschlägen aller
Art gerichtet, hier fand die Konferenz der Bevollmächtigten der
vier Großmächte statt, um von Rußland Zugeständnisse zu erlangen; auf Wien setzte man die letzten Hoffnungen, daß dem
nahen unheilvollen Bruche noch vorgebeugt werden könne. Es
war demnach eine Zeit fortwährender Aufregung, eines ununterbrochenen Spieles der Telegraphen, ein Schwanken zwischen Friedensaussichten, und den Befürchtungen vor einem unabsehbar langen,
vielleicht einem Weltkriege.

Des Jahres 1853 erste Hälfte zog sich in Unterhandlungen
hin; während derselben drängte Rußland die Pforte zu Concessionen,
und ihrem Widerstande folgte das Ueberschreiten des Pruth durch
die russischen Truppen, die Besetzung der Wallachei. Ein Rund-

schreiben an die Kabinette erklärte dieß Vorgeben. Jenem Schritte
gegenüber waren Frankreich und England in der Mißbilligung
desselben einig, während der Sultan ihn mit einer Aufforderung
zur Vertheidigung des Reichs erwiderte. Mittlerweile trat am
24. Juli die Gesandten-Konferenz in Wien zusammen, und lud
am 31. die beiden kriegführenden Theile ein, sich unter Annahme
gewisser Bedingungen zu versöhnen. Sie nahm diese Vorschläge
nicht unumwunden an, und die Besprechungen zogen sich in die
Länge, bis endlich die Pforte, von allen Seiten zu einem Entschlusse gedrängt, den unglückseligsten wählte, und am 4. Oktober
Rußland den Krieg erklärte. In Folge derselben, und bei der
Weigerung Gortschakoff's die Donaufürstenthümer zu räumen, liefen
die vereinigten Flotten der Seemächte durch die Dardanellen in
den Bosphorus ein (2. November). Rußland nahm in einem
Manifeste vom 1. November den Fehdehandschuh auf, und sofort
folgten sich in beinahe ununterbrochener Reihe die Gefechte zwischen
den russischen und türkischen Truppen an der unteren Donau; der
Krieg war für den Augenblick „lokalisirt," und, wie dieß immer
geschieht, hatten je nach dem oft wechselnden Erfolge die Ereignisse
hemmenden Einfluß auf die immer in Wien andauernden Ver-
mittlungsversuche; es erging am 5. Dezember eine neue Collectivnote,
die begonnenen Feindseligkeiten mißbilligend, und das Wiener Kabinet
ruhte auf seiner Seite nicht, die Pforte zum Frieden zu ermahnen,
nahm selbst eine strengneutrale Stellung ein, und erklärte im Ein-
verständnisse mit Preußen bei dem Bundestage (10. November),
daß es nur in der Absicht sich in die Verhandlungen mische, um
die gestörte Ruhe wieder herzustellen, das Blutvergießen zu verhindern. In gleichem Sinne wirkte, gemeinschaftlich mit den
anderen Gesandten der Internuntius, v. Bruck in Konstantinopel.
Doch zu bald nur zeigten sich Zerwürfnisse mit der russischen
Flotte im schwarzen Meere, und immer erbitterter wurde die
Stimmung; Noten folgten auf Noten, während die Namen der

Orte des Kriegsschauplatzes: Silistria, Galatz, Giurgewo, Rustschuk, Oltenizza, Jsmail, Braila, Kalafat und so viele andere, die uns vom Jahre 1828 her so geläufig waren, nun unserem Gedächtnisse wieder aufgefrischt wurden.

Die Türkei selbst litt mehr unter ihrer eigenen Schwäche und der aufgedrungenen Hülfe ihrer angeblich guten Freunde, als von dem Drucke ihrer Gegner; immer gab man sich aber noch der Aussicht einer glücklichen Ausgleichung hin, und während Rußland die Fürstenthümer als Pfand besetzte, beherrschten die Seemächte unter gleichem Vorwande das schwarze Meer. So standen die Dinge des Jahres 1853, welchen ein französisches Witzblatt folgendes Testament machen ließ: „je légue mon âme à Dieu, la question d'Orient à 1854 et les tables tournantes et parlantes au diable!"

Im Sommer desselben Jahres brachte ich eine zweimonatliche Urlaubszeit im Vaterlande zu, wartete der großherzoglichen Familie in Karlsruhe und Badenweiler auf und nahm einen längeren Aufenthalt in Baden, wo es mir wiederholt an den interessantesten Beziehungen nicht fehlte. Die beiden verwittweten Großherzoginnen Sophie und Stephanie von Baden, Prinz und Prinzessin von Preußen, die Prinzen Emil und Alexander von Hessen, der Herzog Max in Bayern, sowie die vortreffliche Familie von Hohenzollern belebten nebst einer großen Anzahl von ausgezeichneten Fremden die höheren Zirkel. Die Fürsten Pückler und Radziwill, Brockhausen, Lord Loftus, Marscalchi, Savigny, Blittersdorf, Gortschakoff und andere Diplomaten schlossen sich den kleinen Hofhaltungen an, in denen die liebliche 17jährige Prinzessin Stephanie von Sigmaringen hervorragte. Sie, früher von Louis Napoleon begehrt, sollte nach kurzer, glücklicher Ehe als Königin im fernen Portugal sterben!

Zwei Nachrichten, die eine freudig, die andere erschütternd, beide unerwartet, setzten die fürstliche Gesellschaft in Bewegung! Eines Tages erhielt der Herzog Max ein Telegramm, welches ihm die zu Ischl erfolgte Verlobung seiner Tochter Elisabeth mit dem Kaiser Franz Joseph anzeigte.

An einem der letzten Tage des August erhielt ich auch durch den Telegraphen die betrübende Kunde von dem plötzlichen Hinscheiden der Prinzessin Amalie von Schweden in ihrem 48. Jahre. Sie war noch gegen 11 Uhr Abends in einer sternhellen Nacht auf ihren Balkon in Hacking getreten und unterlag eine halbe Stunde nachher einem Herzleiden. Mir wurde die peinliche Aufgabe der Großherzogin Sophie im Badnerschlosse diese Trauerpost mitzutheilen und auf deren Wunsch, den gerade in einer Schweizerreise begriffenen Prinzen Gustav Wasa auf diesen überraschenden Schlag vorzubereiten. Ich traf den Prinzen in Basel, von wo er sogleich über Baden nach Wien zurückreiste.

Ein tiefgefühlter Nachruf sprach sich in folgenden Worten über jenen Todesfall aus:

„Wir können es unserem Herzen nicht versagen, an der Bahre der hohen Verstorbenen auf eine Persönlichkeit hinzuweisen, die nicht von uns wegscheiden darf, ohne daß die Blicke der Zeitgenossen auf diesen wahrhaft fürstlichen Charakter geleitet werden, damit der, dem einst der Beruf anheim fällt, die Geschichte der schwedischen Revolution wie der entthronten Königsfamilie zu schreiben, nicht zu zeigen vergesse, welch' edle Zweige aus diesem Stamme bis zu seinem Erlöschen entsprossen sind. Kaum irgend ein Glied dieser Familie war von dem über sie eingebrochenen Unglücke tiefer ergriffen, als Prinzessin Amalie. Nicht einen Augenblick ist die große Tragödie ihres Hauses ihrem Geiste entschwunden; ein edler Schmerz warf seine Schatten über ihr Leben, von der Wiege bis zum Grabe! Aber diese Erinnerungen wurden mit so heroischer Resignation gehegt und gepflegt, wurden von so

würdevoller entschlossener Ruhe getragen, daß ebenso wenig Partei=
haß als banales Mitleid sich an die edle Fürstin zu drängen
wagte. Fremden erschien ihr Wesen streng, mitunter wohl ab=
stoßend, wer ihr aber einmal persönlich genaht, einmal den Klang
ihrer Stimme gehört, einen Blick geworfen hatte in die tiefe Bläue
des seelenvollen Auges, das diese bleichen, leidenden Züge belebte —
der konnte sich des Eindrucks nicht erwehren: er stehe vor einer
nach allen Richtungen des Geistes und Gemüths reich ausge=
statteten Frau. Eine äußerst sorgfältige Erziehung, noch mehr
eine nie ruhende Selbstbildung, ausgewählte Lectüre, Musik füllten
fast ihre ganze Zeit, und machten ihre Gespräche anregend und
inhaltreich. Nur wenigen Personen mögen sich alle edlen Schätze
ihres Herzens erschlossen haben. Wer weiß, welch' Band zärt=
licher Liebe diese Familie umschlang, kann den Schmerz der hohen
Geschwister ermessen; aber auch bei den nahe verwandten Höfen
von Baden, Oesterreich, Preußen und Sachsen ließ dieser frühe
Tod eine empfindliche Lücke zurück. Die Prinzessin Amalie schlummert
nun in der Gruft zu Oldenburg neben Gustav IV., dem letzten
Könige aus dem Gottorp'schen Blute, neben der Schwester Cäcilie,
der tugendreichen Großherzogin, hingeschieden in der Vollblüthe
ihrer Reize und Jahre. Sind auch die Pforten über dem Ge=
wölbe geschlossen, das ihre sterbliche Hülle umgibt, so schwebt
doch ihr Geist über den Häuptern derer, die sie liebte und die sie
geliebt haben."

Während meiner Abwesenheit waren die ungarischen Reichs=
kleinodien wieder aufgefunden worden. Kossuth ließ sie in der
Revolutionszeit an irgend einem entlegenen Winkel unter einem
Baume vergraben. Der Ort wurde verrathen und die Krone
des heiligen Stephan mit großen Feierlichkeiten nach Wien geführt;
dort ausgestellt und dann durch den Erzherzog Albrecht zur immer=
während Aufbewahrung nach Ofen überbracht.

Nachdem die Trauung des Kronprinzen Albert von Sachsen im Juni vollzogen worden, durchreiste auch eine andere fürstliche Braut mit glänzendem Gefolge Deutschland, um sich in Brüssel mit dem belgischen Thronerben zu verbinden.

Im Spätherbste erfolgte unerwartet schnell der Tod der Königin Donna Maria da Gloria von Portugal und ihr Gemahl, König Ferdinand, übernahm die Regentschaft für den noch minderjährigen Sohn.

In den ersten sechs Monaten des Jahres 1854 setzte man die, meistens fruchtlosen, Friedensverhandlungen fort und ein lebhafter Notenaustausch fand unter den Kabinetten statt. Die Wiener Konferenz faßte am 13. Januar die verschiedenen Vorschläge in einem Protokolle zusammen, welches als Grundlage der weiteren Verabredungen dienen sollte. Es drängten sich nun die diplomatischen Schritte. Graf Orloff erschien in Wien, um einen letzten Versuch zu machen, den Wiener Hof zu einer absoluten Neutralität während des voraussichtlich nahen Krieges mit den Seemächten zu bestimmen. Jene Mission hatte keinen Erfolg und Orloff reiste nach einigen Tagen unzufrieden ab. Somit war der Anfang zu jener Kälte gemacht, welche sich später zwischen beiden Kabinetten bis zur Erbitterung steigerte. Man fing schon an über den „Undank" Oesterreichs zu murren, vergaß aber, daß die Politik nicht von Gefühlen, nur von Interessen geleitet wird, und Rußland im Jahr 1849 den Brand im Nachbarhause wohl auch theils deßhalb mitlöschen half, damit er das eigene nicht verzehre. Sind die dem Fürsten F. Schwarzenberg schon 1850 in den Mund gelegten Worte: „die Welt werde über die Größe unseres Undankes, Rußland gegenüber, staunen!" wahr, so drückte er, freilich in einer allzu schroffen Form, die Absicht aus, die Allianzen je nach Umständen frei zu wählen. Damals nun konnte man Oesterreich vernünftiger Weise nicht zumuthen, sich so unbedingt bezüglich der nicht abzusehenden Verwicklungen im Orient die Hände zu binden; freilich wurde es später wider Willen mehr in den wirbelnden Kreis derselben gezogen. — Der Sendung Orloff's folgte jene des Obersten v. Manteuffel aus Berlin.

Immer mehr verdüsterte sich der Horizont. Eigenhändige Briefe, welche die drei Kaiser mit einander wechselten, führten zu keinem näheren Verständniß, und die Thronreden in London und Paris erklärten, zwar mit dem Ausdrucke des Bedauerns, doch offen und bestimmt, daß bei der Hartnäckigkeit Rußlands keine Ausgleichung möglich sei. Unter diesen Umständen fand es Oesterreich gerathen, ein starkes Armeekorps an den östlichen Grenzen aufzustellen. Am 21. Februar erließ der Kaiser Nikolaus jenes berühmte Manifest, welches unter Berufung auf 1812 alle Unterthanen zum „heiligen Krieg" auffordert und ausspricht, daß Rußland keine Eroberungen machen, nur den orthodoxen Glauben vertheidigen, vor Allem die heiligen Stätten beschützen wolle. Dieser Aufruf wirkte zündend auf die griechische Bevölkerung der Türkei, noch mehr aber auf das Königreich Griechenland selbst zurück, wo sich die Sympathien für Rußland laut aus= sprachen und König Otto in nicht geringe Verlegenheit versetzt wurde. Auf ihrer Seite machten nun wieder die Seemächte die revolutionären Elemente zu ihren Verbündeten. Allsobald wurden auch die gegenseitigen Gesandten in St. Petersburg, Paris und London von ihren Posten abberufen und somit der diplomatische Verkehr abgebrochen. Der Allianzvertrag der Seemächte mit der Pforte, zur Unterstützung derselben, wurde am 12. März ab= geschlossen und unterdessen die Aufforderung an Rußland wieder= holt, die Fürstenthümer bis Ende April zu räumen. Englische Truppen schifften sich nach dem mittelländischen Meere, französische in größerer Zahl unter St. Arnaud nach Konstantinopel ein. Die englische und französische Kriegserklärungen an Rußland (Ende März) ließen nun nicht lange auf sich warten. Im April folgten sich rasch die Verträge; am 9. unterzeichneten die Bevollmächtigten

das s. g. Palmsonntagprotokoll, worin sie sich verpflichteten, die Unab=
hängigkeit und Integrität der Türkei aufrecht zu erhalten, aber
auch die Rechte der christlichen Unterthanen derselben zu schützen.
Den 12. wurde das enge Bündniß zwischen England und Frank=
reich in der ausgesprochenen Absicht abgeschlossen, gemeinschaftlich
alle Streitkräfte aufzubieten, den Uebergriffen Rußlands entgegen,
den europäischen Frieden auf dauernden Grundlagen wieder herzu=
stellen. Endlich den 20. verbanden sich Oesterreich und Preußen
zu einem Schutz= und Trutzvertrage, indem sie sich gegenseitig den
Besitz ihrer Staaten verbürgten und die Rechte wie Interessen
Deutschlands zu wahren versprachen. In jedem dieser Ueberein=
kommen wurde als nächstes Ziel die Entfernung der Russen aus
der Wallachei bezeichnet.

Nun kam die Reihe an Griechenland; französische Truppen
landeten im Piräus, um die Insurrektion im Keime zu ersticken,
und eine Reihe ziemlich harter Maßregeln beraubten die Regierung
von Athen beinahe jedes selbstständigen Willens. Als Erwiederung
auf alle diese Schritte schleuderte Rußland wiederholt ein Manifest
in die Welt, die ganze Verantwortlichkeit des Kampfes den See=
mächten zuwälzend, mit der abermaligen Versicherung, daß es nicht
für irdische Vortheile, nur für das Christenthum kämpfe.

Auch in Frankfurt hatten mittlerweile die beiden Großmächte
Eröffnungen über die schwebenden Fragen gemacht, und Ende Mai
traten die Mittelstaaten in Bamberg zusammen; nach längeren
Berathungen schloß sich der Bund den Bestimmungen des Ver=
trages am 20. April an.

Die Wiener Konferenz setzte ihre Thätigkeit unausgesetzt fort
und Anfangs Juni erfolgte von Oesterreich, unterstützt von Preußen,
wieder eine ernstliche Mahnung an Rußland, die Donaufürsten=
thümer zu räumen; ja das kaiserliche Kabinet ging noch einen
Schritt weiter, indem es in einer Konvention mit der Pforte sich
verpflichtete, jene Provinzen bis zum Frieden durch seine eigenen

Truppen zu befetzen. Dieß war ein zweiter Grund des weiteren Zerwürfniffes, und Rußland, wiewohl unwillig und zögernd, entschloß sich, im Intereffe des befreundeten Deutschlands, wie es sagte, seine Truppen über den Pruth zurückzuziehen. Alsobald nahmen die Fürstenthümer eine Befatzung von 80,000 Mann k. k. Truppen auf.

Den 8. Juni hatte der Kaiser eine Befprechung mit dem König von Preußen im Thun'schen Schloffe zu Tetfchen. Seinerseits traf Napoleon mit den Königen von Belgien und Portugal wie mit dem Prinz-Gemahl Albert zufammen.

Eigenthümlich, wie nie zuvor, war die Stellung, welche zu diefer Zeit das diplomatifche Corps in Wien eingenommen. Die Mehrzahl, befonders der deutfchen Mitglieder deffelben, neigte sich der ruffifchen Auffaffung zu und ftimmte darin mit den Ansichten der höheren Gefellfchaft und Generalität überein. Bourqueney und Weftmoreland traten um fo entfchiedener auf, als es galt, die Schwankungen des öfterreichifchen Kabinets wie den überwiegend ruffifchen Einfluß in den politifchen Kreifen zu bekämpfen. Der franzöfifche Gefandte war überdieß die Seele der Konferenz, beredt und klug in den Verhandlungen, gewandt in der Redaktion, und feinen Bemühungen ift es vorzüglich zuzufchreiben, daß Oefterreich vielleicht jene Linie überfchritt, welche es sich urfprünglich in feiner Haltung vorgezeichnet hatte. Es war aber bei Bourqueney nicht allein das Pflichtgefühl, das ihn leitete, den ihm zugehenden Weifungen treu nachzukommen und dadurch vorübergehende Vortheile für feinen Hof zu erzielen; er fah weiter, und es belebte ihn der Wunfch, eine dauernde Allianz zwifchen beiden Kabinetten in ihrem gegenfeitigen, wohlverftandenen Intereffe zu gründen; er machte aus diefer Ueberzeugung kein Hehl; es war zunächft die Aufgabe, welche er sich in feinem Berufe geftellt, und er verließ den Dienft alfobald, wie sich die Politik an der Seine verändert hatte. Noch vor wenigen Tagen fprach er diefe

14*

Meinung im Senate aus, so wie er sie auch zu seiner Richtschnur bei dem Kongresse in Zürich genommen hatte.

Neben dem kleinen beweglichen Franzosen nahm sich der stille, hagere Westmoreland noch phlegmathischer aus; er war ein Britte von der gemüthlichsten Art mit einem mehr kosmopolitischen Anstriche; ein wohlwollender Charakter, lebensfroh, großmüthig und gastfrei, beinahe über seine Kräfte. Ohne besondere Befähigung für seinen Beruf verband er doch eine gesunde Anschauungsweise mit Routine, selbst mit einer gewissen Feinheit. Dabei war er den Grundsätzen der alten Schule treu, ein ächter Gentleman in Ton, Gesinnungen und Manieren. Umgeben von einer vortrefflichen Gattin, einer schönen einigen Familie, den Wellesley's nahe verwandt, zeigte er sich Jahre lang in Florenz wie in Berlin und Wien nicht nur als der freundlichste Hausherr, er war auch ein eifriger Beschützer der schönen Künste. Die Musik betrieb er als Dilettant im Großen und versuchte sich sogar in Meßgesängen wie in Opern, in Märschen und Kantaten, wie im Liede. Lady Westmoreland aber schmückte die Wände ihres Salons mit großen Oelgemälden, von ihrer eigenen Hand. So bildete denn die englische Botschaft in dem schönen koburgischen Palais einen Mittelpunkt für die vornehme Welt, welche mit glänzenden Bällen und Diners, vor allem mit Concerten, erfreut wurde.

Die peinlichste Rolle war jedoch dem russischen Gesandten v. Meyendorff vorbehalten; er, der schon vor Jahren eine so günstige Stellung in Wien eingenommen, seinen Eifer für die Erhaltung der österreichisch-russischen Allianz bethätigt, er, der gescheute seine Mann mit dem redlichen Willen und einem durchaus ehrenwerthen Charakter, sah sich nun durch eine besondere Fügung der Dinge seinem eigenen Schwager, dem Grafen Buol gegenüber, in der Unmöglichkeit, den politischen Wünschen und Ansichten seines Hofes Geltung zu verschaffen. Er fühlte, in welch' falsche Lage er unverschuldet gerathen war, und, seine Entlassung selbst herbei-

fehnend, wurde er durch Fürst Alr. Gortſchakoff erſetzt. Wir
alle aber konnten Meyendorff nur mit wahrem Bedauern aus
unſerer Mitte ſcheiden ſehen, wo er ſich eine ſeinem Andenken ſtets
geſicherte Achtung erworben. Wiſſenſchaftlich gebildet, einfach, ohne
Prätentionen, ein oft heiterer, immer angenehmer und intereſſanter
Geſellſchafter wußte er klug, ungeachtet einer natürlichen Heftigkeit,
das gehörige Maß zu halten, um ſo verdienſtlicher, als ihm eine
kränkliche Reizbarkeit nicht fremd war. Die leidenſchaftliche Hal=
tung ſeines Nachfolgers ließ Meyendorff's Vorzüge nur in einem
um ſo günſtigeren Lichte erſcheinen.

Es enthielt das diplomatiſche Corps daher ſo viele Schat=
tirungen, als die Geſandten eben den Inſtruktionen ihrer Höfe,
oder individuellen Eindrücken folgten. Am beſten befanden ſich
jene dabei, die, wie ich, unbefangen den Gang der Ereigniſſe
beobachten konnten und jede Wendung freudig begrüßten, welche
einem unſerer Anſicht nach unheilvollen und unnöthigen Kriege
je eher je lieber ein Ende machen würde.

Ich breche hier dieſe Chronik ab, um ſie ſpäter wieder aufzu=
nehmen, wenn ich die mit den Feindſeligkeiten nicht unmittelbar
im Zuſammenhange ſtehenden Tagesbegebenheiten der Reihe nach
beſprochen haben werde.

—————

Neben den diplomatiſchen Verhandlungen liefen die gewöhn=
lichen Faſchingsfreuden her und viele ausgezeichnete Fremde waren
in Wien erſchienen. Der Herzog von Cambridge eilte zur Armee
nach Konſtantinopel, kehrte aber noch in demſelben Jahre wieder
zurück, ein freundlicher, ſchöner Mann, dem man mit Auszeichnung
begegnete. Auch ein anderer Prinz, Jerome Napoleon, den man
nun „Plon=Plon“ zu nennen gewohnt iſt — begab ſich, jedoch
nicht über Wien, auf den Kriegsſchauplatz, zog aber bald eine
friedliche Beſchäftigung als Vorſtand der Weltausſtellungscommiſſion

zu Paris dem angreifenden Waffenlärm in der Krim vor, und verließ plötzlich „nervenschwach" die Armee.

Die ganze fürstlich Fürstenbergische Familie, der Prinz Karl von Baden, Fürst von Leiningen, die Herzogin D. von Sagan und andere hohe Gäste waren zu längerem Besuche eingetroffen, während der Kaiser selbst einige Zeit bei seiner erlauchten Braut in München verweilte. — Der Vermählung der Erzherzogin Wittwe Elisabeth mit ihrem Vetter Karl Ferdinand folgte nun bald die feierliche Trauung des Kaisers selbst.

Gegen das übliche Herkommen hatte keine Einsegnung der Ehe durch Procuration stattgefunden. Die kaiserliche Braut kam in Begleitung ihrer durchlauchtetsten Eltern in Linz an, wo sie der Kaiser einen Augenblick begrüßte und dann ihr vorauseilend sie wieder in Nußdorf mit einer herzlichen Umarmung empfing. Hier hatte das reich geschmückte Dampfboot „Franz Joseph" mit der lieblichen Prinzessin gelandet und jubelnd von einer unabsehbaren Menge begrüßt, wurde sie von der kaiserlichen Familie nach Schönbrunn geleitet, wo das Brautpaar unter nicht enden wollenden Freudenbezeugungen auf dem Balkon erschien und halb Wien in lebhafter Erregung zu Fuß oder in sich eng aneinander reihenden Wagen dem kaiserlichen Schlosse zuströmte.

Des anderen Tages — den 23. April gegen 4 Uhr — fand vom Theresianum aus der Einzug der hohen Braut mit einem Festgepränge statt, wie es Wien wohl selten reicher und glänzender gesehen. Ehrenpforten, Fahnen, Teppiche, Blumengewinde, Inschriften und sinnreiche Verzierungen aller Art, allbekannt, wurden hier auch wieder gesehen; sie fielen zusammen mit dem ununterbrochenen Bewillkommungsgeschrei der sich auf dem ganzen Wege herzudrängenden Bevölkerung. Was aber dem bunten Bilde einen eigenen Reiz, eine beinahe romantische Färbung gab, war der Aufzug des Adels und der Offiziere zu Wagen und zu Pferd; den malerischen Trachten der Magnaten, den wechselnden

Uniformen aller Waffengattungen der 60 berittenen Cavaliere schlossen sich die prachtvollen Equipagen von gegen 20 Fürsten und Grafen an, unter denen sich jene der Fürsten Esterhazy und Batthiany durch geschmack- und werthvollen Glanz auszeichneten. Auch die Pferde einiger ungarischen Grafen waren wie mit Netzen von Dukaten oder von Gold strotzenden Schabracken bedeckt. Nun kam die lange Reihe der zwei- bis sechsspännigen Hofequipagen, endlich der Galla-Glaswagen, in dem die bräutlich geschmückte Prinzessin Elisabeth — die Herzogin Mutter Louise ihr gegen- über — saß. So ging es unter fortwährendem Jubel bis zur Hofburg, wo die kaiserliche Familie die hohe Braut empfing, und bald darauf die Trauung in der Augustinerkirche von dem Erz- bischofe Rauscher vollzogen wurde. Ungemein feierlich war der Anblick dieser geweihten Stätte, die bald von frommen Gesängen und Orgelklang ertönte, welchen wieder lautlose Stille folgte. Aller Augen waren auf das junge Kaiserpaar gerichtet, welche durch den Segen der Kirche zu einer Ehe verbunden werden sollten, die nach den Erfahrungen der Geschichte ebenso viele großartige beglückende Momente als schmerzliche Prüfungen erwarten würden! Eine zahlreiche, glänzende Versammlung hatte sich eingefunden; viele Bischöfe der Monarchie, eine Menge von Generalen, Vater Radetzky an der Spitze, waren Zeugen der erhabenen Feier. Auch mich hatte sie in ihrer einfachen Würde tief ergriffen — in dem- selben Monate, gerade vor 44 Jahren, wohnte ich dem Einzuge einer anderen kaiserlichen Braut — der Erzherzogin Marie Louise in Paris bei! — Noch an jenem Abende fand in dem Rittersaale eine mehrstündige Vorstellungscour statt. In den folgenden Tagen wurden denn, wie gewöhnlich, Hof-, Stadt- und Volksfeste abge- halten. Die Straßenbeleuchtung wie jene im Prater mit öffent- lichen Belustigungen waren vom Wetter nicht begünstigt. Ein Hofball zeichnete sich vor anderen durch den reichen Schmuck und die eleganten Toiletten der Damen wie die bunte Pracht der Uniformen aus. Für die Galla=Vorstellung im Opernhause hatte man nicht ganz glücklich die Oper gewählt, welche Rossini einst für die Krönung Karls X. componirte. Die durch die Umstände gebotenen Aenderungen ließen kalt und die im letzten Akt nach Ischl versetzten Scenen mit den aus italienischen Kehlen ertönenden Huldigungs= strophen nahmen sich etwas seltsam aus.

Nach den alljährlichen, jetzt doppelt lebhaften Maifreuden machte der junge kaiserliche Hof eine Reise nach Prag, wo ihn abermalige Empfangsfeierlichkeiten erwarteten.

Unter den fürstlichen Besuchen erregte einige Monate später der junge König von Portugal Don Pedro V. mehr als ge= wöhnliches Aufsehen. Er empfing das diplomatische Corps mit graciösem Anstande und drückte sich sehr geläufig im Deutschen aus. 20 Jahre früher hatte ich in diesen Räumen dem Prinzen Ferdinand vor seiner Abreise nach Lissabon aufgewartet, und gerade, wie sein Sohn jetzt, blond, mager, rasch aufgeschossen, war er mir damals erschienen. Im Gegensatze zu dem beinahe schmächtigen Aussehen des jungen Monarchen war der ihn be= gleitende Bruder, der 16jährige Herzog von Oporto, — heute König Ludwig I. — sehr klein und dick für sein Alter, und ein durch Schüchternheit unterdrücktes lebhaftes Wesen ließ ihm sehr gut an. Beide Prinzen bewohnten als Verwandte die Hofburg und waren von Careira, Terceira und anderen Herren ihres Landes begleitet.

Schon den 20. November 1853 war in der Kapelle der Metternich'schen Villa die Vermählung der einzigen Tochter dritter Ehe des Fürsten, Melanie, mit dem Grafen Joseph Zichy durch den Kardinal Viale vollzogen worden; auch bei dieser war ich Zeuge. Es gereichte der Fürstin Mutter zum freudigen Troste, ihre Tochter versorgt zu wissen, denn seit ihrer Rückkehr von dem Auslande war ihre früher schon erschütterte Gesundheit noch viel leidender geworden. Sie hatte sich noch immer weniger als der Fürst in jene Entfernung von Hause finden können; in der letzten Zeit aber nahm ihre Kränklichkeit sichtbar zu. Dabei war ihr ganzes innre Wesen wie geläutert; ihre edleren Eigenschaften, ihre unerschöpfliche Herzensgüte traten immer mehr hervor, und charakterstark, wie sie stets war, wußte sie ihre physischen Qualen zu beherrschen, um den Fürsten nicht zu beunruhigen, ihrer Umgebung nicht wehe zu thun, die gewohnte Lebensweise nicht zu stören. So fand man sie anscheinend heiter an den Gesprächen des Salons Theil nehmen, wenn schon ihre äußere Erscheinung bei dem ersten Anblicke ihren trostlosen Zustand verrieth. Einige Tage vor ihrem Tode war sie noch am Theetische und unterlag dann nach kurzer Agonie mit der ihr zur zweiten Natur gewordenen frommen Ergebung ihren langen Leiden! Manche Thräne floß an ihrem Sarge und als die Leiche vor ihrer Abführung nach Böhmen in der Karlskirche zu Wien eingesegnet wurde, drängten sich alle Freunde des Hauses zum letzten Abschied in die heiligen Räume. Ich begleitete den Fürsten von Fürstenberg dahin, nicht ahnend, daß ich noch in demselben Jahre auch an seinem Grabe stehen würde!

Kaum war ein Jahr verflossen, als auch die Schwester des Fürsten — die 84jährige Herzogin Pauline von Württemberg — starb. Sie war eben zu Hitzing in eine Sommerwohnung gezogen, als sie eine tödtliche Schwäche befiel und gerade hatten sich ihre Augen für immer geschlossen, als ich am 21. Juni 1855 Nachmittags ihr Krankenzimmer betrat. In der vortrefflichen Frau beweinte ich eine mütterliche Freundin, die mir in jeder Lage des Lebens immer gleich wohlwollende Gesinnungen bewieß.

· Mit dem Ableben der Fürstin Melanie eröffnete sich eine Reihe mich mehr oder minder schmerzlich berührender Todesfälle.

In den letzten Tagen des März wurden wir durch die Kunde erschreckt, daß der Herzog von Parma bei hellem Sonnenschein mitten in einer Straße seiner Residenz von einem unbekannten

Mörder erdolcht worden sei. Es hatte dieser feige Meuchelmord, dessen Thäter bisher nicht entdeckt worden, in jenem Augenblick mehr als gewöhnliche Bedeutung. Der Herzog war nicht nur seiner Lebensweise wegen verhaßt, er galt auch in den Augen der Italianissimi als ein Anhänger Oesterreichs und dieß war sein Hauptverbrechen, das ihn dem frühen Tode weihte. Die Regierungs= sorgen überließ er einem Engländer Ward, der sich von unter= geordneter Stellung zu einem Liebling des Herzoges, zu seinem ersten Minister emporgeschwungen hatte und zugleich die Stelle eines Gesandten in Wien bekleidete. Die Herzogin, klug, mit dem Gange der Dinge unzufrieden, suchte der Leitung der Politik eine mehr nationale Färbung zu geben und wurde demnach bei dem unerwarteten tragischen Ende des Herzoges in die peinlichste Lage versetzt. Als Regentin und Vormünderin ihrer vier Kinder lenkte sie nach ihrem Sinne das kleine Staatsschiff und wenngleich sich von österreichischem Rathe und Einflusse lossagend, entging sie doch nicht minder als ihre fürstlichen Nachbaren dem Schicksale, ihr Land später verlassen zu müssen. Schon in der Wiege eine vater= lose Waise war sie bestimmt auch ihren Gemahl auf die gleiche entsetzliche Weise, wie ihren Vater, zu verlieren.

Ward, dem die Rückkehr nach Parma nicht gestattet wurde, starb bald darauf als wohlhabender Privatmann in Wien.

Schmerzlich wurde ich von dem gleichwohl längst vorauszu= sehenden Tode meines Schwagers August von Roggenbach er= griffen. Er hatte sich als Jüngling in den Gefechten bei Straßburg ausgezeichnet, den selten gewordenen badischen Militärverdienstorden erhalten; von da widmete er sich während einer mehr als 30jährigen Friedenszeit einem anspruchslosen aber nützlichen Berufe, um sich in und nach dem Jahre 1849, bei stets zunehmender Kränklichkeit, als Kriegsminister einer Aufgabe zu unterziehen, die gewiß zu den schmerzlichsten und aufreibendsten im Leben gehörte. Nicht nur mußte er das strenge Kriegsrecht üben, es wurde ihm auch die schwere Pflicht, das durch die Empörung aufgelöste Armeecorps wieder herzustellen und die nicht immer leichten Verhandlungen mit Preußen zu führen. Mit dem lohnenden Bewußtsein gewissenhaft erfüllter Pflicht und erfolgreichen Wirkens standen seine körperlichen Kräfte nicht im Einklange; er fiel, ein Opfer übergroßer Anstrengung, den 7. April.

Auf den Wunsch meiner trauernden Schwester entwarf ich seine Grabschrift und faßte in nachstehenden kurzen Zügen seinen Lebenslauf und Charakter zusammen:

„Treu seinem Fürsten; in frühester Jugend tapfer im Felde, später von aufopfernder Berufsthätigkeit, ein frommer Krieger, einfach, bescheiden, rein in Sitten, beglückender, beglückter Gatte, ein ächter Edelmann, ein deutscher Ehrenmann!"

Während meines Sommeraufenthaltes in Baden bei Wien erhielt ich im Juli die Nachricht von der plötzlichen Erkrankung der Prinzessin Louise Wasa. Sie hatte, an der Brustwassersucht leidend, ihren gewöhnlichen Wohnsitz, Schloß Morawetz in Mähren, verlassen, um in Brünn einige Erholung zu suchen, doch kaum hatte sie dort die sogenannte Karthause — eine erzherzogliche Villa — bezogen, als ihr mit der großen Hitze zunehmendes Uebel einen lebensgefährlichen Verlauf nahm und sie am 19. einem Erstickungsanfalle unterlag. Ich war auf die erste telegraphische Depesche nach Brünn geeilt, fand die Prinzessin aber nicht mehr am Leben. In dem Trauerhause brachte ich mit den beiden durchlauchtigsten Schwestern, dem Kronprinzen von Sachsen und dem Herzog von Hamilton einen schmerzvollen Tag zu, und kehrte acht Tage später wieder dahin zurück, um der Beerdigung beizuwohnen. Von der Villa bis zu der über der Stadt sich erhebenden Domkirche bewegte sich ein langer Trauerzug von Militär- und Civilpersonen und nachdem der Bischof Graf Schafgotsch das Todtenamt gehalten, wurde der Sarg nach

der fürstlich Sigmaring'schen Gruft gebracht, wo ihn die hohen
Verwandten erwarteten.

So starb eine Fürstin, die ich vor 43 Jahren taufen sah,
bei deren Vermählung ich Kammerherrndienste leistete, und welcher
ich nun, ferne vom Vaterlande, das letzte Geleite geben sollte.

Eine andere Trauerkunde, auf eine hochgeehrte Königsfamilie
wie ein ganzes deutsches Land um so betäubender wirkend, als sie
so höchst unerwartet kam, traf aus den Tyroler Bergen ein. Der
vortreffliche König Friedrich August von Sachsen war, von einem
seiner gewöhnlichen naturwissenschaftlichen Ausflügen zurückkehrend,
in einem Thale mit dem Wagen umgeworfen worden und verschied
bald nachher besinnungslos in Folge des Sturzes.

Anfangs Juli hatte ich die fürstlich Fürstenberg'sche
Familie, von Wien bis Vöslau, auf ihrer Reise nach Ischl begleitet, wo sie den Sommer zubringen wollte. Der Fürst war
da heiter, gesellig wie sonst gewesen, hatte die kaiserlichen Gems-
jagden mitgemacht, als plötzlich ein anfangs unbedeutend erscheinendes
Unwohlsein bedenklicher wurde und nach tagelangen furchtbaren
Leiden mit dem Tode endete! Auf Befehl des Regenten begab ich
mich nach Ischl, doch kam ich leider zu spät, um den edlen Herrn
noch zu treffen. Schon in Gmunden begegnete ich der Fürstin
mit den Prinzessinen Töchtern und entledigte mich des mir gewordenen peinlichen Auftrages. In Ischl konnte ich nur mit den
drei fürstlichen Söhnen im Sterbezimmer des Verklärten beten und
weinen. Aber von herzergreifender Rührung war die Schilderung
der letzten Augenblicke des dahingeschiedenen Fürsten, der, von
tiefem frommen Gefühle wie immer beseelt, in diesen qualvollen
Momenten ein von seinen Söhnen belauschtes Gebet zu dem
Himmel empor richtete, Leben oder Tod, das Wohl einer geliebten
Familie der Fügung Gottes anheimstellend!

In den letzten Tagen des Oktobers endlich starb die Königin
Therese von Bayern zu München an der Cholera. Der könig-

liche Hof hatte den Sommer in Aschaffenburg zugebracht; man
sprach geheimnißvoll von der Erscheinung einer „schwarzen Frau"
und unter trüben Vorahnungen wurde die Rückreise nach der Residenz
angetreten.

Die Kriegsnoth im Osten wirkte auch auf Wien zurück;
mit der allgemeinen Unbehaglichkeit verband sich die Cholera,
welche mit furchtbarerer Heftigkeit als je auftrat. Auch in München
hatte diese Krankheit die große Industrieausstellung in der uner=
freulichsten Weise unterbrochen.

Dennoch fehlte es in Wien 1854 nicht an fürstlichen und
anderen Gästen. Wiederholt erschienen die Herzoge von Sachsen=
Koburg und Braunschweig und aus den Donaufürstenthümern
trafen die durch die Ereignisse vertriebenen Hospodare ein.
Louis Napoleon schickte seine Vertrauten Bacciochi und Heckern
d'Anthes, Preußen den immer gerne gesehenen Grafen Alvensleben,
endlich Bayern seinen geistreichen Staatsmann v. d. Pfordten. —
Oefters sah man auch einen der reichsten spanischen Granden, den
Herzog von Osunna; ein hübscher, wohlwollender Mann, keiner
der extremen Parteien seines Landes angehörend, beständig auf
Freiersfüßen, ohne sich zu einer Ehe entschließen zu können. Früher
unabhängig wurde er dann von seiner Königin bestimmt, den
St.=Petersburger=Gesandtschaftsposten anzunehmen, auf dem er,
wie bei der Krönung in Moskau, mit vielem Glanze auftrat.

An politischen Ereignissen war dieß zweite Halbjahr gleich=
falls reich; zur Abwechselung fand auch wieder einmal eine
Revolution in Spanien statt; doch alle die außerhalb des Kriegs=
schauplatzes vorgegangenen Verwickelungen verschwanden vor den
Nachrichten, welche sich nun rasch aus der Ostsee, wie vom schwarzen
Meere her folgten. Mit großem Geräusche war der englische
Admiral Ch. Napier, mehr Seebär als Seeheld, in jene Gewässer
eingefahren, bis Kronstadt vorgedrungen, aber der Erfolg entsprach

so hochgespannten Erwartungen nicht; es war nur von „Bomarsund" die Rede. Nun kehrten sich alle Blicke nach dem Orient, wo der Marschall St. Arnaud endlich im September die Landung in der Krim bei Eupatoria vollbrachte, die Schlacht an der Alma für die verbündeten Truppen entschied, und später die blutige Metzelei von Inkermann die Zahl der unfruchtbaren Lorbeeren vermehrte. Man ging im Siegestaumel sogar so weit, die Einnahme von Sebastopol als nahe bevorstehend zu betrachten, und als ein „Tartar" im Oktober die falsche Nachricht von der Uebergabe der Festung nach Konstantinopel brachte, machte sie die Runde durch ganz Europa; selbst Louis Napoleon, welcher damals gerade Heerschau in Boulogne hielt, spielte auf dieß Ereigniß in einer Rede an. In Wien glaubte beinahe Jedermann daran, und der Telegraph, welcher die wichtige Begebenheit nach allen Gegenden der Windrose ausschrie, mußte sie des anderen Tages ebenso widerrufen. Nur Bourqueney, dem natürlich am meisten daran liegen mußte, das Gerücht der Neuigkeit gehörig zu prüfen, zweifelte, berichtete daher nicht. Man tröstete sich mit dem Witze, daß es ein „canard à la tartare" gewesen, welchen man den Diplomaten vorgesetzt, und erst über ein Jahr nachher sollte diese „Ente" eine Wahrheit werden! Fassen wir aber unbefangen die damalige Lage in's Auge, wäre es nicht erwünschter gewesen, die Eindringlinge hätten schon zu jener Zeit sich des „Malakoffs" bemächtigt; wie viel Jammer, Blut, Elend und Unglück wäre dadurch nicht erspart worden!

Die Alliirten bezogen nun ein Lager, richteten sich für den Winter ein, begannen eine regelmäßige Belagerung der Seeseste, und opferten die edelsten Kräfte einem verhältnißmäßig nicht lohnenden Zwecke.

Die vorübergehenden Vortheile wurden bald durch Mißgeschicke aller Art überwogen. Feuersbrünste, Seestürme, besonders aber die Cholera, richteten furchtbare Verheerungen an, und größere Leichenhaufen fanden sich in den Spitälern als auf den Schlachtfeldern. St. Arnaud fiel eines der ersten Opfer; ihm folgten viele ausgezeichnete Offiziere, und der frische Muth, mit dem der Feldzug begonnen, wurde nur gar zu bald herabgestimmt. Dennoch behielt die französische Armee, mehr als die englische, Ordnung und Vertrauen bei; es beseelte ein eigener Geist die fränkischen Truppen unter Generalen, die an Tapferkeit und Opfermuth wett-eiferten. Auch das religiöse Element, so lange aus diesen Lagern verbannt, machte sich wieder geltend; Priester zeigten sich in den Krankenzimmern wie auf dem Wahlplatze, und während sie in Verbindung mit den über alles Lob erhabenen barmherzigen Schwestern, Verwundete pflegten, Sterbende trösteten, waren sie für die Heilung des Körpers, wie das Wohl der Seele eifrig bedacht. Die Ver-einigung so vieler Kräfte, die aufopfernde Ausdauer Aller ver-mochten es nur, die unsäglichen Leiden erträglich zu machen, welche die belagernden Truppen in diesem entsetzlichen Winter heim-suchten. Eisige Nordostwinde durchrasten die Halbinsel, Mangel an schützender Kleidung, erwärmender gesunder Nahrung, verbanden sich da mit all' dem gewöhnlichen Ungemache des Krieges, und die Russen befanden sich noch in einer vergleichsweise günstigeren Lage.

Während der nothgedrungenen Waffenruhe wurden dann wieder in Wien Verhandlungen aufgenommen, Verträge abge-schlossen. Den 26. November unterzeichneten die Bevollmächtigten Oesterreichs und Preußens eine Konvention, und der 2. Dezember gab dem berüchtigten Allianzvertrage der Seemächte mit Oesterreich das Leben. Louis Napoleon legte einen besonderen Werth darauf, daß er gerade an jenem, für beide Kaiser so wichtigen Jahrestage unterschrieben werde. Diesen Verabredungen folgte das Wiener Konferenz-Protokoll vom 28. Dezember, welches sich mit den russischen Friedensvorschlägen, und den bekannten vier Punkten beschäftigte.

Man hat bei allen diesen Vorgängen die Haltung des k. k. Ka-binets einer scharfen Beurtheilung unterworfen. War es jedoch, nach der Ansicht der Gegner seiner Politik, zu weit gegangen, zu sehr aus der früher eingenommenen neutralen Stellung herausgetreten, hatte es sich allzuviel von den bald einschmeichelnden, bald drohenden Phrasen Frankreichs blenden lassen, so waren doch gewiß seine Intentionen immer die besten und uneigennützigsten. Alle seine mit schweren Opfern verbundenen Anstrengungen drehten sich immer nur um den einen lebhaften Wunsch, den Frieden herbeizuführen; und dabei seine, wie Deutschlands Interessen zu wahren. Waren die Mittel hierzu vielleicht auch nicht immer glücklich gewählt, so ist doch für alle, Oesterreich nicht ganz feindlich Gesinnte klar, daß von dem Augenblicke an, als es sich entschieden auf die Seite Rußlands gestellt, der Kampf sich von der Krim weg in das Herz der österreichischen Monarchie gezogen hätte.

Alle Minen waren in Italien, in Ungarn, schon hierzu gelegt, und der Krieg hätte, wie drei Jahre später, schon damals, im Bunde mit der Revolution, größere Dimensionen angenommen. Dieß zu verhindern blieb des Wiener Kabinets Ziel wie sein Verdienst. Denn konnte man von ihm verlangen, daß es den Blitzableiter für Rußland abgebe, sich, einen alten Alliirten zu retten, selbst opfere? Welche Hülfe durfte es überdies in einem solchen Falle von seinem nordischen Freunde erwarten, der unschlüssigen Haltung Preußens gar nicht zu gedenken? Spricht man denn immer nur vom „Undanke" des k. k. Hofes, Rußland gegenüber, und erinnert nie an die Worte des Kaisers Nikolaus an Seymour? Wären doch lieber die drei östlichen Großmächte, statt der gegenseitigen Vorwürfe, gleich anfangs entschieden und gemeinschaftlich den Napoleonischen „Ideen" entgegengetreten, und hätten den Versicherungen jenseits des Rheins weniger getraut! wohl den deutschen Staaten, wenn sie jetzt noch, die traurigen Erfahrungen benützend, Allianzen da suchen, wo es ihr wirklicher Vortheil, nicht leidenschaftliche Ansprüche erheischen!

In Deutschland selbst aber ließ der Krimkrieg die öffentliche

Meinung ziemlich gleichgültig; man fühlte wohl instinktmäßig, daß eine Fehde, in der sich zwei der uns feindseligsten, auf unsere Grenzen drückenden Mächte gegenseitig schwächen, nicht gerade als eine vaterländische Calamität anzusehen sei. Doch begegnete man sich wieder in dem Wunsche, aus Gründen der Humanität, einem ebenso verderblichen als zwecklosen Kriege ein baldiges Ziel gesetzt zu sehen. Abermals lautete das Vermächtniß des Jahres 1854 wie jenes des vorhergehenden; 1855 sollte die orientalische Frage erledigen!

Die Weihnachts= und Neujahrstage verflossen in gewohnter Weise, und auch der Karneval (1855) mit seinen Bällen, theatra= lischen Vorstellungen, zu denen sich der bekannte „Circus Renz" gesellte, und andere lärmende Vergnügen rauschten vorüber; doch die Krankheiten, die zunehmende Theuerung, der Fall so vieler Handelshäuser, sowie die Ungewißheit in der politischen Weltlage, drückten sichtbar die Gemüther, und wirkten auch auf den Hof und die höhere Gesellschaft zurück. Die Kaiserin tanzte nicht, und als am 5. März gegen 4 Uhr die Kanonen die Ent= bindung der hohen Frau verkündigten, zählte man aufmerksam die Schüsse, welche, da sie mit dem 21sten endeten, der Stadt, wie der Telegraph dem Reiche anzeigten, daß eine Erzherzogin geboren worden. Sie erhielt bald darauf bei der feierlichen Taufe in der Burgkapelle den Namen: „Sophie," starb aber leider schon im zweiten Jahre.

Aus Turin kam uns im Januar eine Trauerpost nach der anderen zu; der König Victor Emanuel hatte in weniger als sechs Wochen Mutter, Gattin, Sohn und Bruder verloren! Auch die Erzherzogin M. Dorothea, Wittwe des Palatins Joseph, starb im März.

Einen ungleich mächtigeren Nachhall, als alle diese Todes= fälle, fand aber das nach kurzem Unwohlsein erfolgte Ableben des Kaisers Nikolaus von Rußland, welches Wien am Morgen des 3. März erfuhr! Es war in der That in jenem Augenblick dies unerwartete Ereigniß von so unermeßlicher Wichtigkeit, von so unberechenbarer Tragweite, daß sich daran in gleichem Grade freudige Erwartungen, wie Befürchtungen der schlimmsten Art knüpften. Im Allgemeinen gab man sich in dessen Folge Friedens= hoffnungen hin, noch verstärkt durch den Umstand, daß sich bald darauf die Wiener Konferenzen eröffnen sollten.

Der Kaiser war von dieser überraschenden Kunde tief ergriffen, seine Beileidsbezeigungen in St. Petersburg von der herzlichsten Art; und Alexander II. ließ allsobald dem Fürsten Gortschakoff durch den Grafen Nesselrode telegraphiren:

„Dites à l'Empereur François Joséphe, que notre auguste maître a été on ne peut plus touché des regréts voués par ce monarque à la mémoire de son ancien ami qui l'avait chéri, comme s'il eût été de sa famille. L'ordre par lequel a été perpetuée dans l'armée autrichienne la mémoire de l'Empereur Nicolas, qui a toujours tout appréciée, tout honorée cette armée, a rappelé à notre souverain une heureuse époque d'union et attachement réciproque, ainsi que l'acceuil affectueux qu'il avait trouvé de la part de l'Empereur d'Autriche."

Die offizielle Wiener Korrespondenz widmete dem dahin= geschiedenen Czaaren folgenden Nachruf:

„Die Trauerbotschaft, welche wir gestern mittheilten, erfüllt alle Herzen mit tiefer Wehmuth. Was die Vorfälle der letzten Zeit an Zwiespalt gebracht, die Verschiedenheit der Ansichten über die Aufgabe der Staaten gegenüber den Ereignissen im Orient, die widerstrebenden Tendenzen in Bezug auf die weitere Entwicklung der dadurch hervorgerufenen Situation — dieß Alles tritt heute in den Hintergrund vor dem obherrschenden, schmerzlichen Gefühle der Größe des Verlusts, den Europa durch den Hintritt eines seiner hochbegabtesten Souveräne erlitten. Die nahezu 30jährige Periode der Regierung dieses Kaisers gehört zu den glänzendsten in der Geschichte Rußlands, und hat Namen wie Andenken des verewigten Monarchen eng verwebt mit allen wichtigen europäischen Ereignissen während dieses inhaltsreichen Zeitraumes. Niemand wird so befangen sein von den Verwicklungen der letzten Monate, daß er die unsterblichen Verdienste des nunmehr in Gott ruhenden Kaisers Nikolaus um die Sache der Ordnung, der Gesetzlichkeit und des mit diesen Pfeilern der Staatengesellschaft Europas unzertrennlich verbundenen monarchischen Prinzips, nicht mit tiefer Dankbarkeit bewahre und laut anerkenne. Oesterreich aber, welchem gestern, als am Jahrestage des Todes des höchstseligen Kaisers Franz, der Schmerz um den unvergeßlichen, väterlichen Herrscher so lebhaft sich erneute, unser Oesterreich fühlt sich besonders betroffen von der wundersamen Fügung der göttlichen Vorsehung, die am gleichen Tage nun auch Rußland eine so schwere Wunde schlug, beiden Reichen dasselbe Datum wehmuthsvoller Erinnerung auferlegte! . . . . "

Einer anderen Schilderung entnehmen wir folgende Züge: „ . . . . Nikolaus entwickelte Eigenschaften und Tugenden, welche ihn weit über das Alltägliche, und selbst über die Fürsten erhoben, wie man sie gemeinhin findet. Die Natur hatte ihn überdies mit äußeren Vorzügen der Gestalt ausgerüstet, welche auf die Massen um so mehr wirken, wenn der damit Begabte ein gewaltiges Reich beherrscht. Die Züge seines Gesichts waren von einer ganz außergewöhnlichen Schönheit, seine Gestalt erhaben und elegant zugleich, seine Bewegungen heroisch, doch edel. Willenskraft und Festigkeit drückten sich in seinem ganzen Wesen aus, und wie Shakspeare sagt:

„So mischten sich die Element' in ihm, daß die Natur
aufstehen durfte, und der Welt verkünden:
Dieß war ein Mann!!!"

15*

Es gestatteten ihm seine mit seltener Schönheit verbundene Körperkraft und die Leichtigkeit, womit er ermüdenden Reisen und der Ungunst der Jahreszeiten trotzte, große, überraschende Wirkungen hervorzubringen. Wer erinnert sich nicht außer anderen ähnlichen Beweisen von Muth und Geistesgegenwart jener ergreifenden Scene, wo der Czaar eines Tags allein unter die auf öffentlichem Platze wegen Furcht vor der Cholera durch abgeschmackte Gerüchte aufgeregte meuterische Menge trat, und mit kräftiger Stimme nur die Worte: Kinder, auf die Kniee! .. rief, und wie allsobald die bethörte Volksmasse reuig und flehend zu seinen Füßen niedersank?! Es gereicht dem Kaiser Nikolaus überdieß zur Ehre, sich, trotz der nachtheiligen Folgen der Erziehung, Tugenden, die ihm angeboren waren, erhalten zu haben. Sein Benehmen als Sohn wie als Bruder, als Gatte wie als Vater war nicht nur stets untadelhaft, es konnte allen Klassen der Gesellschaft zum Vorbilde dienen. Nachfolger eines Fürsten, dessen überspannte Ideen und Lebensweise unvortheilhaft auf den Hof gewirkt, stellte der Czaar, selbst jeder Versuchung widerstehend, mit eigenem Beispiele vorangehend, Ordnung und Anstand in seinen Umgebungen wieder her u. s. w."

Ohne das schöpferische Genie Peters des Großen, ohne den gewaltigen Geist und den unternehmenden Ehrgeiz seiner Großmutter, hatte Nikolaus dennoch eine, viele andere glänzende, aber oft verderbliche Gaben überwiegende Eigenschaft — er war von dem Gefühle seiner erhabenen Würde, von dem Gewichte seiner hohen, schweren Berufspflichten auf's innigste durchdrungen. Es belebte ihn fortwährend nur der eine Gedanke, daß er, Selbstherrscher und oberster Priester in einem unermeßlichen Reiche, gewissenhaft sich der Ausübung seines ihm von Gott anvertrauten heiligen Amtes mit Aufopferung aller Kräfte unterziehen müsse. Er war, was er sein sollte, auch völlig, ohne Rückhalt, mit der ganzen Fülle und Macht der Ueberzeugung wie der Glaubenstreue. Diese edlen, feststehenden Grundsätze trug er auch auf sein Familienleben über, wie es nicht schöner, inniger, musterhafter gedacht werden konnte. Die Bemühungen des Kaisers, jener hochwichtigen Aufgabe zu genügen, lassen gar vieles in seinem Benehmen erklären; seine anscheinende Strenge, selbst Härte, wo es galt, das Richteramt gerecht zu üben, seine stolze Kälte, wo er den Russen gegenüber imponirend auftreten mußte, seine gar oft auf Effect berechnete Haltung, die sichtbar abgemessenen Schritte und Ausdrücke. In der gleichen Weise mögen religiöse, oft an's Fanatische streifende Ansichten manche seiner Maßregeln entschuldigen, welche, dunklen Flecken gleich, auf seiner Regierung haften. Selbst die Hartnäckigkeit, mit welcher er im letzten Stadium seines Lebens auftrat, und die ihm manche schmerzliche Enttäuschung bereitete, entsprang größtentheils nur aus der Consequenz, mit der er die Richtschnur verfolgte, welche er sich als Imperator und pontifex maximus gesetzt. Ich fahre in der oben abgebrochenen Charakteristik fort:

„Auch sein Tod war der eines großen Fürsten. Zerrissenen Gemüths, voll innerer Vorwürfe, vielleicht Gewissensbisse, mehr an Wunden blutend, die seiner Vaterlandsliebe geschlagen wurden, als seinen körperlichen Leiden unterliegend, zeigte er im letzten Kampfe eine Ruhe, einen Muth, welche unwillkürlich zur Bewunderung hinrissen. Die Stürme, die Schmerzen, welche sein Inneres durchtoben mußten, sie traten nicht hervor. In dieser entscheidenden Stunde, welcher schwache, gewöhnliche Seelen erliegen, hatte er die Kraft, ohne Klage, wie ohne Uebermuth die Rolle seines Lebens fort und zu Ende zu spielen. Gehüllt in seinen Soldatenmantel, ausgestreckt auf seinem harten Feldbette, sterbend, wie er gelebt, noch immer unablässig beschäftigt mit dem Wohle seines Reichs, wie mit den Vorschriften seiner Kirche, zeigte er sich in seiner wahren Größe, und sie wird in die Geschichte übergehen!"

Ich unterschreibe völlig diese Auffassung und glaube, daß es der gewöhnlichen Verdächtigungen, die auch hier nicht fehlten, keineswegs bedürfe, um das Ende dieses Monarchen zu erklären. Er hatte der inneren Qualen, der Aufregungen wahrhaftig genug, um auch den kräftigsten Körper niederzuwerfen. Ueberdieß begab er sich bei einer während der Februarkälte ausgebrochenen Grippe, in seinem Feldherrneifer nicht an Schonung denkend, in die Reitschule, wo er, schon heiser, eine Kavallerieabtheilung kommandirte, und zog sich dadurch eine unheilbare Hals- und Brustentzündung zu.

Haben sich aber einst die Nebel, womit seine wirklichen Fehler, wie Vorurtheile und Anfeindungen seiner politischen Gegner diese Regierung umhüllen, zerstreut, so wird Nikolaus immer als einer der ausgezeichnetsten Regenten seines Reiches erscheinen, eben weil er, bei allen Verirrungen, mit jedem Athemzuge auch das sein wollte, wozu ihn Gott berufen!

Am 15. März traten Bevollmächtigte der Großmächte in Wien zusammen, in der wohlgemeinten Absicht, dem verheerenden Krimkriege ein Ende zu machen. Dieser mit großem Ernste verkündete und feierlich eröffnete Friedenskongreß erweckte deßhalb günstige Aussichten, weil man den eben zur Krone gelangten Alexander II. mehr zur Nachgiebigkeit gestimmt wähnte, als seinen Vorfahren, welcher die Fehde aufgenommen, und dann, weil man des kläglichen Schauspiels eines kaum in dieser Weise länger fortzuführenden Kampfes satt, sich auch von russenfeindlicher Seite gestehen mußte, daß die errungenen Vortheile weit hinter mit so vielem Geschrei, so hochtönenden Phrasen und Drohungen erregten gespannten Erwartungen zurückblieben. Dennoch waren aber diese Erwägungen wieder geeignet, auf die Fortsetzung dieses Kriegs zu bestehen, den Versuch zu wagen, die beiderseitigen Streitkräfte auch ferner zu messen. Denn in beiden Lagern wollte man um jeden

Preis irgend ein wenigstens anscheinend günstiges Resultat erzielen. Rußland, wenn auch geschwächt und gedemüthigt, doch nicht besiegt, konnte und wollte auf keine allzu nachtheiligen Bedingungen eingehen, nicht gleich unmittelbar nach dem Thronwechsel eine der früheren ganz entgegengesetzte politische Richtung einschlagen. Die Seemächte aber, deren Truppen wie ein Bienenschwarm an der äußersten, felsigen Spitze der Krim hingen, wo sie sich verbissen, wollten zum mindesten irgend eine eclatante Waffenthat aufzuweisen haben, ehe sie den Rückzug antraten, so erwünscht ihnen dieser auch nach den traurigen Erfahrungen des Winters sein mußte. Außer einigen mehr blutigen, als erfolgreichen Gefechten war es ihrer Land- und Seemacht aber noch immer nicht gelungen, sich Sebastopols zu bemächtigen, und somit ihre Anforderungen an Rußland um so höher gespannt, als sie die erlittenen Täuschungen nicht durch allzu große Zugeständnisse selbst anerkennen wollten. Ueberdieß waren wieder die Feindseligkeiten eröffnet worden. Die Russen behaupteten sich in der Dobrudscha, während die Verbündeten in der mühseligen Belagerung jener Meeresfestung immer weiter rückten. — Unter diesen getheilten Gefühlen und Erwartungen versammelte man sich nun im Wiener Staatskanzleigebäude um den grünen, runden Tisch, und es fanden bis zum 26. April vierzehn berathende Sitzungen statt. Frankreich hatte hierzu seinen Minister der auswärtigen Angelegenheiten, Drouin de L'huis, England den Lord John Russell gesendet. Vom russischen Hofe war der gewandte Titoff den Verhandlungen beigegeben worden, und die Pforte vertrat Ali Pascha — der dritte unter den türkischen Diplomaten, von welchem ich mich angezogen fühlte. Seine kleine, feine Gestalt mit dem edlen Ausdrucke im Gesichte, seine Bildung und Geschäftskenntnisse nahmen gleich für den noch jungen Mann ein.

Drouin, welchen ich schon in Paris, wo er bei Guizot Unterstaatssekretär war, kannte, wurde mit vieler Auszeichnung in

Wien behandelt, und sein höfliches Auftreten, sein ruhiges Wesen, sein scharfer Blick bei den Berathungen, sicherten ihm Achtung und gegenseitiges Wohlwollen. Weniger war dieß bei Russell der Fall; seine schroffe, beinahe unfreundliche Art, seine steife Haltung in den geschäftlichen Fragen gingen hier Hand in Hand mit einem durchaus nicht vornehmen Aeußern. Wer sich noch an den Direktor Karl in der Rolle des „Staberl" erinnert, kann sich am besten einen Begriff von der Erscheinung des edlen Lords machen.

Die Ergebnisse der Konferenz liegen in ihren Protokollen begraben; sie führten unglücklicher Weise abermals nicht zum erwünschten Frieden, und was etwa noch von den Besprechungen hätte benützt werden können, wurde nach der Rückkehr der beiden Bevollmächtigten in Paris und London vertrümmert. Drouin wollte seine Ueberzeugung nicht dem längeren Verbleiben im Amte zum Opfer bringen, und zog sich, wie schon früher, wieder unabhängig aus dem Staatsdienste zurück; Russell kam den in Wien getroffenen Verabredungen nicht nach, und, seine Sprache allsobald nach den Umständen ändernd, fuhr er doch fort, dem Ministerrathe der Königin anzugehören.

Der Form wegen wurde am 4. Juni in Abwesenheit mehrerer Konferenzmitglieder ein Schlußprotokoll aufgenommen. War aber die Stellung des diplomatischen Corps während dieser ganzen unruhevollen Periode eine höchst unerquickliche gewesen, so wurde sie es jetzt bei diesen fortdauernden, meist geheim gehaltenen Verhandlungen für die nicht unmittelbar dabei betheiligten Gesandten noch in einem weit höheren Grade. Die Höfe verlangten, und zwar mit vollem Rechte, eine eingehende Uebersicht der Vorgänge; dennoch war es schwer, beinahe unmöglich, denselben immer in befriedigender Weise zu folgen, und so stand zumeist unsere immerfort angestrengte Thätigkeit nicht im Verhältnisse zu dem Werthe oder der Wichtigkeit der einzuberichtenden Nachrichten.

Mit dem Abschlusse der Konferenzen und ihrem geringen Erfolge verband sich jedoch damit nur ein mehr historisches Interesse, und nachhaltigere Negociationen sollten erst wieder ein Jahr später aufgenommen werden.

Neben den diplomatischen Agenten erschienen auch von Zeit zu Zeit Militärbevollmächtigte fremder Höfe, und während des Kriegs hielten sich besonders französische und englische Generale in Wien auf, welche mehr die Eigenschaft von Kommissären annahmen, bestimmt, die Operationen der k. k. Armee an der Donau wie an der polnischen Grenze zu überwachen. Diese Herren standen bei der Gesellschaft wie dem größeren Publikum in entschiedener Ungunst, und als es hieß, daß sie den Feldzeugmeister v. Heß bei seinen Corpsinspektionen begleiten sollten, wurden diese unterlassen, um nicht den allgemeinen Unwillen zu steigern. In dem Grade, als die Nachrichten aus der Krim weniger befriedigend für die angreifenden Theile lauteten, um so mehr erkalteten die Sympathien da, wo sie sich früher noch gezeigt hatten.

Den Seemächten kam jedoch unerwartet eine Verstärkung ihrer Streitkräfte zu; nachdem sich ihrem modernen Kreuzzuge schon der Auswurf aller Nationen in Gestalt der „Fremdenlegion" angeschlossen hatte, erklärte nun auch Sardinien, für „Menschenrechte, Aufklärung, Gesittung" in die Schranken treten zu wollen, und schiffte ein kleines Heer nach der Krim ein. Die ganze Welt erstaunte über diesen „edlen, uneigennützigen" Aufschwung für das Wohl der bedrängten Türkei, und man wußte sich ihn anfangs nicht recht zu erklären. Doch später, als das kleine Piemont, in der Eigenschaft einer kriegführenden Macht, als „Mitbesiegerin" Rußlands, sich das Recht anmaßte, an den Pariser Friedensunterhandlungen Theil zu nehmen, als Cavour das große Wort im Sitzungssaale führte, sich in glühendem Hasse gegen Oesterreich sogar mit den russischen Diplomaten begegnete, da erfuhr man erst, welchen großen Preis das Turiner Kabinet auf seine „mächtige" Hülfe in der Krim gesetzt, und Menschen wie Millionen, die man dabei geopfert, denn doch nicht so ganz fruchtlos verschwendet wurden!

Kaum war der fürchterliche Winter auf dem Kriegsschau= platze überstanden, als auch schon wieder die Operationen begannen, und nach mit Waffenstillständen abwechselnden Gesechten ein erfolg= loses Bombardement Sebastopols (Anfang April) vorgenommen wurde. Immer sprach man von einer Reise Louis Napoleons in die Krim, und lange Zeit hielt seine erwartete Ankunft in Wien alle Gemüther in Spannung. So fehlte es denn auch während dieses Frühjahrs und Sommers nicht an den mannig= faltigsten Eindrücken, bis uns endlich im September der Telegraph den Fall des Thurmes Malakoff, sowie die Einnahme Sebastopols verkündete, das mehr einem Trümmerhaufen, als einer eroberten Stadt glich. Dagegen zogen die Russen siegreich in Kars ein; somit waren Anhaltspunkte zu einer friedlichen Beilegung des unseligen Haders gegeben, und die Verhandlungen wurden mit erneutem Eifer wieder aufgenommen.

In Ermangelung neuer aufregender Kriegsgerüchte beschäftigte man sich bis dorthin mit der großen Weltausstellung in Paris, die in Betracht der verwirrten politischen Lage, des Darnieder= liegens alles Handels, der vielen Banquerotte und zunehmenden Verarmung als größtentheils verfehlt erscheinen mußte. Dennoch hatte Kaiser Napoleon die Genugthuung, die Königin Victoria in Paris zu begrüßen, welchen Besuch er sodann mit Eugenien in London zurückgab.

In Deutschland trug man sich zur Abwechselung wieder einmal mit Bundesreformen, und Preußen hielt sich schmollend von den Verhandlungen der Großmächte fern, stets sich „freie Hand" vorbehaltend.

Der Kaiser von Oesterreich hatte eine Reise zur Armee nach Gallizien angetreten, und in Rom trafen, nachdem der Papst einer drohenden Lebensgefahr in St. Agnese glücklich entgangen, viele Bischöfe der katholischen Christenheit zu einer imposanten, berathenden Versammlung ein.

Im Juni wurde der bisherige k. k. Gesandte v. Philippsberg von Karlsruhe abberufen, und der Fürst Aler. v. Schönburg an dessen Stelle ernannt. Diese Wahl erfreute mich um so mehr, als ich seit Jahren mit seiner geistreichen, liebenswürdigen Mutter, der Fürstin Louise, geb. Schwarzenberg, befreundet war, ihr Salon stets zu einem der angenehmsten gehörte, die ich besuchte. Schönburg vermählte sich, noch ehe er seinen Posten antrat, mit der Prinzessin Caroline, der zweiten Tochter des Fürsten Aler. v. Liechtenstein, und ich wohnte der Trauung, welche der Cardinal-Erzbischof von Prag in dem herrlichen Palais vollzog, als Zeuge bei.

Der Herzog W. v. Braunschweig und andere hohe Gäste besuchten wiederholt Wien. Es war da auch wieder nach längerer Zeit die alte Fürstin Bagration erschienen, die, einer den Pyramiden entstiegenen Mumie gleich, ihre Jugenderinnerungen aus der Congreßzeit auffrischen wollte. Ihr lebhafter Geist überwand die körperlichen Schwächen, und in ein langes weißes, rosa oder blau seidenes Gewand gehüllt, suchte sie alte Bekannte und Lieblingsorte wieder auf. Es gehörte die nunmehr verstorbene Fürstin jener Klasse origineller Frauen an, welche jetzt immer mehr aus der Gesellschaft verschwinden.

Eine lebensgefährliche Krankheit, welche den Prinzen Karl von Baden in seiner ungarischen Garnison befallen hatte, veranlaßte dessen Verbringung nach Wien, wo der junge Herr

glücklicherweise unter der Behandlung geschickter Aerzte, und der liebe=
vollen, brüderlichen Pflege des von Berlin herbeigeeilten Prinzen
Wilhelm bald genas.

Den 18. August wurde der unter dem Namen „Konkordat"
zwischen Oesterreich und dem päpstlichen Stuhle abgeschlossene Staats=
vertrag von dem Kardinale Viale und dem Wiener Fürst=Erzbischofe
Rauscher unterzeichnet. Es sollte diese Uebereinkunft einem längst
gefühlten, dringenden Bedürfnisse abhelfen, das gestörte Gleichgewicht
zwischen Kirche und Staat wieder dauernd herstellen, allen Zweifeln,
Bedenken und Streitigkeiten für die Zukunft vorbeugen. Das Recht,
einen solchen Vertrag einzugehen, war ebenso sehr begründet, als
der Wunsch, aus einem seit den Zeiten des Kaisers Joseph II.
bestandenen provisorischen Zustande herauszutreten. Es konnte sich
demnach nur um die Form handeln, in welcher der Abschluß
stattfinden sollte. Kaiser Franz, und mit ihm Fürst Metternich,
hatten sich, ungeachtet der fortwährend freundlichsten Beziehungen
zu Rom, stets geweigert, sich in beide Theile bindende Zusagen
einzulassen, und vorgezogen, jede einzelne Streitfrage im Vergleichs=
wege zu entscheiden. Doch nun schien — bei der sich allenthalben
kräftiger entwickelnden Thätigkeit der katholischen Kirche, wieder in
den Besitz ihrer lang verkümmerten Rechte zu gelangen — es
gerathen, daß der erste katholische Großstaat, der einstige Schirm=
vogt der Kirche, mit einer öffentlichen Urkunde hervortrete, und
der Welt sein Verhältniß zum römischen Stuhle klar vor Augen
lege. Es erhoben sich damals, nicht wie später, Stimmen des
Tadels über diesen Schritt, und das nur durch die nachfolgenden
traurigen Vorgänge veranlaßte Geschrei gab den Feinden der
Kirche überhaupt noch einen weiteren willkommenen Vorwand,
auch das ihnen verhaßte Oesterreich mit giftigen Waffen anzu=
greifen. Aber auch im Innern der Monarchie erhoben sich Männer,

welche für patriotisch und „liberal" gelten wollten, um Verwün=
schungen gegen einen Vertrag zu schleudern, der, wie jeder andere,
Auslegungen und Verbesserungen unterworfen ist. Ich bin über=
zeugt, daß von Hundert solcher Eiferer kaum Einer die 36 Artikel
der Konvention gelesen, viel weniger geprüft; es genügte, daß
man sich in Wien entschloß, nach 80 Jahren einmal auf soliderer
Basis als bisher, mit Rom zu verkehren, um über „Pfaffentrug,
Rückkehr zu mittelalterlicher Finsterniß, Verdummung, Unterdrückung
Andersdenkender" u. dgl. m. zu deklamiren. Ist es Beschränkt=
heit des Geistes, ist es absichtlich böser Wille, welche diesen
Sturm gegen das Konkordat hervorriefen? Glaubt man im
Ernste, daß wir dadurch, wie mit einem Sprunge, um Jahr=
hunderte zurückversetzt würden, und traut man denn der so hoch=
gepriesenen „Aufklärung," der tonangebenden „öffentlichen Mei=
nung," dem „Fortschritte" plötzlich gar so wenig Macht zu, um
den Kaiserstaat, an Händen und Füßen gebunden, dem Vatican
und seinen „Ränken" zu überliefern?

Haben sich einmal diese nun hoch gehenden Wogen der
leidenschaftlichen Erbitterung und feindseliger Gesinnungen gegen
die Kirche gelegt, so werden besonnene Gemüther vielleicht die
Frage aufwerfen, ob es, statt die Verabredungen in Rom in
einem Staatsvertrage zu formuliren, es nicht vorzuziehen gewesen
wäre, sich für die einzelnen Fälle auf die Erledigung im Wege
gütlicher Ausgleichung zu beschränken? Selbst jeder Paragraph
eines geschriebenen Uebereinkommens ist wieder verschiedener Deu=
tungen fähig. Ueberdieß hat der Papst die ihm anvertrauten,
unveräußerlichen Rechte, als Depositen, zu wahren, kann daher
nicht, wie weltliche Fürsten, sich zu Zugeständnissen herbeilassen,
um etwa damit augenblickliche Vortheile zu erlangen. Auf der
anderen Seite war es auch für das Wiener Kabinet nicht leicht,
in so allgemein bindender Weise Verpflichtungen einzugehen, welche
mit der Zeit, und in den so vielfach gestalteten Kronländern

unberechenbaren Modificationen unterliegen konnten. Abgesehen von diesen Rücksichten, wäre es auch vielleicht noch überdies erwünscht gewesen, den Gegnern der Kirche wie Oesterreichs jeden Vorwand zu solchen Verdächtigungen zu nehmen,* und namentlich den Vorwurf zu beseitigen, daß man sich Deutschland entfremde?

Eine „Revision" des Concordats steht, wie wir hören, in Aussicht, und Oesterreich wird, bei allen Aufhetzungen der Tag=blätter und der unverständigen Anschauungen einer übelberathenen Menge, die Vortheile sich nicht entwinden lassen, welche ein geregelter Zustand auf dem kirchlichen Gebiete, im Interesse des inneren Friedens, wie des materiellen Gedeihens, jedem Staate verheißt!

Der peinlichen Ungewißheit machte endlich eine telegraphische Depesche aus St. Petersburg ein Ende, welche uns am Abende des 16. Januar 1856 überraschte. Der Kaiser Alexander willigte in die von der Wiener Konferenz vorgeschlagenen Punkte; es sollte vorläufig ein Waffenstillstand eintreten und alle weiteren Friedens=bedingungen auf einem demnächst in Paris zusammentretenden Kongresse verabredet und bestimmt werden. Die Freude über diese unerwartete Wendung war um so größer und ungetheilter, als der unheilvolle Kampf im schwarzen Meere wie ein Alp auf allen Theilen gedrückt hatte, und man wußte es dem russischen Hofe um so mehr zu Dank, ohne zwingende Nothwendigkeit so viel edelmüthige Mäßigung gezeigt zu haben. Schon in der Mitte Februar reiste Graf Buol nach Paris ab, und es trat nun nach so andauernder Bewegung wieder einige Stille in dem öffentlichen Leben Wiens ein. Nur durch die Sitzungen einer Kommission der deutschen Bundesstaaten zur Regulirung des Münzwesens wurden wir zeitweise in Anspruch genommen.

Am Jahrestage des Einzugs der Alliirten in Paris (30. März)

wurde der längstersehnte Friedensvertrag abgeschlossen, dem jedoch schon am 15. April eine seine Bestimmungen theilweise lähmende Separatkonvention nachhinkte. Man mußte sich dabei gestehen, daß offenbar die Opfer an Menschenleben und Geld, welche während dieser drei Jahre gebracht wurden, nicht im Verhältniß zu dem Resultate des Krieges standen, selbst diese aber noch immer nicht hoch genug hätten angeschlagen werden können, wenn, wie man, jedoch leider vergebens, hoffte, eine Uebereinstimmung zwischen den Großmächten erzielt, das erschütterte Gleichgewicht durch naturgemäße Allianzen wieder hergestellt und vor Allem dahin getrachtet worden wäre, wenn nicht völlig zu entwaffnen, doch den alle Staaten aufzehrenden hohen Stand der Heere zu vermindern. Statt dieses erträumten Ergebnisses sind vielmehr so unnatürliche Verhältnisse bis auf's Aeußerste hinaufgeschraubt, und noch immer ist kein Ende abzusehen!

Mehr als der revolutionäre Geist werden daher die jährlich wachsenden Finanzverlegenheiten die Staaten allmälig zu Grunde richten und nothgedrungen einen ganz neuen Zustand der Dinge herbeiführen müssen!

————

Der ungemein kurze Karneval 1856 wurde dennoch nicht gehörig benützt; es fanden zwar die herkömmlichen Bälle statt, die sich mit jedem Jahre durch jene großartigen Tanzfeste vermehrten, welche die Stadt, die Studenten einzelner Fakultäten, die Techniker und verschiedene Körperschaften gaben; aber der Druck der Zeiten, dazu der abscheuliche Typhus, der gewöhnliche Nachzügler der Cholera, ließen keine ungetrübte Freude aufkommen. Doch kaum waren wieder Friedensaussichten eröffnet, so verbreitete sich eine andere Krankheit — das Spekulationsfieber, und im Gefolge der Eisenbahn- und anderer Verträge zogen auch der Crédit mobilier, Aktienunternehmen aller Art ein. Eine rege

Thätigkeit trat an die Stelle des früheren behaglichen Sichgehen=
lassens, und hatte dieser Aufschwung, besonders für die zweck=
mäßigere Benützung der reichen Ressourcen Oesterreichs, manches
erfreuliche Resultat, so mußte man denn auch die unvermeidlichen
Nachtheile und Schaden hinnehmen. Was jedoch von französischer
Seite in dieser Beziehung ausging, stand bei der Wiener Bevölke=
rung in entschiedener Ungunst.

Das größte Ereigniß in der dramatischen Kunstwelt war
die Erscheinung der gefeierten Ristori, die, in Begleitung einer
mittelmäßigen Gesellschaft, durch ihr ruhiges, klassisches Spiel, ihre
edlen Stellungen und ein herrliches Organ auch hier, wie es ein
so ungewöhnliches Talent allenthalben muß, wahrhaft entzückte.

In Prag feierte Ende Februar Kaiser Ferdinand die silberne
Hochzeit. Sie wurde auf dem Hradschin festlich begangen, und
in einem lebenden Bilde stellten 25 Damen ebenso viele Blumen
vor, welche die Zahl der Ehejahre bedeuten sollten. Freilich waren
dieselben für das erlauchte Kaiserpaar nicht alle blumenreich; für
das Jahr 1848 zumal hätte ich die „Rose von Jericho" vorge=
schlagen, welche bekanntlich, wenn sie sich entfaltet, eine Dornen=
krone bildet.

In dieser Zeit fand, die weiteren Verabredungen über die
Ausführung des Konkordats zu treffen, eine Versammlung beinahe
aller Bischöfe der Monarchie in Wien statt,*) und es war ein
imposanter Anblick, diese Kirchenfürsten, vier Kardinäle an der
Spitze, bei der Frohnleichnamsprozession oder der feierlichen Ein=
weihung der „Votivkirche" in langem Zuge und mit den glänzenden
Zeichen ihrer Würde geschmückt, einherschreiten zu sehen! Viele
derselben, an ihrer Tracht kennbar, bekannten sich zum griechisch=
unirten Ritus.

*) Erinnerungsbl. S. 108.

Der englische Hof hatte den Lord Westmoreland abberufen und dafür Sir Hamilton Seymour in Wien ernannt, welcher jedoch auch nicht lange blieb. Wer den bescheidenen, auch dem Aeußeren nach unansehnlichen Mann sah, konnte nicht vermuthen, daß dieser feine Diplomat es war, welcher jene berühmt gewordene Unterredung mit dem Kaiser Nikolaus hatte, die als wichtige „Enthüllungen" der russischen Politik später im Parlament zur Sprache kam. Man konnte es in St. Petersburg diesem englischen Gesandten nie vergessen, daß er jene vertraulichen, nur an ihn persönlich gerichteten Mittheilungen des Czaaren an sein Kabinet berichtet; um so dankbarer war man ihm in Wien dafür. In der That konnte man aber Sir Hamilton Seymour in diesem Falle keinen Vorwurf daraus machen, daß er den Privatmann nicht von dem Diplomaten zu trennen wußte, denn welche Verantwortung würde ihn seinem Hofe gegenüber getroffen haben, hätte er über jenen denkwürdigen Vorgang geschwiegen? Es war Sache des brittischen Ministeriums, zu erwägen, ob eine Veröffentlichung jener geheimen Depesche passend, ob es zumal, da sie das Gespräch eines befreundeten Monarchen betraf, zart war, sie der allgemeinen Beurtheilung preis zu geben? Freilich, als der Krieg einmal ausgebrochen, war man in der Wahl der dafür anzugebenden Gründe nicht mehr heikel und benützte jene unbedachten Worte des Kaisers als willkommenen Vorwand, ihn auch noch überdies mit Oesterreich zu entzweien.

Sir Hamilton Seymour erwies sich in Wien als ein ebenso angenehmer als begabter Geschäftsmann mit den besten Formen, weder jene beschränkte Eingenommenheit, noch die schroffe Haltung zeigend, welche den englischen Diplomaten öfters eigen ist.

Erzherzog Ferdinand Max besuchte im Laufe des Frühjahrs den kaiserlichen Hof in Paris.

Der Wiener Boden war bekanntlich dem Gedeihen der bildenden Künste nie sonderlich hold. In der neuesten Zeit waren es jedoch die Architektur und Skulptur, welche man zu fördern suchte. Die Neubauten folgten meistens der Richtung der Periode; es entstanden mehrere, zum Theil sehr schöne Kirchen und Kapellen; ältere wurden wieder hergestellt, und da kam denn der Dom zu St. Stephan, der einer Restauration am meisten bedurfte, zuerst an die Reihe. Nicht minder lebhaft wurden die militärischen Bauten betrieben: Bastionen, Kasernen, Thürme, Reitschulen entstanden auf allen Punkten, und wahrhaft großartig ist das seit 1849 begonnene und nahezu vollendete Arsenal nächst dem Belvedere. Es ist damit ein Artillerie-Museum, eine Sammlung alter Waffen, Rüstungen und historischer Merkwürdigkeiten verbunden; sinnreiche Fresken schmücken die Wände, und das ganze festungartige Gebäude nimmt sich mit seinen gothischen Verzierungen und der schönen Kapelle mit dem berühmten Muttergottesbilde der Oktobertage sehr stattlich aus. — Nun seitdem sich die innere Stadt mit den Glacis und Vorstädten verschmolzen, ist der Baulust ein weites Feld eröffnet, den Architekten eine reiche Ernte gesichert.

Auch die Bildhauer wurden mehr als sonst beschäftigt. Einige Monumente, wie das des Erzherzogs Karl von Fernkorn, entstanden, und einzelne Kunstfreunde bestellten Gemälde und Marmorgruppen. Im Ganzen gab sich ein regeres Leben auf diesem Gebiete kund, wenn die fruchtbare Thätigkeit auch noch lange nicht die Höhe wie in anderen, selbst kleineren Städten, z. B. München, erreichte.

Eine Anstalt, um welche aber jeder Ort Wien beneiden könnte, ist die k. k. Staatsdruckerei, und es genügt, dies unter der umsichtigen Leitung des ebenso bescheidenen als genialen Direktors v. Auer zu seltener Vollkommenheit gelangte Institut zu nennen, da es beinahe auf dem ganzen Erdkreise rühmlichst bekannt ist.

Nicht minder verdienstlich und die Wissenschaft fördernd ist die geologische Reichsanstalt mit vortrefflichen Lehrern und anziehenden Sammlungen. Ihre Forschungen wie ihre Arbeiten sind gleich geschätzt.

Endlich muß ich noch unter den vielen, zum Theil blühenden Fabriken jener des betriebsamen F. Wertheim erwähnen, der außer der Pflege vieler Industriezweige, auch die ausgezeichneten „feuerfesten Kassen" verfertigt.

Eine Ministerialveränderung — Anfangs Mai — in Karlsruhe wirkte auch auf meine Lage zurück. Ich wurde, unter Versetzung in den Ruhestand, von Wien abberufen und der erledigte Gesandtschaftsposten dem abtretenden Staatsminister Frhrn. v. Rübt-Collenberg verliehen.

Mit meiner Entfernung von Wien trat auch zugleich ein Abschnitt für die Geschichte der österreichischen Politik ein; die Jahre der Leiden und Prüfungen schienen zurückgelegt; man athmete freier, und eine raschere, ungehindertere Entwicklung der inneren Organisation, besonders der Finanzzustände, ließ sich mit vollem Grunde erwarten. Noch machte sich nicht jene Unzufriedenheit mit der Verwaltung des Ministeriums der drei B. (Buol, Bach, Bruck), wie man es nannte, geltend; noch trat nicht die Oppositionslust hervor, wie sie sich drei Jahre später, nach erlittenem Ungemache, zeigte. Ich verließ daher Wien mit der Ueberzeugung, — und ich theilte sie mit Tausenden — daß die Zeit der Uebergänge vorüber und die Dinge in Oesterreich einen naturgemäßen Lauf nehmen, Ruhe und gesetzlich geregelte Zustände allmälig wiederkehren würden. Es sollte nicht so sein! und was bisher sich ereignete, waren auch nur ebenso viele Versuche, Phasen und Strebungen, um zum gewünschten Ziele zu gelangen. Was aber Unverstand oder absichtlich böser Wille auch immer zum

16*

Untergange des Kaiserstaates herbeigeführt haben mögen, die ihm innewohnende innere, auf seine providentielle Bestimmung gegründete Macht wird die Monarchie auch jetzt, wie aus früheren, noch weit drohenderen Gefahren, erretten! Es fällt mir dabei eine damals viel beklatschte Rolle aus dem Drama eines Volksdichters ein, welcher sich in schlichter Weise den Staat in folgendem Bilde auf fester Grundlage dachte:

„Der ganze Staat ist wie ein schöner, großer Baum. Obenauf, dem Himmel zunächst, die Krone im hellen Sonnenscheine. Die starken Aeste, welche Stürmen und Blitzen trotzen, sie sind die Armee; die Blüthe am Baume ist der Adel; die grünen Zweige sind die Gelehrten und Denker, die lustigen Vögel, die darin singen, Dichter und Künstler. Die goldenen Früchte am Baume aber bedeuten die Männer der Industrie und des Handels. Tief unten, unbekannt, mit Erde bedeckt ist die Wurzel des Baumes, stark und rauh, unscheinbar und schmucklos, aber dennoch die Basis, auf welcher der ganze Baum ruht: diese Wurzel heißt im Staate das Volk! Doch die Wurzel wäre zu tief, die Krone zu hoch, wäre nicht etwas dazwischen, und dieß ist bei dem Baum der Stamm in seiner schlichten, rauhen Rinde: der Bürgers-, Bauers- und Handwerksmann in seinem einfachen grauen Rocke.- Ist das Mark des Baumes gesund, d. h. das Herz des Bürgers, so wie es sein soll, dann nagt vergebens bösartiges Gewürm an der Wurzel, dann saust vergebens der Sturm durch die Aeste — der Stamm in seinem unansehnlichen Gewande hält Stand, die Wurzel mit der Krone zusammen; die saugenden Giftschwämme an der Wurzel, die fressenden Pilse am Stamm, die kriechenden Schmarotzerpflanzen nach Oben, man kennt sie, sie können dann nicht mehr schaden, man reißt sie aus und wirft sie in's Feuer!

„Doch auch noch etwas mehr als Bürgertreue gehört zum Gedeihen des Baumes: es ist außerhalb derselben der erquickende Thau, der das Erdreich befeuchtende Regen — der Segen des Himmels!"

Nachdem ich, wie alljährlich, das Geburtsfest des Fürsten Metternich — das 83. — zum letzten Male auf dem Renn=wege mitgefeiert, wohnte ich auch noch einige Tage vor meiner Abreise der Vermählung seines ältesten Sohnes Richard — zum k. k. Gesandten nach Dresden ernannt — bei. Sie fand durch den Kardinal Viale im Nuntiaturgebäude statt. Außer der Familie hatten sich noch die Fürsten Esterhazy, Karl Lichtenstein, Taris und Trautmannsdorf, die Grafen M. Esterhazy, Almassy, F. Zichy, Wrbna, Grünne, Buol, Kufstein, Festitics, Zapary, die Fürstinnen El. Schwarzenberg und M. Lobkowitz, die Gesandten Könneritz und Lenzoni, die Herren v. Berlichingen, Hummlauer, Maeshengen, Bigeleben, Pilat, Roger von Aldenburg, Montenegro u. A. eingefunden.

Endlich am 29. Juni hatte ich noch mit dem diplomatischen Corps eine Audienz bei dem König Otto von Griechenland, welcher im Palais seines Schwagers, des Erzherzogs Albrecht, abgestiegen war — es war dieß mein letzter Gang in offizieller Stellung!

Den 6. Juli führte mich die Nordbahn gerade in dem Augenblicke von Wien — wohl für's Leben — fort, als wieder=holt Kanonendonner der Stadt die Niederkunft der Kaiserin mit einer Tochter — der Erzherzogin Gisela — verkündete!

Fünfzehnter Abschnitt.

(1856 — 18?.)

Il passato non é, ma se lo finge la vana simembranza,
Il futuro non é, ma se la pinge l'indomita speranza;
Il presente non é, ma in un baleno
Passa del nullo in seno,
Dunque la vita è appunto
Una memoria, una Speranza, un punto.

Ein Geschäftsleben, reich an Zerstreuungen aller Art, von
unstätem Umhertreiben begleitet, lag nun hinter mir! Es trat jetzt,
nach 30 Jahren, eine Zeit der Ruhe wie der Einkehr in mein
Inneres ein. So schwer es mir auch Anfangs fiel, mich an die

unfreiwillige Muße, an die Einförmigkeit der Alltagswelt zu gewöhnen, so war in der streng eingehaltenen Eintheilung meiner Stunden doch wieder bald das nöthige Gleichgewicht gefunden. Ich hatte so Manches zu ordnen, zu übersehen, so umfassendes Material im Gedächtniß wie mit der Feder zu verarbeiten, daß die selbst gewählte Richtung des Wirkens und Schaffens mich zuletzt mehr ansprach, als die nach gewissen Formen und bestimmten Weisungen geleiteten früheren Berufspflichten.

Zudem hatte ich mir eine stille Häuslichkeit gegründet, mich aus Neigung, nach eigener Wahl vermählt, und auf die Frage: weßhalb ich denn nicht lieber dem Rathe, „früh zu freien", gefolgt, kann ich eben nur mit einem anderen Sprüchworte antworten: „daß die Ehen im Himmel geschlossen werden!" Die Trauung fand auf der lieblichen Insel „Reichenau" im Bodensee statt.

Eine andere, nicht minder schwer zu lösende Lebensaufgabe betraf die Wahl eines künftigen, voraussichtlich für die mir noch übrigen Tage bestimmten Aufenthaltsortes. So lange uns Rücksichten, Anstellung, Familien- oder Vermögensverhältnisse an irgend einen Wohnsitz fesseln, sehnen wir uns auch wohl manchmal nach anderen Himmelsgegenden, aber Pflicht, Vernunftgründe wie Gewohnheit oder Nothwendigkeit gebieten uns, jene Regungen zu unterdrücken, uns zu beruhigen. Liegt es jedoch in unserem Willen, frei und unabhängig unseren Aufenthalt, natürlich immer innerhalb gewisser Grenzen, irgendwo nach eigenem Gutdünken zu nehmen, mehren sich Zweifel und Bedenken mit jedem Tage. Der Wandersinn, die Lust nach Veränderungen spiegelt uns beständig vor, daß es an diesem oder jenem Punkte wohl bequemer, wohlfeiler sei, unser Geschmack wie unsere Bedürfnisse leichter befriedigt würden u. dgl. m. Wir schwanken daher beständig in der Wahl, bis wir dem Hang, Vergleichungspunkte zwischen den einzelnen Städten aufzufinden, entsagt und mit dem wiedererlangten behaglichen Gefühle des „home" erst die gehörige Ruhe gewonnen haben.

Nachdem ich über Prag, Dresden und Frankfurt nach Karls=
ruhe zurückgekehrt war, wo ich Herrn v. Meysenbug — den
siebenten seit meiner Dienstzeit — als Staatsminister des
großherzoglichen Hauses und der auswärtigen Angelegenheiten
traf, brachte ich den Sommer bei meinen Geschwistern auf dem
Lande zu.

Während der weiteren Jahre war ich zwei Winter in Straß=
burg, zwei Winter in Konstanz und der Schweiz; die Sommer=
zeit verlebte ich theils am Bodensee, theils in Appenzell oder
Zürich. Im Herbste 1860 entschloß ich mich, vorläufig einen
festen Aufenthalt in Baden=Baden zu nehmen, wo ich seither
unausgesetzt verweilte.

Um keine Lücke in der nun einmal begonnenen Erzählung
zu lassen, habe ich vorstehende, an sich unbedeutende Umstände
erwähnt; aus demselben Grunde werde ich den freundlichen Lesern,
welche mir bisher auf dem von mir gezeichneten Lebenslaufe
gefolgt, noch die Eindrücke und Vorgänge während dieses letzten
Abschnittes schildern, dessen muthmaßlichen Schluß ich — der
göttlichen Fügung anheimstellend — nur mit einem Fragezeichen
andeuten konnte.

Es zerfallen somit diese Aufzeichnungen wieder in drei
Abtheilungen. Die erste soll, wie bisher, die Tagesereignisse an
unseren Blicken chronologisch vorüberziehen lassen; die zweite
persönliche Eindrücke auf Reisen, über Literatur und Lebensfragen
umfassen; die dritte endlich mit allgemeinen Betrachtungen schließen.

―――――――

So wenig es mir in meiner Stellung auch früher vergönnt
war, unmittelbar an den politischen Fragen Theil zu nehmen,
rathend oder thätig einzugreifen, in um so minderem Grade konnte
sich jetzt meine Wirksamkeit in dieser Beziehung entwickeln, und
ich mußte mich immer mehr auf die Rolle eines stillen Beobachters

beschränken, aber eines Beobachters, welcher die Begebenheiten mit
ungetheiltem, lebhaftem Interesse verfolgte. War mir doch im
Laufe der Zeit Manches von dem politischen Coulissenspiele bekannt
geworden, war ich doch mit den meisten der jetzigen Leiter der
Geschäfte in den europäischen Staaten selbst in nähere Berührung
gekommen, und die Mehrzahl der deutschen Minister der auswärtigen Angelegenheiten zähle ich zu meinen einstigen Kollegen.

Es gewährt mir demnach einen Genuß ganz eigener Art,
die Vorgänge gleichsam wie auf einer Bühne beobachten zu können,
die Handlungen der Machthaber mit ihren mir bekannten Persönlichkeiten zu vergleichen, aus der Vergangenheit Schlüsse auf die
mögliche Gestaltung der Zukunft zu ziehen. Ich nehme deßhalb
täglich über ein Dutzend Blätter aller Farben und verschiedener
Länder zur Hand, nicht sowohl Neuigkeiten daraus zu ersehen, als
vielmehr mir ein Gesammtbild des jeweiligen politischen Zustandes
zu entwerfen und mitten durch das sich täglich mehr zusammen-
ziehende Lügengewebe der Wahrheit nachzuspüren. Wenn auch alle
diese Wahrnehmungen gewöhnlich nicht erfreulicher Natur sind,
wenn gar viele Schritte der Regierungen mit meiner eigenen
Ueberzeugung, meinen Wünschen nicht zusammenfallen, so weiß ich
doch nur zu wohl, daß die Führung der Politik im Großen wie
im Kleinen, mehr als Alles in der Welt, den Stempel der Unvoll-
kommenheit an sich trägt, daß da menschliche Leidenschaften, dort
List und Betrug, hier wieder die Macht der Stärkeren den Aus-
schlag geben, und nur der Staatsmann offenbar fehlt, welcher
frevantlich die unveränderlichen, göttlichen Gesetze verletzt.

Das Jahr 1856, welches uns mit dem Pariser Frieden
eine ruhigere Zeit erwarten ließ, sollte doch nicht ohne einige kleine
Reibungen vorübergehen. Erstaunt sah die Welt Rußland, sich
immer mehr von Oesterreich abwendend, sogar Sardinien die Hand
zur Aussöhnung bieten, Sardinien, welches sich doch in so unglaub-
licher, unbefugter Weise an dem Krimkriege betheiligt hatte!

Ebenso brach ganz unerwartet ein Konflikt in der Schweiz
aus, und mit Mühe konnten die schon zum Kampfe bereiten
Preußen und Eidgenossen auseinander gehalten werden. Nach
langen, unerquicklichen Verhandlungen verlor Preußen ein schönes
Stück Land, ohne auch nur einen Vortheil irgend einer Art dagegen
auszutauschen.

Ein ungemein erfreuliches Ereigniß fand in Baden statt;
Prinz Friedrich, dem bisherigen Titel eines „Regenten" ent=
sagend, nahm die großherzogliche Würde, die er seit vier Jahren
in der That ausübte, nun auch der Benennung nach an, und
wurde den 20. September zu Berlin mit der lieblichen Prinzessin
Louise von Preußen getraut. Viele Feste, der Besuch der Städte
des Landes verbanden sich, von herzlichem Jubel und Glückwünschen
begleitet, mit dieser Feier. In kurzen Zwischenräumen folgten
dann die Vermählungen der beiden jüngeren badischen Prinzessinnen
— Marie mit Fürsten E. v. Leiningen, Cäcilie mit dem
Großfürsten Michael von Rußland.

Karlsruhe selbst aber hatte sich durch die wohlwollende Für=
sorge des jungen Großherzogs sichtbar gehoben; es verschönerte
sich die Stadt, es belebten sich ihre Straßen immer mehr durch
Handel, Fabriken und Fremdenzug, und auch die Kunstanstalten
gewannen. Neben vielen neuen Gebäuden erhoben sich auch die
großartigen Pflanzenhäuser, ein wahrer Palast Flora's. In ihren
herrlichen Räumen sah man viele gelungene Feste; die deutschen
Naturforscher, welche in einem der letzten Jahre ihre, ich weiß
nicht mehr wievielte, Zusammenkunft darin hielten, fanden sich
wohl selten in so duftend blühender Umgebung. Die Wände des
Rondelsaals sind mit den Wappen jener Städte geziert, in denen
die Versammlung schon getagt.

Während des verhältnißmäßig ruhigen Laufes des Jahres
1857 traten doch die Nachwirkungen der orientalischen Krise in
den Unruhen Syriens, in den Verwicklungen mit Persien entschieden

hervor, und auch in Italien zeigten sich in immer schärferen Umrissen und Gegensätzen die Symptome künftiger, ruhestörender Konflikte.

Kaiser Alexander II., welcher sich schon bald nach dem Friedensschlusse in Moskau hatte krönen lassen, traf nun im September 1857 mit Napoleon III. zu Stuttgart, mit dem Kaiser von Oesterreich in Weimar zusammen. Es lag hier nahe, daß man sich allgemein der freudigen Erwartung hingab, die für alle Staaten so ungemein drückende Heereslast vermindert, die jährlichen Defizits und Anlehen verschwinden, die Budgets wieder geregelt zu sehen — da platzten eines Abends die Bomben Orsini's und ertönten nicht nur in der Rue Lepelletier, sie hallten auch furchtbar in ganz Europa wider. Es bereitete sich nun wiederholt, und zwar dießmal im Bunde mit der Revolution, ein Vernichtungskampf vor, dessen erste Idee in der geheimnißvollen Besprechung von Plombières angeregt wurde.

Das Jahr 1858 ging darüber hin, und während die meisten Staaten sich bemühten, ihre inneren Angelegenheiten zu ordnen, zu entwaffnen, Rußland sogar eine ganz neue Bahn durch die Bauernemanzipation betrat, sah man nicht ohne eine mit Mißtrauen gemischte Spannung auf die Rüstungen des neuen westlichen Kaiserreichs zu Land wie zur See.

England wurde aber von einer Geißel heimgesucht, die sich schon früher, aber noch nie in einem so Entsetzen erregenden Grade gezeigt, wie dießmal — von einer blutigen Empörung der unterdrückten Stämme in Ostindien, als Wiedervergeltung für jahrelange Grausamkeiten und Quälereien. Auch in diesem grauenvoll blutigen Racenkriege entging England noch glücklich der drohenden Gefahr, und eine über jene Vorgänge aufgeklärte Geschichte wird die Mittel, welche zur Beseitigung des Aufstandes angewendet wurden, nicht im Einklange finden mit den heuchlerischen Klagen, welche das brittische Kabinet anstimmt, wenn andere

Fürsten, selbst in weit geringerem Grade von ihren Waffen Gebrauch machend, rebellischen Angriffen entgegentreten.

In gleicher Weise war das uralte chinesische Reich in seinen Grundfesten erschüttert, und immer mehr wurde die durchlöcherte Mauer von äußeren Feinden umzingelt und bedroht, während im Innern selbst sich genug Elemente der Zerstörung häuften.

Der muthmaßlich einstige Thronerbe Preußens hatte sich mit der Prinzessin Victoria von England vermählt, die Gesundheit des Königs Friedrich Wilhelm IV. aber, schon oft Schwankungen hingegeben, sich so bedeutend verschlimmert, daß die längst besprochene Regentschaft des Prinzen von Preußen endlich eintreten mußte. Mit dieser Aenderung war auch Ministerwechsel, der Anfang einer „neuen politischen Aera“, verbunden.

Der 22. Januar 1858 war der Tag, welcher den Großherzog Ludwig II. von Baden im 34. Jahre von seinen unsäglichen, so lange andauernden Leiden befreite; sein edler Charakter, die geduldige Ergebung, mit der er unverschuldetes Ungemach ertrug, machten diesen Verlust für die großherzogliche Familie noch schmerzlicher. Der junge Prinz hatte des Lebens bittersten Kelch geleert, ehe er nur die lichte Seite desselben kennen gelernt! Friede der Asche dem christlich starken Dulder!

Einige Monate später überraschte die Nachricht, daß die Herzogin Helene von Orleans auf dem Lande in England an den Folgen der Grippe plötzlich verschieden sei. Die Gefühle wehmüthiger Theilnahme über das Hinscheiden einer so vielgeprüften fürstlichen Frau waren wohl allgemein. Gar viele Betrachtungen anderer Art knüpften sich an diesen Todesfall. Es war kaum mehr als ein Menschenalter verflossen, während dem drei königliche Frauen, die Kaiserin Marie Louise, die beiden Wittwen Berry und Orleans, mit den drei Thronerben, ihren

Söhnen, Frankreich für immer fliehen mußten. Welche von den genannten Fürstinnen ihre Aufgabe am würdigsten erfaßt, ihre Mutterpflichten am gewissenhaftesten erfüllt, darüber haben schon die Zeitgenossen entschieden, und die Nachwelt wird ihr Urtheil sicherlich bestätigen.

Ich sah die Herzogin Helene zwar öfters Abends in den Tuilerien, doch immer auf kurze Zeit, während der mir nur vergönnt war, einige Worte mit ihr zu wechseln. Nach 8 Uhr verließ sie regelmäßig den Salon, um, wie eine ächte deutsche Hausfrau, mit ihren Kindern zu beten und sie zu Bette zu bringen. Sie lebte überhaupt sehr zurückgezogen; nie sah man sie bei Hoffesten, nie erschien sie in Gesellschaften, im Theater oder bei Volksbelustigungen. Nur mit der Erinnerung an ihren verunglückten Gatten beschäftigt, widmete sie sich treu, aufopfernd, erfolgreich der sorgfältigen Erziehung ihrer beiden Söhne. Im Familienkreise allein verbrachte sie noch hie und da frohe Stunden. Ebenso einfach lebte die Herzogin auf den grünen Hügeln von Richmond oder in jener stillen deutschen Stadt, deren Straßen auch schon vor Jahrhunderten eine fürstliche Wittwe trauernd und hülflos durchzog. Allenthalben erwies man dem wohlthätigen Sinne, der Seelenstärke, dem lebhaften Pflichtgefühle der Dahingeschiedenen die höchste Achtung. In welch' peinlichem Kontraste steht die Beschreibung der Empfangsfeierlichkeiten bei ihrer Vermählung im Jahre 1837 mit der furchtbaren Scene, welcher sie in den letzten Stunden ihres Pariser Aufenthaltes beiwohnte! Bewunderungswürdig war der Muth, mit dem die Herzogin, nur einer heiligen Pflicht eingedenk, an dem unheilvollen 24. Februar 1848 in die von politischen Leidenschaften tief aufgewühlte Kammer trat! Wenn in jenem feierlichen, entscheidenden Augenblicke der als staatsmännischer Charakter erbärmliche Lamartine die Politik des „Gegners" schweigen ließ, wie er sich ausdrückte, so waren es doch ganz andere Gefühle, welche ihn hätten leiten sollen. Die heroische

Frau wich nur der Gewalt; sie sollte den französischen Boden nicht wieder betreten!

Man hat, war von den politischen und religiösen Gesinnungen der Herzogin die Rede, vielfach finden wollen, daß ihr Benehmen mehr Festigkeit, ja selbst einen Anflug pedantischer Zähigkeit, als scharfen Verstand und richtige Beurtheilung ihrer Lage verrathen hätte. Sie hing beinahe schwärmerisch an den politischen Traditionen ihres Gemahls, und war daher entschiedene Gegnerin der „Fusion". Konnte man sie deßhalb tadeln? Und dennoch läßt sich nicht läugnen, daß sie kraft des konstitutionellen Prinzips keinerlei Rechte für ihre Söhne ansprechen konnte; die Dynastie Orleans kam im Jahre 1830 durch Wahl auf den Thron. Der Volkswille des Jahres 1848 hat in anderer Weise entschieden! Will man daher dem beinahe tausendjährigen Legitimitätsprinzipe nicht jede Berechtigung und Bedeutung für die Zukunft absprechen, so stehen der Familie Orleans bei dem voraussichtlich nahen gänzlichen Erlöschen der älteren Linie der Bourbons sicherere und gegründetere Kronansprüche zu, als bei dem immer zweifelhaften Ausgange einer allgemeinen Stimmenzählung.

Sprach man ferner tadelnd von der kalten Zurückhaltung der katholischen Geistlichkeit, der protestantischen Prinzessin gegenüber, so kann, wer diese Thatsache mit klarem, unparteiischem, vor Allem aber mit historischem Auge beurtheilt, nicht davon überrascht werden. Von der heil. Clotilde bis zur Königin mit der Martyrkrone haben nur katholische Fürstinnen den französischen Thron eingenommen. War denn der Wunsch so unbillig, daß dieß auch in Zukunft der Fall sein möge? Reicht doch jedem russischen Großfürsten nur eine Prinzessin die Hand, welche sich zum griechischen Glauben bekennt, mancher Vorgänge in anderen Staaten gar nicht zu gedenken! — Ein Jahr früher war ihr eine andere deutsche Fürstentochter, die schöne Herzogin von Namours, auch im fernen Insellande, vorangegangen, und von den fünf Schwiegertöchtern umgeben nun noch jene von Brasilien, Neapel und Spanien die greise Wittwe Louis Philipps.

Ob es aber wohl dem Erziehungsplane der Herzogin Helene entsprochen hätte, daß ihre Söhne sich an einem unrühmlichen, kläglichen Bürgerkriege betheiligen, ihrer Geburt unwürdig mit republikanischen Uniformen im Gefolge irgend eines amerikanischen Freibeuters oder fremden Emporkömmlings erscheinen? Die Zeiten Washington's sind vorüber, und ich glaube nicht, daß diese über= seeischen Feldzüge die Popularität der Prinzen aus dem Hause Orleans in Frankreich erhöhen dürften.

Im August wurde dem Kaiser von Oesterreich ein Sohn geboren, an dessen Namen — Rudolph — sich, sollte er dereinst zur Thronfolge gelangen, die schönsten Hoffnungen für die Zukunft Deutschlands knüpfen würden!

Die berüchtigten Worte — Neujahr 1859 in den Tuilerien ausgesprochen — klangen an den Wänden aller fürstlichen Schlösser in Europa nach. Welches Echo sie aber bei dem Botschafter fanden, an welchen sie zunächst gerichtet waren, hat man nicht erfahren. Die Lage Hübner's war dabei die peinlichste, die man sich nur denken kann, und eine, hier nur allein mögliche Entgeg= nung mußte durch das Gewicht einer allzu großen Verantwortlich= keit zurückgehalten werden.

Es verflossen nun Monate, während welchen man sich in Kriegsrüstungen und Verhandlungen theilte. Die meisten Kabinette, und leider auch Oesterreich, glaubten nicht ernstlich an den nahen Bruch. Man sah nur Drohungen da, wo schon die Verabredungen zu bestimmten Feldzugsplänen stattgefunden hatten. Waren früher die Herausforderungen, Rußland gegenüber, war der in so frivoler Weise in der Krim begonnene Krieg schon nicht gerechtfertigt, wie sollte man nun, drei Jahre nach dem Pariser Frieden, der bei Zerwürfnissen eine vorgängige Berathung aller Mächte in Aussicht stellte, die einseitige Intervention in der Form eines Angriffs auf

Oberitalien bezeichnen, ein bewaffneter Ueberfall, der unter ähn=
lichen, nichtigen Vorwänden noch einen mit heuchlerischen Phrasen
schlecht verhüllten Uebermuth verband? Unter den abgenützten
Redensarten von Freiheit, Unabhängigkeit, Einheit Italiens, von
Förderung der Civilisation und des Menschenglücks verbarg sich
die widerlichste Raublust von Seiten Sardiniens, das offenbare
Streben Frankreichs, seinen Einfluß an die Stelle des öster=
reichischen in jenem Lande zu setzen! Flugschriften, in ihrer trüge=
rischen Sophistik ganz geeignet, schwache Köpfe zu verdrehen, gingen
den offiziellen Aufreizungen zuvor, und die Turiner Prahlereien
fanden einen kriegerischen Nachhall an der Seine. Rußland ver=
mittelte, schlug sogar einen Kongreß nach „Mannheim“ vor;
England schickte seinen Vertreter in Paris, Lord Cowley, als
unterhandelnden Bevollmächtigten zur Ausgleichung nach Wien,
wo man bis zum letzten Augenblicke auf die Erhaltung des
Friedens hoffte und ein allzu redlicher Sinn, dem förmlichen
Täuschungssysteme gegenüber, mit ungleichen diplomatischen Waffen
focht. So ging für Oesterreich in fruchtlosen Unterhandlungen
eine kostbare Zeit verloren, welche von der anderen Seite zu
Kampfesvorbereitungen benützt wurde. Ende März hatte Oester=
reich nur einen Feind — die Piemontesen, sechs Wochen später
deren drei zu bekämpfen, denn es hatten sich während dieser Zeit
die Revolutionsbanden unter Garibaldi organisirt und waren die
französischen Truppen zur See wie über die Alpen in Italien
eingedrungen. Das Ultimatum an Sardinien erfolgte, die k. k.
Armee setzte über den Po, während Erzherzog Albrecht in Berlin
unterhandelte, und dann auch zog sich dieselbe ohne wesentliche
Erfolge nach einigen Wochen wieder über jenen Fluß zurück.
Nun häuften sich die Hiobsposten für die österreichischen Waffen;
zuerst Magenta, dann Solferino, endlich der unglückselige Friede
von Villa Franca — die Lombardei war verloren!

Fern von dem Schauplatze der Begebenheiten, vermag ich nicht die leitenden Motive jener Politik wie die näheren Ursachen so überraschender Vorgänge zu ergründen; auch kann ich mich der peinlichen Aufgabe, die Geschichte jener Tage zu schreiben, um so eher entziehen, als sie in das Gedächtniß aller Zeitgenossen eingegraben ist — ein Waffenstillstand verschob die weiteren Friedensbestimmungen auf einem Kongreß in Zürich, die drei Fürsten der italienischen Mittelstaaten flohen, der Papst war in Rom von allen Seiten gedrängt, und während die beiden Sicilien noch kräftig dem Revolutionssturme widerstanden, starb König Ferdinand im besten Mannesalter zu Neapel. England stellte dabei heuchlerisch das Nichtinterventionsprinzip auf, dem es seinerseits nicht treu blieb, und Guizot bezeichnet diese Haltung ebenso wahr als treffend mit folgenden Worten:

„Les autres (puissances), l'Angleterre surtout, soit par entrainement de parti, soit dans des vues frivolement interessées, donnent aux révolutions étrangères une adhésion indistincte, et acceptent pêle-mêle leurs violences comme leurs réformes, leurs usurpations et leurs attentats contre le droit des gens, comme leurs réclamations et leurs entreprises les plus légitimes."

Mittlerweile war Graf Buol von der Leitung des Departements des Aeußeren enthoben worden, und ein s. g. Uebergangsministerium sollte einen neuen Zustand der Dinge vorbereiten. Fürst Metternich aber verschied am 11. Juni, also gerade in dem kurzen Zwischenraume, welcher die beiden großen, entscheidenden italienischen Schlachten trennte. Mit welchen Empfindungen mag der hochbejahrte Staatsmann wohl den letzten Ereignissen gefolgt sein? Er hatte in seinem langen Leben nur einen Haß, den der Revolution, gekannt, und er sah sie nun nach allen Richtungen siegen! Diese schmerzlichen Eindrücke, verbunden mit der Ermüdung, bewirkt durch die große Hitze und fortwährende Besuche, hatten den 87jährigen Mann sichtbar erschöpft. Er starb mit dem ruhigen Sinne, der ihn nie verlassen, sanft, umgeben von der trauernden Familie und einigen Freunden, unter ihnen der ihm stets ergebene Fürst P. Esterhazy.

In neuester Zeit folgte der russische Staatskanzler Graf Nesselrode mit 82 Jahren dem österreichischen in's Grab. Ich war ihm nur einmal im Leben begegnet, seine Persönlichkeit ließ aber den angenehmsten Eindruck in mir zurück. Viele Vergleichs- und Anziehungspunkte fanden sich in der Laufbahn dieser beiden Staatsmänner; beide nicht in dem Lande des Schauplatzes ihrer Thätigkeit geboren, beide ungefähr in demselben Alter, traten auch beide beinahe zu gleicher Zeit die Leitung der auswärtigen Angelegenheiten in Wien und St. Petersburg an. Metternich und Nesselrode waren an der Spitze der Verhandlungen des Wiener Kongresses, bekämpften Napoleon I. und sahen am Ende ihres 40jährigen Wirkens wieder einen anderen Napoleon als Kaiser, der die Früchte ihrer diplomatischen Thätigkeit zerstörte; denn während Nesselrode, 1815 einer der Mitunterzeichner des Pariser Friedens, einem zweiten dort abgeschlossenen Vertrage und den darin ausgesprochenen Grundsätzen 1856 weichen mußte, erlebte es noch Fürst Metternich, das österreichische Heer wieder von Franzosen besiegt, eine neue Aera, ein neues System beginnen zu sehen!

Die Jahre 1860 und 1861 verliefen wieder Erwarten im Ganzen friedlich, aber es war ein theuer erkaufter und darum doch nicht minder fauler Friede! In unerhört frevelhafter Weise wurde das südliche italienische Königreich überfallen, und Gaëta wird auf immerwährende Zeiten an den Heldenmuth eines jungen königlichen Ehepaars erinnern. Wie dort, siegten auch bei Castelfibardo Verrath und Friedensbruch, und die widerliche Posse der allgemeinen Volksabstimmung setzte der Schmach die Krone auf. Während man sich um die „Einheit" eines ganzen Italiens stritt, riß Frankreich ein Stück davon los, blieben Korsika und Malta in fremdem Besitze. Der deutsche Fürstenkongreß zu Baden im Juni, die Zusammenkunft der Monarchen im Oktober 1860 zu Warschau verhinderten nicht den Einzug Victor Emanuels in Neapel, und während Napoleon seine Truppen im fernen China mit Siegen und Plünderungen beschäftigte, verlor er was in allen Theilen Europa's vorging nicht aus den Augen. Immer verwickelter gestalteten sich die Dinge in Italien; Rom und Venedig! wurde das Feldgeschrei der rothen Patrioten. Oesterreich lag in den Geburtswehen seiner Verfassung und Deutschland rang auf verschiedenen Wegen nach Einigkeit und innerer Kräftigung. So fand das Jahr 1862 die Weltlage, und ich will es nun versuchen, nur die gegenwärtigen Zustände dreier Staaten und ihre mögliche Entwicklung in der Zukunft näher berührend — von Deutschland, Frankreich, Italien zu sprechen!

Was nun zunächst unser liebes Vaterland betrifft, so hat es seit 1000 Jahren gar manche Stadien durchlaufen, und, im Herzen unseres Welttheils gelegen, bestimmt, demselben den Pulsschlag zu geben, mühte es sich in meist vergeblichem Streben ab, sich auf die Höhe zu schwingen, zu der es seine politisch-geographische Lage, der kräftig ausdauernde Charakter seiner Bevölkerung, der edle, intelligente, nur zu kosmopolitische Sinn der deutschen Nation zu bestimmen schien. Die Klagen, daß Deutschland diese erwünschte Höhe nicht erreicht, oft gehört, dann wieder verhallt, ließen sich in neuester Zeit um so lauter und eindringlicher vernehmen. Eine Prüfung, ob und in wie fern man hierzu berechtigt, liegt uns nahe. Daß aber dabei mehr gesprochen, verhandelt und geschrieben, als gehandelt wird, kann Niemand, der diese Zustände aufmerksam verfolgt, in Abrede stellen. Doch wozu dient der mit hochtönenden Phrasen verbundene Jammer, wenn man sich seines Zieles nicht klar bewußt ist? Seit Jahrhunderten lautete das Losungswort der Deutschen: „Einheit!" und was geschah, was geschieht noch, daß dieß Wort zur Wahrheit werde?

Haben in früherer Zeit die Wahl= und Parteikämpfe der Kaiser und Stämme die Kräfte des deutschen Reichs geschwächt, so erweiterten später zwei Ereignisse die Kluft, machten eine Wiedervereinigung beinahe zur Unmöglichkeit. Die eine dieser für immer beklagenswerthen Thatsachen ist die unselige Kirchenspaltung des 16. Jahrhunderts. Zu diesen religiösen Zerwürfnissen, welche einheimische Verräther wie auswärtige Feinde klug zu ihrem Vortheile benützten, gesellte sich der weitere politische Riß durch die Erhebung Preußens und die Haltung Friedrichs des Großen Oesterreich gegenüber. Damit war die Parole zu einem wohl unheilbaren Dualismus gegeben, und für einen Augenblick nur konnte die drohende Gefahr, der unerträglich gewordene fremde Druck die getrennten deutschen Volksstämme zu gemeinschaftlichem Handeln vereinigen.

Die deutsche Bundesverfassung war bestimmt, das früher gelockerte Band wieder fester und dauernd anzuziehen. Entsprach dies Werk in seinen Erfolgen nicht den davon gehegten Erwartungen, so wäre es unbillig, die Ursache dieser betrübenden Erscheinung nur allein in der Fassung der Bundesakte selbst zu suchen. Ich schwärme wahrhaftig nicht für den Frankfurter Bundestag und seine Beschlüsse; aber er war doch, welcher unbefangene Staats=mann könnte es läugnen, unter den gegeben Verhältnissen das einzig möglich Erreichbare und jeder weiteren gedeihlichen Entwicklung fähig. Daß diese unterblieben, daß sich dafür immer mehr ein gewisses allgemeines Mißbehagen zeigte, Alles, was vom Bundestag ausging, mit Ungunst, Mißtrauen aufgenommen wurde, daran war wohl eben nicht allein der Inhalt und der Wortlaut der Akte, es waren vielmehr Regierungen wie das deutsche Volk selbst schuld. Gebrach es den ersteren an gehöriger Energie, an

Einigkeit und einer bestimmten Richtung des Willens, den Bau der staatlichen Institutionen heilbringend fortzuführen, behalf man sich mit Palliativen, so ist auf der anderen Seite wieder nicht zu verkennen, daß der Mangel an Gemeinsinn, an wahrhaft politischer Erziehung bei den Deutschen die so ungemein schwierige Lösung jener praktischen Fragen gerade nicht erleichterten. Monatlange Verhandlungen des Parlaments in Frankfurt haben auch zu keinem befriedigenden Resultate geführt, und als man von Seiten der Staaten wie der völkerbeglückenden Redner nichts zu Stande zu bringen vermochte, kehrte man wieder zur alten Bundesverfassung zurück. Während den seither abgelaufenen zwölf Jahren ist wenig oder nichts geschehen, sie den Bedürfnissen der Neuzeit anzube- quemen, und somit stehen wir wiederholt an dem mit gewaltiger Stimme mahnenden Rufe: „Reform!"

Die Wege, zu diesem Endziele zu gelangen, sind aber klar vorgezeichnet und lassen sich auf sehr einfache Sätze zurückführen. Die erste, einzige und nicht zu umgehende Bedingung zu einem friedlichen, einigen und somit innerlich sich verstärkenden Zustande der Dinge in Deutschland ist ein offenes, aufrichtiges, durch keinen Hintergedanken getrübtes Einverständniß der beiden Groß- mächte. Ist diese Grundlage einmal gefunden, ergibt sich alles Uebrige von selbst; es wird dann unsere innere Kraft nicht mehr durch Eifersucht, Spaltung in zwei Lager gelähmt und dem deutschen Reiche die ihm gebührende Stelle in der Weltlage ein- geräumt werden. Es dreht sich demnach Alles um die Beant- wortung der wichtigen Vorfrage: „Ist jene allein maßgebende Vorbedingung auch zu erfüllen möglich?" Nur die Zeit, die Rück- kehr zu einer besseren Erkenntniß, die dringende Mahnung, von allen Seiten leidenschaftlichen Eingebungen, gehässigen Einflüste- rungen zu entsagen, kann endgültig darüber entscheiden. So lange aber dieß Räthsel nicht gelöst ist, so lange wir nicht aus dem Zauberkreise treten, der uns gebannt, so mögen sich papierne Berge von Noten, Denkschriften, Broschüren, Protesten, Zeitungsartikeln, Reformvorschlägen u. dgl. m. aufthürmen, wir werden zum Hohne wie zur unverhohlenen Schadenfreude der Nachbarstaaten nie einig werden.

Jeder andere Ausweg, als der angegebene, führt aber nach meiner innersten Ueberzeugung nur zur Anarchie, zum Bürgerkriege, vielleicht zur Auflösung des sozialen Lebens, und in weiterer Zukunft ist uns die Einmischung fremder Waffen, beute- und eroberungssüchtiger Fürsten in Aussicht gestellt.

Nehmen wir einmal den, wie ich glaube, nicht möglichen Fall an, es ließe sich Oesterreich durch die Aufstellung eines Staatenbundes in einem unter Preußens Hegemonie stehenden Bundesstaate aus dem bisherigen Verbande verdrängen, so müßte vor Allem erwogen werden: ob Preußen in dem neuen deutschen Reich, in Kleindeutschland, oder dieses in Preußen aufgehen soll? Nach den bisherigen Erfahrungen ist nicht zu erwarten, daß man sich von beiden Seiten das Eine oder das Andere gefallen lassen werde. Preußen will, und zwar mit vollem Rechte, nicht seiner Geschichte, seinem Kriegsruhme, seiner Unabhängigkeit als Großmacht, seinem Namen und Wappen und Adler, seinem Königthum entsagen, um sich in einem Fahrzeuge einzuschiffen, das mit vollen Segeln den nebelhaften Ufern „Gotha's" zusteuert; es kann und wird da nicht ein modernes goldenes Vließ in der Gestalt einer deutschen Dornenkrone aufsuchen, die Wirklichkeit einem Schatten opfern wollen. Aber auch angenommen, es käme dazu, wie viele Fragen wären bis dahin zu lösen und welche grenzenlose Verwirrung stünde unserem armen Vaterlande bevor! Soll jedoch der Theil Deutschlands, von welchem sich Oesterreich getrennt, nur dazu dienen, die Hausmacht Preußens zu vergrößern, in diesem Königreich aufgehen, so wird eine solche Zumuthung doch wohl zunächst in Süddeutschland, und da wieder vor Allem in Bayern auf entschiedenen Widerspruch stoßen. Ein solcher könnte aber nur durch Waffengewalt oder die Revolution gebrochen werden; in beiden Fällen würden wir den Gräueln eines blutigen Bürgerkriegs nicht entgehen. Ein zwischen beiden Projekten die Mitte haltender Vorschlag, Preußen die militärische, diplomatische und handelspolitische Leitung in dem ohne Oesterreich zu bildenden Neudeutschland zu überlassen, ließ sich als vermittelnder Ausweg zwar recht gut, ist aber bei den Konflikten, welche sich nothwendig in der inneren Verwaltung der Bundesstaaten ergeben müßten, gewiß ebenso wenig durchzuführen.

Ich komme daher auf den allein möglichen Anker des Heils zurück, wenn ich den hoffentlich nicht vergeblichen Wunsch ausspreche, daß Oesterreich und Preußen gemeinschaftlich das Reformwerk in die Hand nehmen und die einer zeitgemäßen Umbildung ohne Zweifel fähige Bundesverfassung im allseitigen, wohlverstandenen, ächt deutschen Interesse ernstlich berathen.

Dabei bleibt mir jedoch noch ein weiteres Bedenken; es ist immer und wieder von einer Volksvertretung am Bunde die Rede, und die Ausführung dieses Planes beinahe zu einer deutschen — ich will nicht gerade sagen Monomanie — doch zu einer Lieblingsidee geworden. Ich will nicht an die Auftritte, das Parteigetriebe und die erfolglosen Verhandlungen in der Paulskirche erinnern; solche Erfahrungen werden nur selten beherzigt; man glaubt es immer wieder besser zu machen; nur eine Frage sei mir erlaubt: wie wird sich eine solche gesetzgebende groß- oder kleindeutsche Versammlung zu dem Reichstage in Wien, zu den beiden Häusern in Berlin verhalten, wie sich die Autonomie aller Bundesstaaten mit den Beschlüssen eines solchen Parlaments vertragen, das gleichviel in dieser oder jener der angedeuteten Formen wieder auftauchen würde?

Dieselben Ursachen müssen naturgemäß allenthalben und zu jeder Zeit auch wieder dieselben Wirkungen hervorbringen.

Erkennen wir an, daß egoistische, ehrgeizige Bestrebungen

wie indolente Gleichgültigkeit und innerer Zwiespalt der deutschen Regierungen viel Unheil bereitet, so ist auch nicht mehr als billig, nicht blind für die Gebrechen zu sein, an welchen die Regierten litten. Das Volk hat seine Schmeichler wie die Fürsten; es ist so angenehm, sich fortwährend loben, von einer politischen Rolle, von welthistorischer Bedeutsamkeit, von Einheit, Kraft, Freiheit, Unabhängigkeit, politischer Mündigkeit sprechen zu hören. Doch mit dem Phrasenjammer allein, daß man noch nicht dazu gelangt, ist nichts erreicht; man muß auch die Eigenschaften in sich vereinigen, in der That darnach streben zu können. Der Deutsche ist bieder, treuherzig, arbeitsam, erfinderisch, thätig, wahrheitsliebend, er fügt sich gern und leicht in alle Verhältnisse zu Hause wie in den fernsten Zonen; überall ist er in der Regel gut gelitten, bald heimisch und baut sich zufrieden in jedem Welttheile eine Hütte. Weit entfernt von dem unbändigen Nationalstolze der Engländer, der glühenden Vaterlandsliebe der Franzosen und der eitlen, prahlerischen Selbstüberschätzung der Italiener, ist der Deutsche still, seines eigenen Werths bewußt, aber anderen Völkern gegenüber allzu bescheiden, nur zu oft seine Stammeseigenthümlichkeiten, selbst den deutschen Namen verläugnend, und schnell nimmt er Sitten, Sprache und Geschäftstreiben der Länder an, in die er eingewandert. Er wird in seiner vielbekannten Nachahmungssucht sich für Rechte, Vorzüge, Errungenschaften begeistern, deren Gewährung nun einmal, der Natur der Dinge nach, nicht möglich ist. Wie viel Gold und Geschmeide wurde nicht schon auf dem Altar des Vaterlandes niedergelegt, um eine deutsche „Flotte" zu erhalten, und welch klägliches Ende hat sie genommen! Und auch jetzt hofft man mit „Pfenningen" eine Seemacht zu werden, ohne zu bedenken, daß, sollte man es wirklich mit so kleinlichen Mitteln einmal zu einer Achtung gebietenden Flotte bringen, die großen Seestaaten, wenn sie sie nicht im Keime ersticken, ihre Vermehrung doch hindern werden.

Im Gegensatze zu so hochstrebenden Gedanken und Plänen begegnet man ganz demüthigem Auftreten, bald ärgerlichen, dann wieder lächerlichen Erscheinungen. Man lacht bei jedem Anlasse über den deutschen „Michel" und klatscht Satyren oder Spottbildern wie Liedern Beifall zu, wo andere Völker pfeifen würden; man schreit sich: „Sie sollen ihn nicht haben!" heiser und gibt den Rhein am Po auf; man brüllt: „Was ist des Deutschen Vaterland?" und begnügt sich mit „Kleindeutschland"! man begeistert sich für eine „Flotte" und gibt ohne Schwertstreich die schönsten Küstenländer auf; man will von Frankreich, Rußland, Dänemark altdeutsche Länder zurückfordern, sähe aber in größter Gemüthsruhe viele Millionen Deutsch-Oesterreicher aus dem Reichsverbande scheiden; man jubelt, toastirt, turnt, singt, trinkt, zieht, die schwarz-roth-goldene Fahne schwingend, von einer Stadt zur anderen, aber läßt die von ihren natürlichen Bundesgenossen verlassenen Brüder jenseits der Alpen in blutigen Treffen schlagen; man jauchzt fremden Siegern zu und freut sich, schadenfroh, der Niederlagen im Nachbarlande; man schwärmt für deutsche Macht und Größe, und räumt willig Frankreich die Herrschaft in Italien ein; man schmäht deutsche Kriegshelden und läßt Garibaldi und Kossuth hochleben — je nach dem Windzuge der s. g. öffentlichen Meinung ist man endlich trotzig und herausfordernd, oder nachgiebig und zahm, kriegerisch oder friedliebend, immer schnell fertig mit den Worten, aber minder rasch zur That — und mitten in all diesem gedankenlosen Treiben eine die Gemüther erhitzende Presse, bald in dieser, bald in jener Farbe den Parteileidenschaften schmeichelnd!

Doch genug dieser sinnverwirrenden Bilder! Werden doch hoffentlich die Deutschen, ihre wahre Interessen und Bedürfnisse einmal erkennend, ihre unstreitig schätzenswerthen Eigenschaften geltend machen, ihre Lage innerhalb der Grenzen des Möglichen nachhaltig verbessern, statt der Verwirklichung von Idealen nachzujagen!

In Bezug auf die Bundesreformfrage bin ich weder spezifisch österreichisch noch preußisch gesinnt; meine lebhaftesten Sympathien sind vielmehr dem Gesammtdeutschland zugewendet, und Alles, was demnach die Einigkeit der beiden Großmächte stören, die Kluft nur immer erweitern kann, thut mir aus ganzer Seele weh. Allen Staatsmännern und Kriegern, allen Rechts= freunden und Gelehrten, allen Abgeordneten und Bürgern, jedem ächten Patrioten möchte ich zurufen: sie sollten sich nur in dem einen Wunsche, in dem einen Streben begegnen, den inneren Frieden in Deutschland, und somit seine politische Größe und Bedeutung wieder dauernd herzustellen.

Werfen wir einen Blick auf die Karte Deutschlands während des so sehr geschmähten, „finstern" Mittelalters, so erkennen wir beschämt, wie weit und mächtig sich da deutsche Herrschaft, deutsches Gebiet, deutscher Einfluß erstreckten, und haben wir auch bedeutende Länderstriche deutscher Zunge, wohl für immer, eingebüßt, so wäre dennoch ein Theil dieser früheren Machtstellung wieder zu erlangen, wenn nicht Uneinigkeit alle unsere Kräfte lähmte, die Bestrebungen der Großmächte sich gegenseitig neutralisiren würden.

Auch auf dem religiösen Gebiete blieben auffallende Er= scheinungen nicht aus; gar gewaltig regte es sich und gährte in den protestantischen Regionen, während sich bei dem größten Theile des katholischen Deutschlands eine bewunderungswürdige, erfreuliche Uebereinstimmung in der Theilnahme und Anhänglichkeit für die gerechte Sache des schwergeprüften Oberhirten der Kirche mit Wort und That ausgesprochen; auch das deutsche Episkopat schaart sich wie ein Mann um den päpstlichen Stuhl, und in keiner Epoche der Geschichte finden sich Beispiele eines so treuen, glaubens= muthigen Zusammenhaltens; die Beweise von Opferwilligkeit und Ergebenheit wachsen in dem Verhältnisse zu den den heil. Vater bedrohenden Gefahren.

Neben den erhabenen Bau der allgemeinen Kirche hat man es nun versucht, eine kleine Kirche zu errichten, die, kaum gegründet, auch schon in Trümmer zerfallen, eine moderne Ruine bildet. Selbst des Namens der „Deutschkatholiken" schämen sich ihre Anhänger jetzt schon und legen sich die Bezeichnung „freireligiöser Gemeinden" bei. Freireligiös! was heißt das? etwa eine Vereinigung, bei der Jeder in Religionssachen frei denken und handeln kann und darf, wie er will? Dazu bedarf es aber keiner Gemeinschaft, keines Symbols, keines besonderen Glaubensbekenntnisses; Jeder richtet sich dasselbe im eigenen Hause schon von selbst zurecht.

Je fühlbarer der Mangel an hervorragenden Männern in unserer Zeit ist, desto mehr läßt man sich es angelegen sein, frühere berühmte Persönlichkeiten in Stein und Erz zu verewigen. Dieser Drang, an sich ganz löblich, sollte sich aber doch in gewissen Grenzen, nicht gar so überschwänglich äußern. Bald sind alle Plätze jeder noch so kleinen Stadt mit Standbildern bedeckt, und die Verehrung der dadurch zu feiernden Größen richtet sich eben nach dem Strome der gerade herrschenden Ansichten. Die Heiligenbilder werden verdrängt und der Kultus des Genie's, des oft zweifelhaften, bestrittenen Erfolgs auf dem Schlachtfelde oder im Kabinette, an der Börse oder im Industriewesen tritt an ihre Stelle. Wurden ja sogar Stimmen laut, dem um Deutschlands „Civilisation und Freiheit" so hochverdienten Cavour! irgendwo ein Denkmal zu errichten, und wenig fehlt, daß man dem modernen Cincinnatus auf seiner Insel eine von „Ziegen" umgebene Statue votire!

Ein Mißbrauch anderer Art wird mit dem Worte „Amnestie" getrieben. Sie ist ein Ausfluß fürstlicher Gnade, ein schönes Vorrecht der Krone, eines der wenigen, welches ihr noch die Schulweisheit gelassen! Doch auch diesen Akt freiwilligen, hochherzigen Entschlusses stellt man den Regenten nur zu oft als die Erfüllung einer durch die Nothwendigkeit gebotenen Pflicht vor.

Man verlangt ungestüm, daß die Amnestie eine ausnahmslose sei und ohne Bedingung ertheilt werde, denn der ungebeugte Trotz verlangt nur Recht, bittet nicht um Gnade. Diesen Anforderungen gegenüber steht die heilige Verpflichtung des Staates, Allen gerecht zu sein und friedliebende Bürger gegen die Wiederholung frevel= hafter Unternehmungen zu schützen; denn nicht selten wurden die zurückgekehrten Begnadigten, kam es zu neuen Unruhen, unter den Ersten in den Reihen der Kämpfenden gesehen!

Was nun Oesterreich und Preußen betrifft, so haben beide in ihrem Innern eine neue, der jüngst vorangegangenen so ziemlich entgegengesetzte Richtung eingeschlagen. Ich kann, im Widerspruche mit der so allgemein verbreiteten Meinung, nur wiederholt meine Ueberzeugung dahin aussprechen, daß die zehn= jährige Verwaltung unter Bach, welche man nun als eine „reaktionäre" zu verschreien, in jeder Beziehung zu schmähen ge= wohnt ist, eine zeitgemäße, der damaligen Uebergangsperiode voll= kommen anpassende war, und sie in ihrer weiteren Entfaltung nur durch die unvorgesehenen, beklagenswerthen Ereignisse des Jahres 1859 aufgehalten wurde; weßhalb verhielt sich denn bis zu jener Zeit Alles ruhig und erhoben sich erst dann alle Stimmen des Tadels, als das Unglück über Oesterreich hereingebrochen war?

Die Schwächen jenes Systems, wer wird sie läugnen? sie liegen jetzt offen zu Tage; es hat jedoch nie Anspruch auf Unfehl= barkeit gemacht und wohl darin geirrt, daß es die Bahn der „politischen Versuche" nicht abermals betreten wollte, ohne des Erfolgs gewiß zu sein, mit einem Worte: den provisorischen Zu= stand über Gebühr hinausgezogen, jede erwartete Veränderung nur in einer ganz fernen Zukunft in Aussicht gestellt zu haben. Wären, wie es sich voraussehen ließ, die Finanzen allmälig ge= ordnet, bei andauerndem Frieden die Heereslast vermindert, eine Aussöhnung mit den noch immer grollenden Kronländern erzielt worden, dann erst war es an der Zeit, an einen soliden Aufbau der Verfassung zu denken. So brauste aber ein von Außen nicht ohne Absicht heraufbeschworener Sturm über die Monarchie, zertrümmerte gewaltsam die zarten Keime des wachsenden Wohlstandes, einer geregelten staatlichen Ordnung, und man sah sich nach anderen Baumeistern um.

Was der 20. Oktober 1860, was der 26. Februar 1861 brachte, sind eben auch nur wieder „Versuche", und Niemand, der die damalige Lage aufmerksam prüfte, wird verkennen, daß durchaus Etwas geschehen mußte, gerechten Anforderungen zu genügen. Ich selbst, unter österreichischem Scepter geboren, durch meinen mehr als zwanzigjährigen Aufenthalt in Wien mit den dortigen Verhältnissen und Personen genau bekannt, folge mit lebhafter Theilnahme dem Gange der Dinge, ihn mit dem aufrichtigen Wunsche einer weiteren, gedeihlichen Entwicklung der Zustände begleitend. Dennoch kann ich mich der peinlichen Befürchtung nicht entziehen, daß dieß Ziel auch auf diesem Wege nicht erreicht werde. Ohne prinzipieller Gegner irgend einer Konstitution zu sein, ich wiederhole es, kann ich aber unmöglich annehmen, daß diese Verfassungsformen nicht zersetzend auf den seltsamen Staatsorganismus Oesterreichs wirken werden, und gebe mich lieber dem Troste hin, daß, wo Menschenkraft und der beste Wille nicht ausreichen, die göttliche Vorsehung, welche sichtbar im Laufe der Geschichte über Oesterreich gewacht, diesem Staate die Weltstellung anweisen werde, welche ihm nach deren unerforschlichem Rathschlusse gebührt.

Die Experimente aber, welche Preußen bisher auf konstitutionellem Gebiete angestellt können nicht aufmunternd auf Oesterreich zurückwirken, und man hat sich bis jetzt, wie man früher hoffte, noch lange nicht in die neuen Formen hineingelebt; ob und wann dieß je geschehen werde, kann uns nur die Zukunft lehren. So lange es aber der österreichischen Regierung nicht gelingt, wenigstens Ungarn für die Idee des Einheitsstaates zu gewinnen,

wird das dortige Verfassungswerk nur ein Bruchstück sein. Doch
ist der Anfang einmal gemacht, die ungemein complicirte Maschine
in Bewegung gesetzt, und Staatsklugheit wie Ausdauer werden
das ihrige dazu beitragen, die zahllosen Schwierigkeiten zu über=
winden. So lange dieß jedoch nicht geschehen, wäre es gewiß
unbillig, alles Uebel der Gegenwart nur den Mißgriffen der
jüngsten Vergangenheit zuzuschreiben, eine Verwaltung mit Ver=
wünschungen zu überschütten, die in ihrem Sinne wenigstens das
möglich Erreichbare angestrebt und nur einem widrigen Verhäng=
nisse zum Opfer fiel.

In gleicher Weise konnte auch in Preußen die Politik,
welche das Ministerium „Manteuffel" den 1848/49 stattgefundenen
Uebergriffen wehrend befolgte, bitterem Tadel, beißendem Spotte
nicht entgehen. Doch sind auch hier die Akten noch nicht ge=
schlossen, der Sieg des neuen Systems mehr als zweifelhaft, denn
alle Vorgänge stehen unter sich in einem, wenn auch nicht immer
sichtbaren Zusammenhange, und erst wenn ein Zeitabschnitt klar
vor uns liegt, läßt sich ein gültiges Endurtheil abgeben. Nun
drängt aber jeder Tag gebieterischer zu der Erwägung: ob der
Lauf der Revolution, welchem vor Allem entgegenzutreten doch
gewiß die erste und heiligste Pflicht jedes wohlgeordneten Staates
ist, eher durch Widerstand, oder durch Nachgiebigkeit unter der
Aegide gesetzlicher Formen aufgehalten werden könne?

Hat man sich in Deutschland aber einmal für das Ver=
fassungswesen nach englischem Zuschnitte entschlossen, so fragt man
sich erstaunt: weßhalb denn allenthalben politische Klubs und
Vereine ohne Zahl entstehen? Die Kammern, so lehrte man uns,
sind der eigentliche Ausdruck der Stimmung im Lande; wozu
bedarf es denn noch solcher wandernden Kammern, die mit auf=
reizenden Ideen einen Druck auf die öffentliche Meinung üben,
tonangebende Versammlungen neben den verfassungsmäßigen bilden?
Die einen oder die anderen, sollte man glauben, seien zum mindesten

überflüssig? Die sich „national und liberal" nennende Partei übt aber dabei eine Tyrannei aus, welche im grellen Widerspruche zu der von ihr so hoch gepriesenen Rede= und Preßfreiheit steht. Wer sich nicht unbedingt zu jeder Sylbe ihres Programms bekennt, wer einen anderen Weg geht, als das Labyrinth, in welches die moderne Phrasenschelle uns zu leiten bemüht ist, darf für das kläffende Geheul der Meute nicht sorgen, oder wird, erhebt er seine Stimme dagegen, wenn es noch glücklich kommt, mit Verachtung behandelt, todt geschwiegen.

Es kann daher für die Deutschen nichts Beherzigenswertheres geben, als die drei Worte, welche ihr gefeierter Dichter, sie im Geiste mehr an die eigenen Landsleute richtend, dem alten sterbenden Schweizer Attinghausen in den Mund legt: „Seid einig, einig, einig!"

Mit den Voraussagungen bezüglich der künftigen politischen Gestaltung Frankreichs ist es eine mißliche Sache; wir haben da seit bald hundert Jahren gar so viele Umwälzungen und über= raschende Uebergänge erlebt; jede heranwachsende Generation will wieder ihre eigene Geschichte machen, und die Franzosen sind den quakenden Fröschen in der Fabel zu vergleichen, welche, nachdem sie die ruhigen Klötze verachtet, die sie auffressenden Störche zu Königen erhielten. Man hat es da so ziemlich mit allen Regie= rungssystemen versucht, und wir sind noch lange nicht am Ende dieser Phasen. Daß aber im Rückblicke auf die abgetretenen Dynastien und vielen abgeschafften Konstitutionen der jetzt herr= schenden Familie mit der Verfassung keine lange Dauer voraus= zusagen, ist wohl klar. In seiner äußeren Politik ist Frankreich in eine „Sackgasse" gerathen, aus der es nur ein neuer, dießmal allgemeiner Krieg ziehen kann; da es aber auch im Innern der Revolution und ihren Grundsätzen verfallen, ist es nur noch eine Frage der Zeit und zufällig einwirkender Umstände, wann der Vorhang auch über diesen neuen, nicht minder wie die früheren

beklatschten und verhöhnten Akt des aufreizenden Drama's fallen
wird, welches man die französische Geschichte nennt.

Dennoch zeigt sich, der inneren Zerfahrenheit Deutschlands
gegenüber, klar, welche Kraft und Lebensfähigkeit einem Reiche
innewohnt, das nur einen Herrscher, eine Religion, eine Verfassung, eine Nationalität kennt, dessen Bewohner gleichen Bildungs-
grad, dieselben Sitten und Gewohnheiten und Gesetze haben. Ist
auch jetzt die Centralisation auf's höchste getrieben, wird der
Geistesdruck nicht nur auf die öffentlichen Reden, die Presse, wird er
auch auf die Kammern, die Gerichtssäle und Kanzeln ausgeübt,
so sind dieß immer nur vorübergehende Erscheinungen; steigt jetzt
jedem sein fühlenden Franzosen auch die Schamröthe in's Gesicht,
wenn er diese systematisch getriebene Corruption, dieses Gewebe von
heuchlerischen Ränken und plumpen Lügen sieht, so beseelt doch
Alle nur ein Gefühl: das der Liebe zum Vaterlande; und die
der Regierung grollenden Parteien ordnen ihre persönlichen und
politischen Neigungen dem Wunsche unter, Frankreich groß, mächtig,
geachtet, unter allen Staaten hervorragend zu sehen; sie dulden
unter Fremden nicht, daß man sie bedauere, table, und darin
besteht die ungeheure Macht, über die jeweils eine kluge, willens-
kräftige Hand gebietet, welche es versteht, Frankreich zu leiten,
denn immer wird man seine Söhne einmüthig um den Altar, die
Fahne des Vaterlandes geschaart finden!

Ein altes Sprüchwort sagt: „es gibt nichts Neues unter
der Sonne!" aber Ereignisse, wie sie sich seit drei Jahren in
Italien zusammengedrängt, sind wohl noch nie dagewesen! Ein
König, dessen Regierung jahrelang durch geheime Umtriebe, gehässige Intriguen, denen selbst seine Gesandten nicht fremd waren,
die Umwälzung vorbereitet, fällt mit Hülfe französischer Waffen
in befreundete Staaten, in die Länder verwandter Fürsten ein,
begünstigt eine Schaar von Freibeutern, welche mitten im Frieden
eine durch Verrath, List und abenteuerliche Kühnheit gelungene

Landung im südlichen Königreiche zur Unterjochung desselben benützen. Dieser König läßt sich in allen auf so schmähliche, kronenräuberische Weise „annerirten" Staaten huldigen, und tritt nebst einem Küstenlande Italiens auch noch sein Wiegenland einer fremden Macht ab — und dieser König wird in seltsamer Verkehrung aller Worte und Begriffe „Ré galant-uomo" genannt! In Oberitalien, in den Mittelstaaten folgt auf diesen überschäumenden Jubel Ernüchterung, stilles Hinbrüten, vorerst Ergebung in das sich selbst bereitete Ungemach; denn der Italiener, welcher vor Allem ein guter Rechner ist, findet, daß die unter dem Vorwande nationaler Einheit, der Freiheit, der Civilisation und Unabhängigkeit vorgenommene Veränderung ihn doch etwas zu theuer zu stehen komme; die Staatskassen wurden überall in den eroberten Ländern geleert, die Kirchen geplündert, die Klöster aufgehoben; dennoch zahlt man zehnmal mehr Steuern als zuvor, und den Anlehen, den Defizits ist kein Ende abzusehen! Abermals ein glänzender Beweis, wie wohlfeil die im Interesse der Ersparnisse unternommenen Revolutionen sind! In Neapel hält man mit brutaler Gewalt eine Bewegung nieder, welche die angebliche Majorität bei der allgemeinen Abstimmung in so eindringlicher Weise Lügen straft; man nennt „Briganti", die für ihre Rechte, ihren Herd, ihr angestammtes Königshaus kämpfen, sich nicht gutwillig einem fremden Joche unterwerfen wollen, und preist als Helden Jene, die ohne Kriegserklärung, frevelnd in andere italienische Staaten eingebrochen.

Die unerhörten Grausamkeiten, mit denen man die Neapolitaner zu ihrem Glücke zwingen will, sollten täglich mit den Gräueln und ungesetzlichen Handlungen verglichen werden, welche man den bourbonischen Königen andichtete, und worüber die englischen Staatsmänner nicht aufhören konnten Krokodillenthränen zu weinen. Waren die früheren Repressivmaßregeln vielleicht auch oft hart, so wurden sie doch nur zur Aufrechthaltung der bestehenden

Gesetze angewendet, waren Pflicht der Abwehr gegen unberechtigte, revolutionäre Angriffe. Wie soll man aber, was nun unter Piemonts landesväterlicher Fahne geschieht, anders bezeichnen, als mit einem unter der Maske des suffrage universel geübten Militär-despotismus in seiner scheußlichsten Form?

Viele Kabinette beeilten sich, den in solcher Weise gegründeten „faktischen Zustand" anzuerkennen, und nachdem sie früher jede Einmischung in die sich von Italien selbst gestellte Aufgabe — l'Italia farà da se — als einen Kriegsfall erklärt, wurde dieser Grundsatz der Nichtintervention der Art befolgt, daß die Eroberung der Lombardei nur allein den französischen Waffen zuzuschreiben ist. „Sind wir nur erst in Rom," so heißt es nun, „haben wir den heiligen Vater auf den Vatikan beschränkt oder ganz hinausgetrieben, mit der Entfernung Franz II. das wahre Nest der Reaktion zerstört, dann fällt uns ganz Italien wie eine reife Frucht in den Schooß, dann haben wir eine Hauptstadt, dann kann auch Venedig nicht länger österreichisch bleiben!" Bisher stießen die Italianissimi dabei nur auf ein ganz kleines Hinderniß — die Besetzung Rom's durch französische Truppen und das Festungs-viereck! Ob Louis Napoleon ihnen den Gefallen thun wird, die „ewige Stadt" zu räumen, um ein großes, mächtiges Italien möglich zu machen, ob Oesterreich sich Venetien abkaufen, ab-schwatzen oder abtrotzen lassen werde, ist vorerst zu bezweifeln. Man ist aber auch in Italien im Hinblick auf die französische Tricolore in Savoyen und Nizza, auf die eiserne Hand, die über Rom ruht, von dem naiven Gedanken längst zurückgekommen, daß man an der Seine alle diese Opfer uneigennützig aus Schwärmerei für Italiens Unabhängigkeit gebracht. Aber nehmen wir nun auch einmal den unwahrscheinlichen Fall an, daß piemontesische Truppen Rom besetzen, der Papst wieder den Wanderstab ergreift, das „Königreich" Italien seinen Sitz auf dem Kapitole aufschlagen, die Gondeln der Lagunen mit den drei italienischen Farben

geschmückt sein werden, so ist selbst diesem abgerundeten, einheit=
lichen, unabhängigen Italien keine Zukunft vorauszusagen; man müßte
denn eine tausendjährige Geschichte läugnen wollen. Hätte dieß
freie, einige Volk keinen fremden Feind mehr zu bekämpfen, so
würde es die Waffen gegen sich kehren; die alten Eifersüchteleien,
die Uneinigkeit und der gegenseitige Haß der Stämme und Städte,
die Fehden des Mittelalters müßten sich folgerichtig wiederholen,
und dieß schöne, gesegnete Land, seit Jahrhunderten der Zankapfel
eroberungssüchtiger und ränkiger Nachbarstaaten, wäre abermals
die Beute „intervenirender“ Mächte. Wäre Rom auch die Metro=
pole des neuen Königreichs, Mailand, Genua, Neapel, Florenz,
Venedig, Turin würden doch nie ihren partikularistischen, ehr=
geizigen Bestrebungen entsagen. Lag es doch der Mazzinisten=
Partei nur daran, alle italienischen Fürsten bis auf einen — ihr
williges Werkzeug — zu entfernen, um mit diesem Einen um so
leichter fertig zu werden, lauert doch schon hinter der Maske dieses
„angebeteten“ königlichen Ehrenmannes das rothe Gespenst der
sozialen Republik; und wären auch alle diese Bedenken nicht,
welche Dauer ist denn, wenn man noch irgend an eine göttliche
Gerechtigkeit, an eine höhere, sittlich=religiöse Weltordnung glaubt,
einem auf solcher Grundlage von Verrath, Verläumdung, Raub
und Gewaltthätigkeiten aller Art ruhenden Zustande der Dinge
zuzuerkennen?

Was aber die künftigen Geschicke der Kirche betrifft, so ist
die in jedes ächten Katholiken Brust fest gegründete Ueberzeugung
unerschütterlich, daß der seit den Weissagungen Christi stets von
den Wogen menschlicher Leidenschaften und Anfeindungen umbrauste
Felsen Petri bis an's Ende der Zeiten alle irdischen Institutionen
überdauern und die Kirche, einfach und klar, wie die Wahrheit
selbst, aus allen Prüfungen geläuterter und glänzender hervorgehen
werde. Wie oft glaubten die Gegner jubelnd ihren nahen Fall
begrüßen zu können; und sie entging den Angriffen der Reformation,

trat siegreich aus den noch weit größeren Gefahren, welche ihr der Unglaube, Hohn und Skepticismus des 18. Jahrhunderts bereitet, hervor, widerstand der Vernichtung, mit welcher sie die französische Revolution mit allen ihren jetzt noch sichtbaren verderblichen Folgen bedrohte! Die Kirche wird in ihren wunderbaren Einrichtungen den Charakter von Universalität nie verlieren, und ein „wandernder“ Papst für alle Staaten eine Verlegenheit, ein „italienischer“ oder „französischer“ Papst aber immer eine Unmöglichkeit sein!

Kehren die erhitzten Gemüther in Italien zur Besinnung zurück, werden sie, ebenso wie die in Deutschland, erkennen, daß man nur auf den durch göttliche und menschliche Gesetze vorgezeichneten Bahnen natur- und zeitgemäß, ungestraft fortschreiten kann, und jede Ueberstürzung, jeder frevelnde Uebermuth vom Uebel ist. Sollten aber erst blutige Erfahrungen, Bürgerkrieg und Zerstörung alles Wohlstandes, jeder Bildung zur Erkenntniß dieser Wahrheiten führen?

Mehr als einmal hatte ich in diesen Blättern Anlaß, mich über die orientalische Frage auszusprechen und sie immer als diejenige hervorzuheben, deren Lösung über die künftigen Geschicke entscheiden müsse. Bis dahin ist an keine Ruhe, kein Gleichgewicht, keine Entwaffnung in Europa zu denken, und beschäftigen sich die Kabinette nicht ernstlich mit dieser Aufgabe, welche ich als die wichtigste unseres Jahrhunderts bezeichnete, so ist Alles nur politisches Flickwerk und führt zum finanziellen Ruin aller Staaten.

Eine andere nicht minder wichtige Anforderung tritt an die Mächte heran, die verderbliche, jedes staatliche Verhältniß grenzenlos verwirrende Lehre der Trennung der Nationalitäten, und ihrer Berechtigung, eigene, abgesonderte Reiche zu bilden, entschieden zu bekämpfen. Durch jene Schwindeleien wird in jedes sonst noch so ruhige Land ein zündender Funke geworfen; jede noch so kleine Nation gruppirt sich um irgend eine Fahne, und es wird im Regenbogen bald nicht mehr Farben genug geben, um alle diese bunten Fetzen damit auszuschmücken. Die Theorie der Selbstregierung der einzelnen Nationalitäten entbehrt aber jedes thatsächlichen Haltpunktes, und schon eine oberflächlichste Prüfung zeigt, daß bei der Kreuzung der Racen und der allenthalben gemischten, seit unvordenklichen Zeiten zusammenwohnenden und politisch verbundenen Bevölkerungen eine Vereinigung jener Elemente zu den Utopien gehört, wenn man nicht lieber in diesen Deklamationen eine neue Brandfackel der Propaganda erkennen will, vorzüglich geeignet, das dadurch am meisten bedrohte Oesterreich zu erschüttern.

Aus dem Vorstehenden glaube ich den traurigen Schluß ziehen zu müssen, daß eine friedliche Lösung dieser so seltsam verworrenen Fäden kaum zu hoffen ist, und uns nur zwischen „Krieg oder Revolution!“ die peinliche Alternative bleibt. „Besser ein Krieg, als der faule Friede, der uns mit seinen Lasten erdrückt, als die Revolution, welche mächtig und drohend von allen Seiten anklopft!“ rufen die Einen, „nur keinen Krieg!“ seufzen die Fanatiker des Friedens um jeden Preis. Doch wer das oft verheerende, aber doch auch nicht selten reinigende Kriegsgewitter bannen will, ruft gewöhnlich den durch Anhäufung schädlicher Dünste versengenden Sturm herbei, wirbelt den heißen Sand der Wüste auf, welcher die Keime der Gesittung und friedlichen Wohlhabenheit auf Generationen zerstört.

So viel aber bleibt gewiß, die Würfel in Europa mögen fallen wie sie immer wollen, der erste gewaltige Anstoß wird dessen Karte völlig umgestalten!

Während wir uns im alten Europa mit all diesen Eventualitäten lebhaft beschäftigten, vernahmen wir mit steigendem Erstaunen aus dem Musterlande aller nur denkbaren Freiheiten, des materiellen Wohlseins, der individuellen Unabhängigkeit, des ewigen Friedens von Kriegsgeschrei, von einem sich heftig entzündenden Kampfe zwischen zwei unversöhnlichen Parteien, mit einem Worte von einem förmlichen Bürgerkriege mit den gewöhnlichen traurigen Erscheinungen von Mord, Plünderung, Grausamkeiten, Zerstörungswuth in seinem Gefolge. Unsere Verwunderung wächst, wenn wir hören, daß nicht Eroberungssucht, persönlicher Ehrgeiz, politische Gründe diese unerwarteten Vorgänge in's Leben riefen. Nein! nur der Negerhandel und die damit zusammenhängende Baumwollenfrage veranlaßte den Zusammenstoß zweier mit Lokomotiven auf einander treffenden Heere! Wird der nüchterne, praktische Sinn der Amerikaner diesem Streite bald ein Ende machen, sind die Leidenschaften weniger entfesselt, die Gemüther kühler jenseits des Oceans, als bei uns? Lehrreich und denkwürdig bleibt aber immer dieß unerhörte Schauspiel!

Nicht minder anziehend ist die Komödie, welche nun in Merico in Scene gesetzt wird; einem Abkömmling Kaiser Karls V. wird Montezuma's Krone, doch um welchen Preis? angeboten!

In den zwei Jahren, welche ich an den Ufern des Bodensee's und in der östlichen Schweiz zugebracht, suchte ich mich mit den Zuständen dieser Gegenden näher bekannt zu machen.

Das „schwäbische Meer" mit seinen oft stürmischen Fluthen oder der spiegelglatten blauen Fläche, durchfurcht von zahlreichen Dampfschiffen, bietet Anziehungspunkte in Fülle; und sind seine Ufer auch meist flach, so bilden doch die sich südwärts aufthürmenden Gebirgsmassen und Eisfelder einen imposanten Hintergrund, reihen sich freundliche Städte und Dörfer von dem romantischen Bregenz bis Ueberlingen aneinander, und zwei liebliche Inseln, jede merkwürdig in ihrer Art, entsteigen den Gewässern. Wundervoll sind zu jeder Jahreszeit die Lichteffekte, und ein weites, entzückendes Panorama zeigt sich vom Heiligenberge oder anderen Höhen dem Freunde erhabener Naturschönheiten.

Konstanz gehört jenen Städten an, die von historischen Erinnerungen leben; andere Zollvereinsstädte haben Konstanz auf dem Gebiete der Gewerbthätigkeit, des Handelsverkehrs und der Fabrikation überflügelt; die Innung der Schiffer litt durch die Dampfschifffahrt und der Fischfang wirft keinen erheblichen Gewinn ab; die Bewohner sind daher auf Acker-, Rebbau und die gewöhnlichen bürgerlichen Handwerke beschränkt. Ungeachtet sich da eine Musterkarte aller Behörden, selbst Garnison, befindet, sind die Straßen, ist das gesellige Treiben doch nicht belebt, und Klagen aller Art über Abnehmen des Wohlstandes, Zurücksetzung gegen andere Orte im Lande u. dgl. m. wurden immer lauter. Wäre man, so hieß es allgemein, nur einmal im Besitze einer Eisenbahn, werde Alles besser gehen, wie mit einem Zauberschlage Wohlhabenheit, Glück, gesteigerter Güterwerth u. s. w. wiederkehren. Nun, die neue Eisenbahnbrücke erhebt sich zierlich über dem dahinrauschenden Rheinabflusse; statt der früheren Seemauern umschließen nun die Schienen den östlichen Theil der Stadt, und bald wird die Lokomotive brausend und pfeifend das Conciliumsgebäude begrüßen. Wird der Erfolg den kühnen Erwartungen entsprechen? Wir hoffen es für das Wohl der guten Stadt, welche sich bis dahin, die Langweile zu vertreiben, mit dem „zeitgemäßen“ Gedanken beschäftigte: dem Johannes „Huß“ ein Denkmal zu setzen. Einige hundert Gulden waren schon dafür eingegangen, als man sich über Sinn und Bedeutung desselben stritt. Während ein Theil der Sammler durch einen Stein nur den Platz zu bezeichnen wünschten, auf welchem Huß den Feuertod erlitten, wollte ein anderer in tendenziöser Weise den böhmischen Reformator als Martyrer seiner Ueberzeugung verherrlichen. In keinem Falle war der Gedanke ein glücklicher, und man hätte sich mit dem einfachen Erinnerungszeichen an eine immerhin peinliche geschichtliche Thatsache auf dem einst von Huß bewohnten Hause füglich begnügen können; denn einmal ist jener Platz bei dem seither gänzlich umwühlten Terrain nicht mehr genau zu bestimmen, und dann sollte, wie mir dünkt, abgesehen von allen konfessionellen Ansichten, schon der Name des Huß und die sich mit demselben verknüpfenden Gräuel der „Hussiten" vor dem Versuche einer so undeutschen Manifestation bewahren! Mit um so größerer Freude ist die Wiederherstellung und sorgfältige architektonische Vollendung des Münsters anzuerkennen, und der schöne, marmorgleiche, weiße Thurm ragt nun weithin, vom Hohentwil bis zum Gebhartsberge sichtbar, über der Wasserebene hervor!

Ob der bedeutende Verkehr von Fremden während des Sommers sich durch die Eisenbahn heben, dieselben nicht vielmehr ohne Aufenthalt dadurch schnell weiter befördert werden, ist eine Frage der Zeit. Immerhin fesselt Konstanz durch seine herrliche Lage und Ausflüge nach den vier Schlössern, unter denen „Arenenberg" das anziehendste. Ein Besuch der beiden Schwesterinseln, der Bucht von Bedman und anderer Punkte gehört zu den seltenen Naturgenüssen.

Ich traf in jener Stadt zwei langjährige Bekannte, jeder in weiten Kreisen, wenngleich in ganz verschiedenen Richtungen, genannt — den Reitergeneral Grafen v. Bismark und den Generalvikar H. v. Wessenberg. Beide waren Greise; beide sind nun todt. Bismark, Wittwer von der Prinzessin Auguste geworden, hatte den württembergischen Staatsdienst verlassen, sich nach eigener Wahl vermählt und fühlte sich, zurückgezogen, in der Mitte seiner kleinen Familie ganz glücklich. Wessenberg war trotz seinen 80 Jahren noch rüstig, lebhaften, diskutirenden Geistes, wie immer, sah nur einige vertraute Freunde und betrieb, seiner Gewohnheit treu, wissenschaftliche Studien bis an's Ende. In den Schriften dieser beiden Männer spiegeln sich ziemlich treu ihre Gesinnungen wie ihre Erlebnisse wieder.

Wer sich vom Allgäu her dem Osten der Schweiz nähert, wird gleich durch die das Auge wie das Gemüth überwältigenden

Naturwunder Graubündtens — eines lange noch nicht genug gekannten Kantons — angezogen. Das lieblichste Titelblatt zu dem Bilderbuche des Rheinthales, dessen Schluß die via mala, ist das blüthenreiche Dorf „Thal", welches sich von der niedlichen „Weinburg" bis zum hochgelegenen Molkenbade „Heiden" hinzieht. Hier ist Alles vereint, was sich die Einbildungskraft eines Touristen nur immer denken kann: Rebgelände, stundenlange Obstgärten, Wiesen im saftigsten Grün, Felsenpartien, der dahinströmende Rhein, der majestätische See, zackige Bergriesen, blendende Gletscher, Schlösser, Kirchen, Ruinen, — dann Pfäffers mit der unter einem Felsendome rauschenden Tamina, Sargans, Chur und alle die weiten, von den „Piz" überragten Thäler! — Der Wallenstädter See, dessen gigantische Wand die „sieben Kurfürsten" (Kuhfirsten?) bilden, führt in die nicht minder romantischen Partien von Glarus und die schönsten Gegenden des Kantons St. Gallen, der wie ein Riesenhalbband den hohen Sentis und mit ihm die beiden Appenzell umschließt.

Wie sich ungeachtet aller Nivellirung und Centralisation in der Schweiz jeder einzelne, noch so kleine Kanton eine besondere Physiognomie bewahrt, zeigt am ausgeprägtesten der Halbkanton Appenzell-Innen-Rhoden! Ich brachte in diesem stillen Winkel der Erde, die Molkenkur zu gebrauchen, einige Wochen zu, und Natur wie Bevölkerung zogen mich in gleichem Grade an.

Innen-Rhoden hatte sich mit dem katholischen Glauben auch eine gewisse Einfachheit, mit dem Festhalten an alten Rechten und Ueberlieferungen eine größere Ungebundenheit zu erhalten gewußt; in dem reformirten Außen-Rhoden zeigte sich eine höhere Regsamkeit, lebhafterer Verkehr mit der Außenwelt; dort Stätigkeit, selbst Zähigkeit, ein hergebrachter Schlendrian, gepaart mit treuherzigem, derbem Wesen, hier Rührigkeit, Fortschritt, Verflachung, zunehmender Wohlstand, daher Vorzüge wie Schwächen, nach beiden Seiten vertheilt, sich ausgleichend. Die Innen-Rhoder sind der Natur ihres

Bodens nach mehr Hirten als Bauern. Viehzucht ist ihre eigent=
liche Beschäftigung; die Alpenwirthschaft, der Wiesenbau, das
„Heumachen" die Hauptaufgabe ihres Lebens. Molken (Schotten),
Käse, Milch, Butter, Dünger und Alles, was durch Kühe und
Ziegen gewonnen werden kann, sind ihre Erwerbsquellen. Feld=
früchte und Kartoffeln werden nur wenig, selbst nicht zum Haus=
bedarfe hinreichend, gebaut, spärlich sind die Bäume im Thal, noch
seltener die Obst tragenden, kleine Waldkirschen zum Brennen aus=
genommen. Der Wildstand ist gering, Gemsen sind schwer zu
erreichen, Bergadler, Geyer, Auerhahnen häufiger. Die kalten
Alpseen, die reißenden Bergströme liefern Forellen in Menge. Das
beinahe schattenlose, mit Hütten — die sich nur selten zu Ort=
schaften reihen — wie besäete Thal, würde daher eines reizenden
Anstrichs entbehren, wären nicht die smaragdgrünen Triften, wäre
nicht die zackige Gebirgskette mit den finstern Felsenschluchten,
den wilden Kaskaden, den dunkelblauen Bergseen und überraschenden
Fernsichten. Der in der Schweizer Geschichte vielfach genannte
Kampfplatz „am Stoß", der Gäbeis bei Gais, das pittoreske
„Wildkirchli" sind wahrhaft entzückende Spaziergänge.

Die Innen=Rhoder sind ein harmloses Gebirgsvölkchen; voll
natürlichen Verstandes, oft witzig, stellen sie sich, mißtrauisch gegen
Fremde, einfältig, benützen aber gerne ohne übermäßigen Auf=
wand von Kosten und Erfindungsgeist zur Bequemlichkeit der
Molkengäste, die Reiselust unserer Zeit, ihre Lage zu verbessern.
Die einzige Art von Industrie, welche sie kennen, ist die Hand=
stickerei; das „Weibervolk" arbeitet deßhalb selten im Felde, stickt
Jahr aus, Jahr ein in hermetisch verschlossenen Stuben, meist in
großer Gesellschaft; Frauen und Mädchen sehen daher auch meist
zart und bleich aus, und ihre weißen Hände kommen mehr mit
der Nadel und der s. g. Maschine, als mit den Sonnenstrahlen
in Berührung. Diese Arbeiten, sehr gesucht, gegen geringe Be=
zahlung aufgekauft, werden dann von dem betriebsamen St. Gallen

aus überall hin, selbst über das Meer versendet. Die Tracht der Männer ist eigen, wenn auch nicht schön; die der Frauen malerisch, aber seltsam. In der großen Kirche von Appenzell, in der beide Geschlechter abgesondert — die Frauen unten, die Männer auf dem Chor — beten, erscheinen Alle in blendend weißen Hemd= ärmeln, und ist ein Trauergottesdienst, so tragen die Weiber schwarze Flügelhauben und schleppen riesige Wachsstöcke herbei, welche oft Generationen überdauern.

Am ersten Sonntage nach Ostern wird jährlich die s. g. „Landesgemeinde" in Appenzell abgehalten; ich wohnte einer solchen bei, welche des schlechten Wetters wegen statt auf dem Hauptplatze, in der Kirche stattfand. Hier versammelte sich nun die ganze männliche, stimmfähige Bevölkerung des winzigen Kantons und that ihre Staatsgeschäfte ab. Es wurden die Kontrollbehörden neu gewählt oder bestätigt, der Eid geleistet, über Bürgeraus= nahmen entschieden, endlich dießmal eine von 300 Bewohnern vorgeschlagene Verfassungsrevision — auch bis dahin war die Reformmanie gedrungen — zur Abstimmung gebracht, aber durch Stimmenmehrheit abgelehnt.

Das Ganze selbst ist für den Fremden nicht ohne Interesse. Auf einer Tribüne sitzt der die Versammlung leitende Landamann, hinter ihm der „Waibel" mit dem Mantel in den Kantonsfarben; zwei furchtbar große Schwerter sind da vor dem „Bureau" auf= gepflanzt. Die Abstimmung geschieht weder durch Zettel, Kugeln, noch durch Trennung der Votanten u. dgl. m., sondern durch Handaufheben, dem als besonderer Nachdruck in wichtigen Fällen noch ein wild und eigen klingendes „Hu! Hu!" beigefügt wird. In zweifelhaften Fällen wird abgezählt. Sämmtliche friedliche Kantonsbürger sind mit Säbeln bewaffnet, deren Klingen wohl selten nähere Bekanntschaft mit der Luft machen. Merkwürdig waren die Bemühungen der meisten obersten Beamten, die ihnen zugedachte Ehre einer Wiedererwählung mit guter Manier abzu=

lehnen; ihre, mit keiner entsprechenden Besoldung verbundenen Funktionen sind freilich mehr eine Last, und für den Ehrgeiz ist da wahrlich kein großer Spielraum. Dennoch wurden Alle in ihren Aemtern bestätigt und dankten gerührt, aber nicht willig für die Ehre; nur einer derselben — ich glaube der Landschreiber — sprach dem souveränen Volke seine Erkenntlichkeit so unterthänig aus, daß sie dem vor einem Machthaber kriechenden Höflinge zur Ehre gereicht hätte. Die Eidesformel ist alterthümlich, lang, schwülstig; der Großrath besteht aus 140!! Mitgliedern.

In ganz verschiedener Weise zeigt sich das öffentliche Leben in dem angrenzenden St. Gallen. Dieser aus so verschieden= artigen Elementen zusammengesetzte Kanton ist in seinem Innern, seiner Verwaltungsart, seinen politischen und konfessionellen Wirren ebenso zerrissen und getheilt, als jene einzelnen Länderfetzen. Der Kampf ist aber da um so hartnäckiger und nachhaltiger, als die feindlich einander gegenüber stehenden Parteien, ungefähr über gleiche Kräfte gebietend, sich die Wage halten. Für dabei Unbe= theiligte ist dieß Schauspiel ein höchst unerquickliches, und eine Großrathssitzung in dem ehemaligen Festsaale des Benediktiner= stiftes hat weder das Einfach=imponirende der demokratischen Ver= sammlungen in den Urkantonen, noch das Regelmäßig=geordnete anderer legislativen Zusammenkünfte. Es herrscht da ein gewisser frei sein sollender Ton, der nicht selten in Rohheit und persönliche Invective übergeht; schon die Geschäfts= wie die parlamentarische Sprache ist hier dazu nicht angethan, höheren Ansprüchen genügende rethorische Kämpfe hervorzurufen. Von dem Großrathssaale theilt sich die Agitation den Volksversammlungen, der Journalpolemik, den Wirthshaustischen mit, und leidenschaftlich werden alle Wahl= und Verfassungsfragen besprochen, wobei dann bald die eine, bald die andere Partei immer nur mit einer Majorität von wenigen Stimmen siegte, ein Sieg, der dann immer wieder auf's Neue heftig bestritten wird. St. Gallen, die höchst gelegene Stadt in

Europa, ist belebt, voll arbeitsamen Bewohnern, hat ausgedehnte Handelsverbindungen, gewann bedeutend durch die Eisenbahn, um die sich ein ganz neuer Stadttheil erhebt; die Umgebungen sind grün und reizend.

Im Kanton St. Gallen, einem der größten und reichsten der Eidgenossenschaft, finden sich aber im Kleinen beinahe alle diese Zustände und Merkmale, welche die Schweiz im Ganzen kenn= zeichnen: ungemeine Handels= und Gewerbsthätigkeit, Parteigeist, durch Vaterlandsliebe gemildert, ein nüchterner, vorzüglich auf Erwerb gerichteter Sinn, nur opferfähig, wo es das Gemeinwohl, die nationale Freiheit und Unabhängigkeit gilt, das Festhalten am Althergebrachten im beständigen Konflikte mit einer neuen, ganz materiellen Zeit, republikanische, nivellirende Grundsätze ankämpfend gegen exklusive, partikularistische Ansichten, ein durch Erfolge bis zur Selbstüberschätzung der Kräfte gesteigerter gewisser Uebermuth, eine durch Gutmüthigkeit gemäßigte Ungebundenheit der Formen, Vernachlässigung der feineren Geselligkeit und einer nicht gerade auf das praktische Leben berechneten höheren Bildung — so erschien mir, natürlich mit Ausnahmen, das moralische Bild der Heimath Tell's in unserer Zeit. Dabei hier, wie allenthalben, die zuvor= kommendste Art gegen Fremde, die sich ungestört bewegen und gegen schweres Gold Naturgenüsse umtauschen können, wie sie nur das Alpengebiet zu verschaffen vermag.

Den Sommer 1859 brachte ich in Zürich zu und ließ mich bescheiden in einem Winkel des „Seefelds" nieder; ich war hier zunächst Zeuge des allgemeinen Schützenfestes und später ganz unerwartet des Gesandtenkongresses.

Wie jede Schweizer Stadt hat auch Zürich, so reizend gelegen, seine eigene Bedeutung; Bern — der Sitz der Bundes= regierung — gilt für die vorzugsweise diplomatische Stadt, Genf ver= tritt das französische Element, St. Gallen und Aarau die Industrie; Basel ist die Stadt der Puritaner und des soliden Reichthums;

nach Freiburg und Luzern hat sich die alte Glaubenstreue geflüchtet, und unter den Kantonen lebt Thurgau größtentheils von der Landwirthschaft, während die inneren kleinen Kantone noch ein schwaches Bild ursprünglicher Sitteneinfachheit und demokratischer Einrichtungen geben; Zürich dagegen, das wohlhabende, stolze Zürich, tritt als die „gelehrte" Stadt auf, ist im Besitze der hohen wie der polytechnischen Schule und anderer Unterrichtsanstalten. Professoren und Schriftsteller, zum Theil von ausgezeichnetem Rufe, erwecken mehr als anderwärts hier ein gewisses, geistiges Streben. Reiche Bibliotheken und Sammlungen, wissenschaftliche Anstalten jeder Art werden benützt.

Das große eidgenossen'sche Schützenfest, welches regelmäßig immer im zweiten Jahre in einer anderen Schweizer Stadt abgehalten wird, wurde nun im Juli 1859 zu Zürich in einer Weise begangen, wie man es sich kaum großartiger denken kann. Eine schöne Ehrenpforte, mit einem gelungenen Standbilde Tell's, des „Urschützen", geziert, empfing die Gäste; auf dem ungeheueren Schießraume selbst aber erhob sich die „Fahnenburg" mit den flatternden, in allen Farben schimmernden Bannern der Kantone; darin waren die ungemein zahlreichen und werthvollen „Ehrengaben" in geschmackvoller Aufstellung zu sehen; die Schießstände, dem See zugekehrt, wurden keinen Augenblick leer, und von 6 Uhr Morgens bis 8 Uhr Abends knallte es da unaufhörlich. Eine Terrasse gewährte eine reizende Uebersicht des Ganzen in der wundervollen Umgebung. Es hallte der gegenüber liegende Uettliberg von den Schüssen wieder, und der ruhige, dunkelblaue See — im Gegensatze zu der in Hitze und Staub sich umhertummelnden Menge — wirkte schon durch den bloßen Anblick erfrischend. Von allen Theilen der Schweiz zogen die Schützen ein und wurden feierlich mit Gruß empfangen, dieser in mehr oder minder passenden Reden erwiedert. Für den Laien bot aber die große Festhalle das überraschendste Schauspiel. Man denke sich in den kaum zu übersehenden Räumen täglich 4000 bis 5000 gute Freunde um Tische versammelt und in größter Ordnung bedient. Während der Mittagstafel bestieg dann gegen ein Dutzend Redner nach der Reihe die Tribüne, ihre patriotische Gefühle und Anliegen, ihr volles Herz vor der Versammlung auszugießen. Den Schluß bildete immer ein Trunk aus einem großen silbernen Pokale, und der Toast wurde stets von stereotyp gewordenem ungeheueren Jubel, Bravo's und Trompetenschall begleitet. Die Reden drehten sich so ziemlich immer im gewohnten Geleise um die Freiheit, das Glück, die Unabhängigkeit der Schweiz, um Tell und die Männer des Rüttli, wobei es an Seitenblicken auf minder begünstigte Völker, auf unter Tyrannei schmachtende Nationen u. dgl. m. nicht fehlte. Dieß Thema in unendlichen Variationen schien dennoch die Zuhörer nicht zu ermüden; durch einige talentvolle, kräftige Redner, durch die Abwechslung in den drei Sprachen und manchen pikanten Zwischenfall wurde bald Begeisterung, dann wieder Heiterkeit neu geweckt. Fielen dabei auch Ueberschwenglich= keiten, selbst einige gemeine Ausfälle vor, so war doch die Ruhe und Ordnung bei einer großen, gemischten Gesellschaft anerkennens= werth; keine auffallende Störung, kein die gewöhnlichen Grenzen überschreitender Lärm trübte die Feier, und die Schweizer verstehen es, im richtigen Verständnisse des Maßhaltens, selbst unter sich die Polizei ohne sichtbares Dazwischentreten einzuhalten. Auch bei den Gelagen während der lauen Sommernächte in der mit Gästen überfüllten Festhalle, wo Alles mehr den Charakter einer kolossalen „Kneiperei" annahm, Lieder und Gläsergeklirre bis gegen Tages= anbruch erschallten, ging es wohl lebhafter, aber ohne grobe Exzesse ab.

Selbstverständlich beleben aber solche Feste den Gemeinsinn, rufen die Liebe zum Vaterlande, zur Einigkeit, zur Kraftentwicklung wach, und mehr noch als auf die Schießübungen scheint man auf diese wahrhaft wichtigen Ergebnisse Werth zu legen. Die Zahl der Schüsse, welche gefallen, ist wohl kaum zu berechnen, die Gewinnste beliefen sich auf 250,000 Franken, die Kosten wurden durch reichliche Einnahmen gedeckt, und dieß Züricher Fest, das glänzendste, das man je gesehen, wird wohl schwer von den späteren an Großartigkeit erreicht werden können. Es schloß sich an dasselbe auch eine Produktion der Schweizer Turner und Schwinger, wie ein allerliebst arrangirtes Kinderfest an. Ueberhaupt wird die Jugend da nie vergessen; die Knaben kleiden sich und machen Uebungen als Kadetten; die Schulen haben ihre jährlichen Feste und größere Spaziergänge.

Eine eigene Episode bildete der Besuch von 80 Bremern und der Stuttgarter Schützengilde mit ihrer prachtvollen Fahne; beide wurden jubelnd und herzlich begrüßt und bewirthet. Auch ein seltener Gast wohnte einem Theile des Festes bei: die Herzogin Louise von Parma, die mit ihren vier Kindern durch die Kriegs=ereignisse von ihrem Hofe vertrieben, nun in Rapperswyl einst=weilen einen Zufluchtsort fand. Den jungen, hübschen, 10jährigen Herzog Robert konnte man oft im See baden sehen.

Werfe ich nun einen Rückblick auf meinen kurzen Aufenthalt in einem Theile der Schweiz, so muß ich gestehen, daß mich die vielfachen Veränderungen, welche ich, seit ich sie nicht mehr betreten hatte, da traf, wahrhaft überraschten. Waren auch nicht alle erfreulicher Art, so läßt sich doch nicht läugnen, daß die Eid=genossenschaft durch die Ausbildung des Bundessystems gewonnen und die Vortheile der größeren Centralisation sich vorzüglich im Heer=, Münz=, Paß=, Zollwesen u. dgl. immer mehr geltend machen. Dabei ist fortschreitender Wohlstand, erhöhte Gewerbsthätigkeit, immer gleich reger patriotischer Sinn unverkennbar; den letzteren sich praktischer anzueignen, könnten die Deutschen allerdings bei=ihren südlichen Nachbarn in die Lehre gehen. Bei allen jenen unläugbaren Vorzügen liegt aber gerade die Gefahr allzu großer Ueberhebung nahe, und bei der Vorliebe, welche ich von jeher für

die Schweiz hegte, der seit lange meine Familie angehörte, bei
dem eigenen Zauber, den das schöne Land auf alle Fremden aus=
übt, möchte ich die Besonneneren seiner Einwohner warnen, nicht
allzu sehr dem oft trügerischen Scheine von Glück und Wohlleben
zu trauen, fest gegen die Uebergriffe einer kühnen Partei zusammen=
zuhalten und sich nicht vom Radikalismus überflügeln zu lassen,
der Monarchien wie Republiken mit seinem Alles zersetzenden Gifte
angreift. Er hätte weniger Kraft, wenn ihn nicht eine Masse
gedankenloser Menschen unbewußt stärkte; es nennen sich diese Leute
„liberal" und dünken sich damit auch zugleich klug, geistreich, vor=
urtheilsfrei; mit dem einfältigsten Gesichte von der Welt sprechen
sie da die Tiraden aus ihren Lieblingszeitungen nach. Tritt
man aber nur im Geringsten ihrem Erwerbe, ihren häuslichen
Gewohnheiten nahe, so hört gleich die liberale Gemüthlichkeit auf.
Der Ausgang des Sonderbundes, der leicht erfochtene Sieg in
dem Neuenburger Streite (Span) haben jene zuversichtliche Stim=
mung in Verbindung mit anderen Erfolgen noch erhöht; aber
schon die Wendung der Dinge in Italien, wo man den französi=
schen Waffen zugejauchzt, hatte diesen Enthusiasmus bald abgekühlt,
als die Zerwürfnisse wegen der Savoyer Grenze und des Dappen=
thals entstanden.

Die politischen Vorgänge jenes Sommers riefen eine Emotion
nach der anderen hervor; während man sich des Aufschwunges in
Süddeutschland freute, welches dem für das gute Recht in Italien
kämpfenden Oesterreich zu Hülfe eilen wollte, war man über die
sich im Norden kundgebende Unentschlüssigkeit wahrhaft bestürzt.
Der klägliche Friede von Villa=Franca erfüllte Oesterreichs Freunde
mit Schmerz, und wie sich durch Beiträge an Geld, Lebensmitteln,
Leinwand, Binden, Charpie während des Kampfes die Sympathien
in Deutschland für die so tapfere k. k. Armee zeigten, kam man
nun allenthalben wieder den Kranken, Verwundeten, Gefangenen
mit aufopfernder Menschenliebe entgegen. Auch in Zürich traf

auf dem Rückmarsche eine Abtheilung des Regiments „Erzherzog Karl" ein, dessen Chef vor gerade 60 Jahren sich auf diesen Höhen so ruhmvoll ausgezeichnet hatte. Nach den zwischen den beiden Kaisern in der Lombardei getroffenen Verabredungen sollten die Friedensbestimmungen näher in Zürich durch Bevollmächtigte besprochen und in einem Staatsvertrage formulirt werden.

So sahen wir denn nach der Reihe den Grafen Colloredo mit Herrn O. v. Meyssenburg, den Herrn v. Bourqueney mit Herrn v. Bannville, den Präsidenten Desambrois mit Herrn v. Nigra nebst einer Zahl anderer Geschäftsmänner eintreffen.

Die Aufgabe dieser Diplomaten war eine um so peinlichere, als sich voraussetzen ließ, daß die einzelnen Artikel der abzuschließenden Konvention größtentheils auch schon nicht mehr gelten würden, ehe die Dinte, welche sie geschrieben, trocken war. So geschah es; es war das Werk der Danaiden, an dem sich die Herren über zwei Monate abmühten; Graf Colloredo aber starb noch im Hotel Baur am See, ehe der Vertrag unterschrieben wurde. Ich hatte mich gefreut, ihn, den langjährigen Freund, mit seiner Gemahlin hier so unverhofft wieder zu sehen, und konnte nicht ahnen, daß er, als ich Zürich Ende September verließ, schon drei Wochen nachher eine Leiche sein würde! Graf Bourqueney, mir schon so vortheilhaft bekannt, hatte seinen Botschafterposten bei dem Ausbruche des Krieges verlassen, und überdieß noch den Schmerz, eine ausgezeichnete, heißgeliebte Gattin bald vorher in Wien zu verlieren. Er kam nun mit seinen kleinen Kindern in einer Gemüthsstimmung in Zürich an, welche durch die Natur des ihm auferlegten, seiner Ueberzeugung widerstrebenden Geschäftes nicht erheitert wurde. — Desambrois, der sardinische Abgesandte, war immer mehr bei Gerichtshöfen, als in der Diplomatie verwendet worden, ein stattlicher, wohlwollender Mann, von dem später, aber nicht mehr bei der neuen „italienischen" Staatsverwaltung die Rede war. Um so glänzendere Laufbahn war seinem

Begleiter Nigra beschieden, der, ein junger, schöner Mann von nicht gewöhnlichen Fähigkeiten, sich schon in Zürich bedeutend hervorthat.

Die geselligen Beziehungen dieser Bevollmächtigten unter sich waren auf das geringste Maß zurückgeführt. Eine feierliche Anfangs- und Schlußsitzung, einige von der Regierung Zürichs angebotene Festmahle, endlich zwei Galladiner an den Geburtstagen der beiden Kaiser (15. und 18. August) waren so ziemlich die einzelnen äußerlichen Anzeichen eines Kongresses.

In diese Zeit fiel auch die Eröffnung der Eisenbahn von Zürich nach Waldshut, welche durch badische und eidgenössische Beamte in einem großen Banquet gefeiert wurde.

Mitte September hielten sich der Großherzog und die Großherzogin mit dem Prinzen Wilhelm von Baden, von der Mainau kommend, zwei Tage in Zürich auf.

Von dieser Stadt machte ich nun wiederholt einen Ausflug nach Maria Einsiedeln.

Dieser berühmte Wallfahrtsort ist in „Maria Regina"*) so unnachahmlich schön, wahr und geistreich geschildert, daß ich jene schwungvollen Seiten nur abschreiben müßte, um meine eigenen Empfindungen wiederzugeben. In gleicher Weise hat ein anderes Buch zur Erinnerung an das tausendjährige Bestehen des Stifts die Aufmerksamkeit wieder dieser Thalschlucht zugewandt. Das Kloster zählte seit jener Zeit unter seinen Gliedern viele Männer von ausgezeichnetem Rufe in den Wissenschaften und schönen Künsten; es ist eine Stätte der höheren Bildung wie des Gebets.

Schon sah ich große Vorbereitungen zu dem Säkularfeste im Jahr 1861 treffen, und die schöne, mit Gemälden reich verzierte Kirche wurde hergestellt.

Ungeachtet aller Kriegs- und zerstörenden Revolutionszeiten,

---

*) II. S. 46 bis 74.

ungeachtet der philosophischen Richtung der Geister bleibt sich doch
der Zug der Pilger nach dem stillen Schwytzer Thale immer
gleich, und hat sich in den letzten Jahren noch stets gesteigert.
Nicht nur ziehen Schaaren von schlichten Landleuten aus allen
Gegenden, kämpfend mit Opfern, Entbehrungen und Beschwerden,
herbei; nicht nur sieht man ganze Gemeinden mit Kreuz und
Fahnen, ihre Seelsorger an der Spitze, die Wallfahrt unternehmen,
auch weltliche und Kirchenfürsten, erleuchtete Männer der Wissen=
schaft, Künstler, alle Stände finden sich hier zur gemeinschaftlichen
Andacht vereinigt. Es gehört doch wahrlich, zumal in unserer
s. g. aufgeklärten Zeit, mehr als Aberglaube, Unwissenheit und
Priestertrug dazu, um so viele Christen aus allen Klassen der
Gesellschaft in jenem abgeschiedenen Gebirge zu versammeln, und
ein Mann, der, Zeuge dieser rührenden Andacht, darüber nur
spötteln kann, müßte schon längst für bessere Gemüthsstimmung
unempfänglich sein. Denn es ist ein gewisses Etwas, das uns
in diesen geheiligten Räumen mit ehrfurchtsvollem Erstaunen er=
füllt; es wehen uns da die Erinnerungen von 10 Jahrhunderten
entgegen; es ist, als ob die Luft gesättigt wäre von den frommen,
innigen Gebeten, Vorsätzen, Gelübden, Wünschen, Seufzern und
Dankgefühlen der Millionen Pilger, welche hier Trost, Beruhigung,
Glaubensstärke, Lebensmuth, Kraft im Leiden wiederfanden. Nie
verhallen die geistlichen Lieder oder das laute Gebet der Wallfahrer;
es ist eine fortwährende Verherrlichung zu Ehren Gottes und der
heiligen Jungfrau!

Schleichen sich auch, wie allenthalben, Mißbräuche ein, ist
besonders die übergroße Zahl von Wirthshäusern mit den zum
Theile ganz unpassenden Aushängschildern störend, so verschwinden
alle unangenehmen Eindrücke bei dem Eintritt in die weiten Hallen
selbst, wie bei'm Anblick der Muttergottes=Kapelle, wo in den
Frühstunden fortwährend das heilige Meßopfer gebracht, Lichter,
Opfergaben geweiht, oder Ervoto=Bilder niedergelegt werden.

Die Gegend am Fuße des Ezel gehört zu den unwirthlichen, nicht ausgezeichneteren der Schweiz; nur der Ueberblick von der Anhöhe bei dem neuen Kreuze ist lohnend, da das Auge auf der majestätischen Gebirgskette ruht; steigt man aber in's Thal herab, begegnet man Moorgründen, dürftigen Wiesen, von kleinen Bächen durchschnitten, düsteren Tannenwäldern — es ist die nur etwas kultivirte Wildniß des heiligen Meinrad.

Einige Monate nach dem Tode des Grafen Colloredo in Zürich vollendete auch der Kardinal-Erzbischof Viale-Prela in Bologna seine irdische Laufbahn. Mit beiden Staatsmännern in demselben Jahre (1799) geboren, mit beiden während meines zehnjährigen, beinahe täglichen Umgangs in München und Wien eng befreundet, bewahre ich beiden ein wehmüthig-dankbares Andenken. Der Kardinal, welcher mit den freiesten Formen einen würdevollen Ernst und ausgezeichnete Fähigkeiten verband, Deutschland wie kein italienischer Kirchenfürst kannte und liebte, starb unbezweifelt am gebrochenen Herzen im Angesichte all der revolutionären Gräuel, welche besonders an seinem Bischofssitze vorfielen. Ein schöner Tod entsprach vollkommen seinem segenreichen Leben, und immer zu beklagen ist, daß ein noch zu so großem Wirken berufener Geist und mit ihm so viele der edelsten Eigenschaften dem Wohle der Kirche, welcher er nicht aus Ehrgeiz, nur in treuem Glauben, von ganzer Seele anhing, entzogen werden sollte!

Graf Franz Colloredo-Wallsee, nach der Reihe k. k. Gesandter in Kopenhagen, Dresden, München, St. Petersburg, London und Rom, war allenthalben eine allgemein beliebte und verehrte Persönlichkeit. Sein milder Ernst, sein feingebildeter Geist, der edelste, versöhnlichste Charakter, stets bereit zur Hülfe wie zum wohlwollenten Rathe, waren bei ihm mit regem, lebhaftem Triebe nach Wissen verbunden. So wenig sich Colloredo den geschäftlichen wie geselligen Verpflichtungen seines Standes entzog und in höheren Zirkeln eine stets willkommene Erscheinung war, so flüchtete er sich doch gar bald wieder in seine Bibliothek, wo er, umgeben von den reichen Schätzen der schönen Literatur wie von klassischen und wissenschaftlichen Werken, am meisten verweilte.

War er für seine Person und in seinen Lebensbedürfnissen höchst einfach, so vertrat er als Botschafter seinen Hof in einer würdigen, selbst glänzenden Weise, und so versammelte er im Venitianischen Palaste zu Rom drei Jahre lang täglich die einheimische Gesellschaft wie die aus allen Welttheilen da zusammenströmenden Fremden.

Der Natur der Sache nach entzieht sich die Wirksamkeit der Diplomatie größtentheils der Oeffentlichkeit; die Beurtheilung der Thätigkeit Colloredo's gehört daher wohl einer späteren Zeit an. Es belebte ihn aber vor Allem eine reine Vaterlandsliebe; er kannte keinen anderen Ehrgeiz, als den, sich dem Wohle des Kaiserreichs zu widmen; er hatte ein deutsches Herz, ächt deutsche Gesinnungen, und wenn bei der Ungunst der Zeitläufe seine, sowie so viele andere edle Kräfte sich erfolglos in einem aufopfernden Kampfe verzehrten, so waren sein Wille, seine redliche Absicht stets die besten. Waren ihm vielleicht auch jene Elastizität und Thatkraft nicht eigen, welche der von ihm selbst erwählte Beruf in wichtigen Augenblicken erfordert, so entsagte er, uneigennützig und unabhängig, dem seiner Geschmacksrichtung mehr entsprechenden Privatleben, um alle seine Gaben dem Staatsdienste zu weihen. Immer klarer aber erkannte er den wahren Weg zum Heile, und als sein längerer Aufenthalt in Italien, die dort über ihn hereingebrochenen politischen Stürme trübe stimmten, sein patriotisches Gemüth aus tausend Wunden blutete, ereilte ihn der Tod mitten in einer ehrenvollen, aber wenig lohnenden Thätigkeit. Es genüge jetzt an diesen paar Blumen, gestreut von Freundeshand auf das viel zu früh geöffnete Grab eines Edelmanns im vollsten Sinne des Wortes!

Die zwei Winter, welche ich in Straßburg verlebte, brachte ich mit geschichtlichen und genealogischen Studien zu, da meine Familie aus dem Elsaße stammt, benützte die dortigen reichen Archive und Bibliotheken, und hielt mich von allen geselligen und anderen Beziehungen fern. Die Gegend ist wenig einladend; schon der Aufenthalt in einer großen Festung mit ihren Gräben, Wasser= leitungen und von Kanonen strotzenden Promenaden ist immer drückend; nur in den Vogesen findet man Waldesfrische, wird Auge und Gemüth durch Naturschönheiten erfreut. Unter den näheren Thälern zeichnet sich das von Andlaw mit seiner alten Stiftskirche, der romantisch gelegenen Schloßruine aus, und unfern davon erhebt sich der bekannte Wallfahrtsberg der heiligen Ottilie.

Straßburg, welches die zehnte Stelle unter den Städten Frank= reichs einnimmt, trägt auch den Charakter der meisten dieser größeren Provinzialstädte; doch ist es vor Allem ein Sammelplatz zahlreicher Truppentheile, ein wichtiger Waffenort, in dem stets die größte militärische Thätigkeit herrscht. Zahlreich sind Paraden, Uebungen im Feuer, besonders der Artillerie, und die ungebundene Rührig= keit, der muntere Eifer, die raschen Bewegungen der Soldaten aller Waffengattungen lassen auch hier die Vortheile ahnen, welche ein solch' kriegerischer Geist über andere minder feldgeübte Truppen erringen muß.

Neben diesem bewegten Treiben gibt sich auch viele Regsam= keit im Handel und Verkehr, im Fabrikwesen kund, und Eisen= bahnen wie Schifffahrt machen Straßburg zu einem bedeutenden Stapelplatze.

Nicht minder zeigt sich eine erhöhte Thätigkeit auf dem religiösen Gebiete: der herrliche Münster, dessen wundervoller Bau nicht nur jedes gläubige Gemüth, auch alle Kunstfreunde begeistert, ladet wie zur Andacht ein, und der wahrhaft erhebende Gottes= dienst, gepflegt von würdigen Priestern in Verbindung mit aus= gezeichneten Kanzelrednern, läßt diese herrlichen Hallen nie leer werden. Eine große Zahl christlicher Vereine hegen und fördern diesen dem Höheren zugewandten Sinn, der sich vom ängstlichen Formenwesen und Scheinheiligkeit fern hält. Damit sind wohl= thätige Anstalten im ächt evangelischen Geiste verbunden, und weibliche Congregationen, die nicht genug zu rühmenden Schwestern des heiligen Vincenz von Paula an der Spitze, nehmen sich, an Hingebung und aufopfernder Nächstenliebe wetteifernd, dem Schul= unterrichte, der Krankenpflege, der Erziehung der Dienstboten, der Waisenkinder u. dgl. m. an. Der Haß und die Verläumdung, welche sich an allen Instituten der Kirche vergreift, hat sich auch an verschiedenen Orten erfrecht, die ebenso bescheidene als heilsame Wirksamkeit der barmherzigen Schwestern „zu verhöhnen oder zu verdächtigen“. Nur hämische Bosheit kann das Gute, welches die frommen Frauen im Stillen leisten, absichtlich verdammen; wer aber gedankenlos in diese ungegründeten Vorwürfe einstimmt, hat sich wohl nie die Mühe gegeben, näher in das Wesen dieser Klöster einzudringen. Finden sich da auch, wie allenthalben, vorüber= gehende Mißbräuche, der Geist und die Regel, welche den Orden selbst leiten, können nur zu einem segensreichen Ziele führen!

Diesen katholischen Bestrebungen gegenüber macht sich auch ein nur in wenigen französischen Städten bekanntes Element — das protestantische — in Straßburg geltend; es sind die Kirchen für beide Theile der Zahl nach gleich; die katholischen Einwohner aber, welche zur Zeit der Reformation auf eine ganz kleine Gemeinde, die nur insgeheim ihren Gottesdienst feiern konnte, herabgesunken war, zählt jetzt über 30,000 Seelen!

Es gibt kein deutsches Gemüth, welches nicht ebenso die Thatsache, daß Straßburg dem Reiche entrissen, wie die Art beklagte, mit der dieß geschehen. Bis auf den heutigen Tag hat diese Stadt die Zwitternatur nicht abgelegt, welche ihr jene Besitznahme aufgedrückt. Trotz Ordonnanzen, Schulunterricht und Ermahnungen behält Elsaß seine deutschen Sitten, selbst die Sprache bei, und auffallend tritt der Kontrast hervor, wenn man die Volkstrachten, die Bauart der Dörfer mit jener über den Vogesen vergleicht; das germanische Wesen läßt sich da weder verläugnen noch vernichten. Wenn sich die Bevölkerung dennoch nicht nach einer deutschen Herrschaft sehnt, so leitet sie eben dabei das Gefühl, einer großen, in sich einigen Nation, einem, ungeachtet aller Wechselfälle, mächtigen, abgeschlossenen Reiche anzugehören. Das klägliche Schauspiel, welches das in sich zerfallene Deutschland gibt, die Aussicht, irgend einem der kleinen Bundesstaaten zugetheilt zu werden, ist nicht geeignet, den Elsässern das Loos ihrer überrheinischen Nachbarn und ehemaligen Landsleute beneidenswerth erscheinen zu machen.

Es ist dennoch ein eigenthümliches Gemisch von Bestandtheilen, welche sich assimiliren möchten und doch wieder theilweise abstoßen. Die Beamten, die höhere Gesellschaft, die Garnison, ein Theil der Handelswelt denkt, spricht, tritt französisch auf, die Bürgers- und Volksklasse bleibt in gewissem Grade deutschem Wesen, deutscher Ausbildung treu und drückt sich in einem widerlichen Jargon, aus Worten beider Sprachen zusammengesetzt, aus. Es wird abwechselnd in den Kirchen und Schulen deutsch und französisch gepredigt und gelehrt; die Schwurgerichtsverhandlungen, französisch, werden durch die fortwährenden Verdollmetschungen schwerfällig; die Vorstellungen in dem schönen, meistens guten Theater sind in der Regel französisch, wenngleich öfters deutsche wandernde Truppen spielen, und wie sich somit der kunstreiche Münsterthurm, weithin sichtbar, in der Rheinebene mitten zwischen dem Schwarzwalde und den Vogesen erhebt, so streitet sich auch das gallische und germanische Element in Straßburg um den Vorrang.

———

Gegen Ende des Jahres 1859 endete Markgraf Wilhelm von Baden einen Lebenslauf, welcher nach drei Richtungen hin ein thätiger, lohnender, seinem Vaterlande gedeihlicher war. Früh schon ausgezeichnet im Felde, hatte der Prinz in der langen Friedenszeit keine Gelegenheit mehr, sich durch die ihm angeborne Tapferkeit hervorzuthun; mit desto größerer Sorgfalt widmete er sich der Ausbildung des Heerwesens und einer umsichtigen, obersten Leitung der Corps. Seine staatsmännische Befähigung hatte der Markgraf in den schwierigen Missionen bewiesen, welche er zum Wohle seiner Familie angenommen; er führte die Verhandlungen glücklich zu Ende und war auch während 40 Jahren ein erprobter Präsident der ersten Kammer in Karlsruhe, sich durch ruhige, unparteiische Führung der Geschäfte auszeichnend. Nicht minder war seine Thätigkeit einem anderen nützlichen Streben, dem Schutze und der Hebung der Landwirthschaft zugewendet, und während er so auf seinen ausgedehnten Besitzungen mit dem ersprießlichsten Beispiele voranging, bot auch sein Familienleben das Bild häuslichen Glücks. Wie seinen erlauchten Bruder hatten auch den Markgrafen Wilhelm die unseligen Vorgänge des Jahres 1849 mächtig erschüttert; es war nicht sowohl der Undank, den er für so viele Aufopferungen geerntet; großherzige Seelen wissen sich über solche Erbärmlichkeiten zu trösten; es war sein patriotisches, zerrissenes Herz bei dem Anblick so vielen, muthwillig heraufbeschworenen Elends, einer so ganz zwecklos unternommenen Umwälzung, welche Niemand zu gut kam.

Einige Wochen später starb nach langen Leiden in Nizza (30. Januar 1860), wo sie Linderung zu finden hoffte, die

Großherzogin Stephanie von Baden. Es war mir noch vergönnt, bei der Durchführung der Leiche im Straßburger Münster
der so hochverehrten Frau den letzten Tribut dankbarer Anhänglichkeit darzubringen, und unter dem Eindrucke dieses schmerzlichen
Abschieds schrieb ich u. a. in die Allgemeine Zeitung nach einer
kurzen Lebensnotiz:

„Es waren nicht sowohl ihre überlegenen Geistesgaben, es
war vielmehr die mit Würde und Wohlwollen verbundene Erscheinung, welche einen eigenen Zauber auf Alle ausübte, welche ihr
zu nahen das Glück hatten, und ihre entschiedensten Gegner ent-
waffnete. Diesen geselligen Vorzügen stand ein überaus gebildeter
Geist zur Seite; sie kannte keinen anderen Ehrgeiz, als den, recht
viele gründliche Kenntnisse zu sammeln, keine andere Eitelkeit, als
den rastlosen Drang des Wissens zu befriedigen. Sie übte diesen
Trieb aber nicht etwa pedantisch, wie andere wißbegierige Frauen,
es lag selbst in diesem Streben die ihr immer eigene Grazie; sie
rang nach universeller Bildung, suchte und fand oft in scheinbar
noch so unbedeutenden Begegnungen Stoff zu belehrender Unterhaltung. Die Großherzogin Stephanie legte deßhalb wenig Werth
auf äußeren Prunk, auf Toilette, fand keinen Geschmack an gewöhnlichen Hof- und Klatschgeschichten. Ihr Gespräch nahm stets
eine gediegenere Richtung. Wie in der Wissenschaft, trugen auch,
wenn ich mich so ausdrücken darf, ihre politischen Ansichten eine
Art von kosmopolitischer Färbung. Sie, die hochbegabte Frau,
welche mit Napoleon I. wie mit Kaiser Alexander, mit Karl X. wie
mit Louis Philipp in freundlichem Verkehre gestanden, durch ihre
wie ihrer Töchter Vermählung mit vielen deutschen und anderen
Höfen verwandt war, versammelte gerne um sich im vertrauten
Kreise, was an Verdienst, Gelehrsamkeit und Talenten hervorragte.
Hatte die Großherzogin einen beinahe männlichen Geist, vielseitig
gebildet, so trat auch die weibliche Seite da hervor, wo es galt,
einem unerschöpflichen Wohlthätigkeitssinn zu genügen. Hier wandte

sich ihre Thätigkeit nun vorzugsweise der Erziehung der weiblichen
Jugend zu. Unermüdet strebte sie nach diesem schönen Ziele, und
nicht allein waren es Zöglinge aus höheren Ständen, auf die sie
einwirkte, auch armen Kindern widmete sie eine mit Opfern und
Ausdauer verbundene Sorgfalt. So trug sie fruchtbringend ihr
reiches Wissen auch auf weitere Kreise über. — Während sie auf
diese Weise nur in geringerem Grade kleinliche Schwächen mit
ihrem Geschlechte theilte, bewunderte man an ihr immer die Lebhaftigkeit des Geistes. Doch ging, besonders in der letzten Zeit,
wohl durch physische Leiden genährt, ihre Thätigkeit in eine sie
verzehrende Unruhe über; sie wechselte schnell, oft Allen unerwartet,
ihren Aufenthalt, umgab sich immer wieder mit neuen Gegenständen, steigerte dadurch vielleicht ihren krankhaften Zustand und
beschleunigte ihren Tod. — Es gab viele Stimmen, welche ihre
häufigen Reisen nach Paris, ihre Freude an der neuen Ordnung
der Dinge daselbst tadelten. Wer konnte es ihr aber wohl verargen, wenn sie in ihren letzten Lebensjahren die so unverhofft
wieder ihr vor die Augen geführten Traumbilder der ersten Jugendzeit gerne begrüßte? — In dem Lande aber, in dem sie 54 Jahre
durch einen solchen Verein weiblicher Tugenden glänzte, wird ihr
Andenken stets gesegnet sein! Sie trocknete gar manche Thräne,
legte den Keim zu mancher guten Frucht; sie hing warm und
treu an ihren Freunden, war immer offen, ohne Falsch gegen
Andersdenkende. Alle Verstellung war ihr selbst fremd, sowie an
Dritten verhaßt. Sie blieb sich stets in allen Verhältnissen und
unter allen Umständen gleich! War ihre Wirksamkeit auch eine
beschränkte, griff sie nicht entscheidend in die Geschichte unserer
Zeit ein, so ist die Großherzogin Stephanie doch, ihrer eigenthümlichen Schicksale wie ihres edlen Charakters wegen, den ausgezeichneteren Frauen unseres, an hervorragenden weiblichen Gestalten
gerade nicht überreichen Jahrhunderts beizuzählen! Ueber ihrem
Sarge schloß sich die fürstliche Gruft in Pforzheim; die neue

badische Herrscherfamilie hat ihre Begräbnißstätte in der Stadt-
kirche zu Karlsruhe."

Die Zustände Oesterreichs, wie sie sich allmälig nach der
Katastrophe von 1859 entwickelten, entgingen meiner fortgesetzten,
spannenden Aufmerksamkeit nicht, und insbesondere waren es die
Selbstmorde dreier meiner früheren Bekannten, welche mich mit
Entsetzen erfüllten. Man wollte in diesen beklagenswerthen Vorgängen die Symptome einer zunehmenden Fäulniß im Staate
sehen; ich theile diese Ansicht nicht. Es sind jene traurigen Fälle,
wenngleich im Zusammenhange mit den politischen Ereignissen,
doch nur vereinzelte Erscheinungen.

Aus dem freiwilligen Tode des Feldmarschall-Lieutenants
v. Eynatten, welcher wegen Unterschleifen in der Armeeverwaltung
peinlich verhört worden war, wollte man auf einen allgemeinen,
systematisch organisirten großartigen Betrug bei den Lieferungsver-
trägen, Verpflegungskosten für die Truppen in Italien schließen
u. s. w. Die darauf folgende Untersuchung hat gezeigt, daß das
Ergebniß nicht im Verhältnisse zu dem Lärm und Aufsehen, die es
gemacht, stand; solche Mißbräuche, Verbrechen und himmelschreiende
Unterschlagungen kommen in jeder Armee von Zeit zu Zeit vor,
ohne daß deßhalb die ganze Administration verdächtigt werden
kann. Nachlässigkeit, Mangel an Vorsicht in der Auswahl der
Beamten walten hier vor, und das die kaiserliche Armee betroffene
Kriegsunglück brachte die Veruntreuungen und geheimen Schaden
erst vollends zu Tage. Der 65jährige Eynatten, Familienvater,
— drei seiner Söhne dienten in der Armee — genoß, bei einer
einnehmenden Persönlichkeit, den Ruf eines unbescholtenen Charakters.
Eine beklagenswerthe Sorglosigkeit mehr als absichtliche Untreue,
ein Zusammentreffen ungünstiger Umstände, in die er sich rettungs-
los verwickelt, machten ihn zu einem strafwürdigen Diener seines

Kaisers, dessen volles Vertrauen er besessen, und in diesem Gefühle zum — Selbstmörder.

Graf Stephan Szechenyi, 68 Jahre alt, voll lebhaften, wohl auch etwas ercentrischen Geistes, von beinahe fieberischer Thätigkeit, erwarb sich unläugbare Verdienste um Ungarn. Er belebte den Verkehr durch rasche Förderung der Dampfschifffahrt auf der Donau und den Seen, legte großartige Brücken und Straßen an, auf seine Anregung wurden Flüsse regulirt, Sümpfe ausgetrocknet, die Industrie gehoben, der Ackerbau verbessert, die Viehzucht, besonders der Schafe, gepflegt; er war Gründer der Pester Akademie, Freund der Wissenschaften, Künste und National-literatur. Mit einem Worte, Szechenyi galt vor dem Jahre 1848 für einen der feuerigsten Patrioten, den größten Wohlthäter Ungarns. Die Stürme der Revolution machten seiner Popularität ein baldiges Ende. Auch er wurde, wie so viele Andere, von jüngeren, zerstörenden Elementen überflügelt, und mißvergnügt zog er sich allsobald aus dem ungarischen Ministerium zurück. Noch sehe ich den Mann mit dem Feuerblicke, überschattet von rabenschwarzen, buschigen Augenbraunen, der mit lebhaften Geberden eine rasche, von Geist und Eifer sprudelnde Redeweise verband. All dieß war nun wie mit einem Bannfluche verschwunden: Irrsinn hatte sich seines sonst so klaren Geistes bemächtigt, und schon auf dem Rückwege von Pesth suchte er sich zu entleiben. Seine dunkeln Haare hatten sich gebleicht, sein Aeußeres erschien auffallend vernachläßigt; er war ein alter, um die Vorgänge der Außenwelt anscheinend unbekümmerter Mann geworden. Zwölf Jahre nun befand er sich in der Privatirrenheilanstalt des Dr. Jörgen zu Döbling; er behielt die Verwaltung seines großen Vermögens bei, schrieb nach allen Seiten hin. Jedermann hielt ihn daher für vollkommen genesen; er selbst konnte sich aber nicht entschließen, sein Asyl zu verlassen. Die neuen Unruhen in Ungarn veranlaßten eine Untersuchung seiner Papiere; da wurde Graf Szechenyi eines Morgens mit durch einen Pistolenschuß zerschmettertem Gehirne gefunden! War es nun, wie man sagte, Selbstmordmonomanie, die nie von ihm gewichen sein soll, weßhalb ließ man ihn ohne Aufsicht, verhinderte nicht die schaudervolle That?

Ein nicht minder genialer Geist, von ebenso glücklichen, seltenen Anlagen und einer Alles beherrschenden Persönlichkeit ging auf gleiche bejammernswerthe Weise in dem Finanzminister Bruck unter. Er hatte sich aus sehr untergeordneten Verhältnissen zu den höchsten Würden, zu einem, allerdings übertrieben geschilderten Reichthum emporgeschwungen. Seine Thätigkeit, sein Wirkungskreis waren weit ausgedehnter, nachhaltiger als jener Szechenyi's, sein Wissen ein universelleres. Unermüdlich, vielseitig gebildet leitete Bruck die Geschäfte mit Umsicht und Gewandtheit, und schreckte nicht vor der ungeheueren Verantwortung, vor der Last der ihn beinahe erbrückenden Verwaltung zurück; doch mehr Kaufherr als Staatsmann, verwickelte er sich in Berechnungen, weitaussehende Pläne, welche unerwartete Ereignisse zu nichte machten; er trug den möglichen Eventualitäten nicht gehörig Rechnung, und die kühnen Entwürfe mißglückten. Doch war er bis zum letzten Tage heiter und voll Zuversicht — da drohte auch ihm eine Untersuchung in der erwähnten Lieferungssache und machte die von ihm selbst erbetene Entlassung aus dem Staatsdienste nothwendig. In einer fürchterlichen, unbewachten nächtlichen Stunde trat der Versucher heran, dessen entsetzlichen Einflüsterungen er nachgab. Erst viele Stunden nachher folgte der Tod der gräßlichen That, die Bruck bereute, wohl fühlend, daß dadurch ihm jedes Mittel zu seiner Rechtfertigung entging! Meiner eigenen Beziehungen zu Bruck, welche nicht selten Fragen wichtiger Verhandlungen umfaßten, konnte ich mich nur freuen; er hatte einen scharfen, richtigen Geschäftsblick und dabei die einnehmendsten Formen. Es fehlte ihm nicht an wohlwollenden Vertheidigern wie an erbitterten Gegnern. Aufrichtige Trauer wie Verwünschungen folgten ihm in's Grab. Wer kann über sein Walten richten? Nur Gott vermag in die Falten des menschlichen Herzens zu steigen, die geheimen Beweggründe unserer Handlungen zu prüfen. Es geziemt sich daher wohl, daß bei so traurigen Anlässen ein ernstes Schweigen die letzte Stätte decke. Peinlich mußte es somit bei der Leichenfeier Bruck's berühren, daß der „Diener des Evangeliums" an diesem Sarge nur Worte überschwänglichen Lobes für die irdischen Bemühungen, der begeisterten Bewunderung für den Charakter wie die glänzenden Eigenschaften des Ministers fand; man vermißte dabei jede nur leise Andeutung christlicher Mahnung bei diesem außerordentlichen Falle, jeden Ausdruck schmerzlichen Bedauerns über ein so klägliches, eine ganze, thatenreiche Laufbahn mit einem unauslöschlichen Flecken bedeckendes Ende!

***

Nach einem im Großherzogthum auf dem Lande und unter kleinen Ausflügen nach der Schweiz verbrachten Sommer ließ ich mich, wie bemerkt, vorerst in dem freundlichen Baden-Baden nieder, wo ich Mitte November, mich von einer abermaligen Brustkrankheit zu erholen, eintraf. Schon während der schönen Jahreszeit hatte ich die Stadt der „römischen Thermen" besucht und war da Zeuge des „deutschen Fürstenkongresses" gewesen, in dessen Mitte sich der Kaiser der Franzosen eingefunden hatte. Vier Könige, drei Großherzoge, drei Herzoge umgaben hier den Prinz-Regenten von Preußen, auf dessen Zusammentreffen es Louis Napoleon vor Allen abgesehen hatte. Die Ergebnisse dieser erlauchten Versammlung waren scheinbar wenigstens nicht von erheblichen Folgen begleitet. Der Großherzog bewirthete seine hohen Gäste auf's freundlichste in den alten und neuen Schlössern, an denen die Umgebungen des schönen Thales so reich sind. Der Empfang, den der „gallische Cäsar" von Seiten des Badepublikums

fand, war ein anständiger, aber weit entfernt von der offiziösen
Begeisterung, welche einige imperialistische Enthusiasten von jenseits
des Rheins auf diesen deutschen Boden übertragen wollten.
Napoleon bewohnte das neuerbaute „Stephanienbad", wurde viel
theils zu Fuß, auch in einem kleinen Einspänner fahrend gesehen,
und besuchte nach der Reihe die deutschen Fürsten. Der englische
Hof, in welchem die Bundesfürsten von Bayern, Sachsen und
Hannover abgestiegen waren, gestaltete sich demnach wahrhaft zu
einem Hotel „zu den drei Königen"! Napoleon blieb zwei Tage
und kehrte, wie man behauptete, sichtbar verstimmt und enttäuscht
nach Paris zurück.

Die Saison, welche schon im Juni einen so glänzenden Auf=
schwung genommen, erhielt sich zwar nicht auf gleicher Höhe;
dennoch gehörte sie, ungeachtet einer beständigen nassen Witterung,
zu den nummerreichsten; denn der Werth eines Sommers richtet
sich immer nach der Zahl der Badegäste und Fremden, welche sich
seit 10 Jahren immer zwischen 30,000 bis 40,000 erhält, und
dadurch die Bau= und Spekulationslust weckt.

In Basel hatte ich Mitte September zufällig, von dem
lieblichen Badenweiler aus, der 100jährigen Jubelfeier der dortigen
Universität beigewohnt. Es war das erste Fest dieser Art, welches
ich sah. Die Stadt war reich verziert, besonders nahm sich das
alte Rathhaus sehr gut aus: ein unabsehbarer Zug bewegte sich
durch die Straßen, und eine Schaar in die Tracht Tell's geklei=
deter Männer vermischte sich in ziemlich origineller Weise mit den
in ihren Talaren erschienenen abgeordneten Professoren deutscher
Hochschulen. Festreden und gelehrte Abhandlungen wurden vor
den großen Versammlungen gelesen, welche in der Peterskirche
stattfanden, und der riesige Centraleisenbahnhof nahm die essenden,
trinkenden, toastirenden Gäste auf. Das Ganze zeigte mehr Un=
gebundenheit und zwanglose Heiterkeit, als ernste Würde und sinn=
reiche Anordnung. Auch fehlte es nicht an Beleuchtung, lärmender

Janitscharenmusik, Fackelzug, Jubel, Schweizermilitär aus jeder Altersklasse u. dgl. m. Was mich dabei jedoch am meisten und persönlich interessirte, war die Erinnerung an den ersten Rektor der Universität Basel: „Georg von Andlaw," der 1466 starb, und in dem herrlichen Münster, das nun glücklicher Weise aus dem unwürdigen Zustande, in dem es sich befand, schön restaurirt hervorging, ein passendes Grabdenkmal hat. An dem Universitäts=gebäude selbst aber waren drei große, mit Blumen und Lorbeeren umgebene Medaillons aufgehängt mit den Namen: des Aeneas Silvius Piccolomini (Pius II., des Gründers), Johanns von Ven=ningen (damaligen Fürstbischofs) und Georgs von Andlaw (ersten Rektors).

Baden = Baden hat im Winter eine von dem bewegten Saisonleben gänzlich verschiedene Physiognomie. Man lebt da still: es bilden sich unter Einheimischen und zurückgebliebenen fremden Familien Coterien; ein Theil der Bademusik setzt ihre Uebungen zweimal in der Woche fort; ein Theater fehlt; der neuerbaute Saal ist eben der Vollendung nahe. Selbst in der rauhen Jahres=zeit ladet die reizende Umgegend zu Spaziergängen ein, und das Klima ist, wenn auch nicht milde, doch meistens windstill, und der Anblick der warmen Quellen, deren Ausfluß durch die Straßen dampft, läßt wenigstens erwarten, daß sie die kalte Luft mildern. · Der Umgang mit gebildeten Menschen ersetzt, was an Kunst=genüssen und großstädtischer Geselligkeit vermißt wird, und auch gute, alte Bekannte begrüßte ich wieder freudig, unter ihnen Dr. Gugert, dessen Berühmtheit nur seinem menschenfreundlichen Wohlwollen gleichkommt.

Der Sommer 1861 blieb hinter seinen Vorgängern nicht zurück; nur von 1857 war er an Zahl der in die Badeliste ein=getragenen Gäste übertroffen. Die so beliebten Plätze der benach=

barten Höhen und Thäler waren von Besuchenden nie leer, und ebenso große Anziehungskraft als die blühende Natur übte wie gewöhnlich der grüne Teppich, statt der Blätter, Nummern und farbige Lappen.

Die lange Reihe der Feste wurde in dieser Saison mit einem großartigen Banquete eröffnet, welches das badische Handelsministerium bei Gelegenheit der Einweihung der Kettengitterbrücke der Eisenbahn von Kehl nach Straßburg im Kursaale gab. Es war von 300 Gästen dies- und jenseits des Rheines besucht, und es fehlte nicht an „internationalen" Toasten und Reden. Die Freuden Badens sind oft beschrieben; aus den fernsten Gegenden gibt man sich hier gern ein Stelldichein, und die Russen sind es vorzugsweise, die in so mannichfacher Richtung gebotene Genüsse aufsuchen. Mit der täglich dreimal ertönenden guten Bade- oder der Musik der in Rastatt garnisonirenden österreichischen, preußischen und badischen Regimenter verbinden sich großartige Concerte, allerliebste Vorstellungen von Vaudevilles von den besten französischen dramatischen Künstlern, Bälle, Jagden, Wettrennen, Feuerwerke u. dgl. m. Alle diese meist unentgeldlich gebotenen Vergnügen ziehen denn auch einen Schwarm von demi monde, Glücksrittern und anderen unwillkommenen Erscheinungen nach sich, und machen Baden, bei dem jetzigen leichten und raschen Verkehre, gleichsam zu einer Vorstadt von Paris, das uns gelegentlich nicht seine besten Gäste zuschickt. Es zieht sich daher die vornehmere, gute Gesellschaft immer mehr von dem Treiben des „Conversationshauses" zurück, und sucht in den schönen Villen, welche sie sich allmälig erbaut, eine ruhigere, ihrem feinen Geschmacke mehr zusagende Geselligkeit. Nach ihrer Ansicht könnte daher Baden durch die so viel besprochene Aufhebung des öffentlichen Spieles nur gewinnen, weil dadurch die Bestandtheile des Badelebens geläutert, die damit verbundenen tragischen Scenen vermieden würden. Auf die Frequenz der Stadt, und rückwirkend auf ihre gewerbtreibenden Be-

20*

wohner, auf die Verschönerungen, die Freuden, wie auf die Unterstützungen der Armen und wohlthätigen Anstalten würde freilich eine solche Maßregel nachtheilig wirken, doch gleicht sich dies mit der Zeit wohl wieder aus. Benazet, dem Spielpächter, kann man jedoch das Zeugniß nicht versagen, daß er, so viel in seinen Kräften, die Gehässigkeit, welche seiner Erwerbsquelle anhängt, vergessen zu machen sucht, keine Auslagen scheut, den Aufenthalt der Fremden so genußreich und glänzend als möglich zu machen, und großmüthig überall da in erster Linie zu treffen ist, wo es gilt, zu helfen, sich bei frommen oder menschenfreundlichen Werken und Stiftungen zu betheiligen, Wunden zu heilen, für Verpflegung von armen Badekranken zu sorgen u. dgl. m.

Wohl kann man mit Schiller in den „Kranichen des Ibikus" fragend ausrufen: wer zählt die Gäste, die strömend ziehen in das Thal, wo nicht ein Fest, wo eine Reihe von wechselnden Genüssen jeden nach seinem Sinne zur Theilnahme einladet? Es liegt von dieser letzten Saison ein langes Verzeichniß von Namen hoher fürstlicher Personen, von berühmten Kriegern, Staatsmännern, Gelehrten und Künstlern vor, und bis weit in den Oktober erstreckte sich das lebhafte Treiben, welches gewöhnlich mit der „Iffezheimer Steapel chase" und anderen Freuden des „Turf," wie des „Sport" seinen Höhepunkt erreicht. Der großherzogliche Hof war länger als gewöhnlich anwesend, und lustig flatterte, zur Freude der Bewohner, noch spät die gelb-rothe Fahne von den Zinnen des Schlosses in der Herbstluft. Auch eine nur zu gerechte Huldigung brachte die Stadt Baden dem Andenken des edlen Großherzogs Leopold, der so viel für diese Stadt seines Namens wie seiner Ahnen gethan, das Schloß wie Eberstein so zweckmäßig und schön herstellte, so gern hier verweilte. Sein Standbild ziert nun einen Platz mitten in der Stadt, und bei dessen feierlicher Enthüllung, der das junge großherzogliche Ehepaar

beiwohnte, übergoß die Septembersonne das Denkmal mit hell-
strahlendem Lichte!

Doch auch an ergreifenden Momenten anderer Art fehlte es
zu jener Zeit nicht. Auguste von Preußen, die Baden so oft zu
einem ihrer Lieblingsaufenthalte erklärte, war diesmal, später als
sonst, Ende Juni eingetroffen. Bald darauf folgte der Gemahl,
nun zum erstenmale als König. Beide hatten sich, wie immer,
heiter, und ungezwungen in der bunten Badewelt bewegt, als am
Morgen des 14. Juli — eines Sonntags — während des Gottes-
dienstes wir von der ganz unglaublich klingenden Nachricht erschreckt
wurden, daß ein junger Mann auf eine Entfernung von drei
Schritten in der Lichtenthaler Allee auf den in Begleitung des
Gesandten, Grafen von Flemming, spazierengehenden König mit
einem Pistole geschossen habe. Der Monarch war sehr gefaßt,
nur leicht hinter dem Ohre gestreift, und setzte seine Promenade,
der Königin entgegen, um sie sogleich zu beruhigen, weiter fort.
Später in seine Wohnung zurückgekehrt, nahm er ärztliche Hülfe
an, es wurden Bulletins ausgegeben; das Attentat hatte aber
glücklicherweise keine für die Gesundheit des Königs nachtheilige
Folgen, und bewirkte wenigstens das Gute, daß sich die ganze
Bevölkerung wie ein Mann um den allgemein verehrten, wohlwollenden Monarchen drängte, und außer einem Tedeum und
Dankgebeten, außer einem von begeisterten „Hochs" begleiteten
Fackelzuge, auch noch viele milden Gaben gespendet, wohlthätige
Stiftungen gegründet wurden. Von allen Seiten kamen Abgesandte anderer Fürsten, Deputationen von Städten und Regi-
mentern. Baden war um eine traurige Erfahrung reicher, der
Schauplatz einer verruchten That geworden, aber die allgemeine Ent-
rüstung, die sich allenthalben kundgegebene Theilnahme und Anhänglichkeit für den geprüften König waren wieder eben so viele erhebende
Augenblicke. Von hier begab sich das königliche Paar zur Krö-
nungsfeier nach Königsberg, der auch der Großherzog beiwohnte.

Der 21jährige Leipziger Student, Oskar Becker von Odessa, welcher einen so unbegreiflichen Mordversuch unternommen, zeigte sich als einen beinahe unzurechnungsfähigen Phantasten, der durch anhaltende Studien und überspannte Ideen, in seiner Selbstüberschätzung bestärkt, so weit ging, sich für einen großen Mann zu halten, und seine erbärmliche Eitelkeit, seine unverdauten Theorien, wie es scheint ohne Reue über sein Verbrechen, von dem er sich keinen klaren Begriff zu machen wußte, zeigten sich während der Bruchsaler Schwurgerichtsverhandlungen, bei denen auf eine 20jährige Haft gegen ihn erkannt wurde.

Wie der Anfang des Jahres 1861 mit dem Tode des Königs Friedrich Wilhelm IV. von Preußen bezeichnet gewesen, so endete kurz vor dem Schlusse desselben der Prinzgemahl Albert in Windsor unerwartet sein Leben, das noch zu so großen Erwartungen berechtigte. Beide Fürsten, so verschieden an Charakter wie in ihrer Stellung und in der Richtung ihres Strebens oder Denkens, nahmen einen reichen Schatz von Geist, Erfahrungen und stets thätigen Kräften ins Grab. Beklagenswerth bei Ersterem bleibt immer, daß ein mit lebhafter Phantasie und edlem Gemüthe verbundener redlicher Wille vielfach verkannt, daß Eigenschaften, welche ihn als Privatmann zu den gebildetsten, besten seiner Zeit erhoben hätten, nicht von gleichem Erfolge auf dem Throne begleitet waren, beklagenswerth für immer die düstern Schatten, welche sich zuletzt auf seinen sonst so hellen Geist senkten! Ich selbst bewahre dem verewigten Könige ein dankbares Andenken; nicht nur war er mir lange immer ein huldvoll gnädiger Herr, er richtete auch oft Worte an mich, die mich ihrer zarten Aufmerksamkeit, des treuen Gedächtnisses wegen rührten.

Zwei königliche Familien waren es insbesondere, welche in den letzten Jahren der Todesengel wiederholt heimsuchte. Bald

nach dem frühen Ende der lieblichen Königin Stephanie von
Portugal starb der mit Gaben des Herzens und reichen Verstandes
ausgerüstete König Dom Pedro im 24. Jahre. Zwei seiner
Brüder stiegen zugleich mit ihm in die Gruft. Das sächsische
Königspaar wurde in gleicher Weise schwer geprüft; es verlor in
kurzen Zwischenräumen vier erwachsene Prinzessinnen, von denen
zwei unvermählt.

Soll ich nun am Schlusse dieser langen Erzählung von Er-
lebtem und Erfahrenem auch noch von mir, von meinem Charakter
sprechen, so fürchte ich, wohl mit Recht, mir den Vorwurf zuzu-
ziehen: „von allen nur denkbaren Dingen und von noch einigen
übrigen" verhandelt zu haben. Die in der Einleitung berührte
Warnung auch jetzt beachtend, will ich mich rücksichtlich meiner
eigenen moralischen Photographie auf die einzelnen Züge beziehen,
wie sie zerstreut in diesen Blättern enthalten sind. Weitere Pinsel-
striche dazu finden sich im IV. Theile „der Briefe eines Verstorbenen",
Seite 81 u. folg. Zu meinem Erstaunen las ich nämlich dort
schon vor Jahren den Ausspruch eines Phrenologen in London,
dessen Schilderung so ziemlich mit meinem eigenen Charakter über-
trifft, und so wenig ich auch auf Wahrsagungen und Offen-
barungen durch die Organe des Gehirnes halte, so war jenes
Bild doch ergreifend genug für mich, um es mit Randbemerkungen
zu versehen, zum Nachdenken aufzufordern.

Da des Menschen wichtigstes Studium doch immer „der
Mensch selbst" sein sollte, so fand ich mich von jeher unter allen
philosophischen Wissenschaften am meisten von der Psychologie
angezogen; ob aber eine genaue Kenntniß des Nächsten auch die
Fähigkeit in sich schließt, mit sich und seinem eigenen Charakter
mehr in's Reine zu kommen, ist eine schwer zu lösende Frage —
es mag an diesen Andeutungen genügen!

Ich benütze nun die Zeit meiner unfreiwilligen Muße, mich mehr mit den neuen Erzeugnissen der Literatur, besonders der deutschen und französischen zu beschäftigen. Zwar hatte ich von jeher gern und viel gelesen, und trage seit 40 Jahren jedes gelesene Werk mit einigen kritischen Worten in mein Tagebuch ein. Ich möchte diese Gewohnheit, die weder zeitraubend noch geist= anstrengend ist, jedem denkenden jungen Manne nachzuahmen rathen. Sie gewährt einen doppelten Vortheil, da sie einmal die Urtheils= kraft schärft und dann bei der Lectüre selbst zu einer erhöhten Aufmerksamkeit anspornt, weil man sich dabei immer mit dem Gedanken beschäftigt, wie man das Buch, wenn auch nur kurz, besprechen werde. Was nun die zur Hand genommenen Werke selbst betrifft, so gestehe ich, daß ich allerdings nicht sehr wählerisch war, und ich glaube, mehr schlechte, als wahrhaft gute Bücher gelesen zu haben. Doch geschah dies nicht aus reiner Sucht, mich zu unterhalten, auch ließ ich mich nicht so leicht von dem in Büchern enthaltenen oft feinen Gifte anstecken: auf meine religiös= sittlichen und politischen Ansichten hatten sie zum mindesten keinen wesentlichen Einfluß, trugen vielmehr nur dazu bei, durch das Abgeschmackte und Abschreckende der darin enthaltenen verwerflichen oder cynischen Ideen mich eher in besseren Grundsätzen zu stärken. Rein wissenschaftliche Werke, historische ausgenommen, las ich weniger, als s. g. belletristische, und da sah ich denn mehr auf die Form, einen blühenden Styl, als auf den Inhalt. Bei Romanen fesselten mich Charakterschilderungen, einzelne Situationen, Lebensansichten; die Fabel selbst war mir gleichgültig. Mein Geist neigt überhaupt mehr zur Analyse, zur kritischen Beleuchtung und Beurtheilung der Dinge, weniger ist meine Einbildungskraft entwickelt, und ich arbeite daher leichter aus vorhandenem Stoffe, als aus eigenem Schöpfungs= und Erfindungsvermögen. Dichter= gaben besitze ich keine, und ziehe deshalb auch die Prosa der Poesie vor. In der Schreibart schätze ich aber vor allem Klarheit

und Einfachheit; schwülstige, unverständliche Worte, die, wie jene
der modernen Philosophen, in eine eigne Sprache gehüllt sind, oder
humoristisch à la Jean Paul mit Anspielungen durchzogen, zu
deren Verständniß man erst den Schlüssel haben muß, sprechen
mich nicht an. Von Dichtern las ich am liebsten Schiller,
Shakespeare und Tasso, und von den alten erfreute mich Virgil.
Doch zog ich immer die dramatische Muse der lyrischen, epischen,
satyrischen oder elegischen vor.

Was ich daher früher meiner Berufsgeschäfte wegen vernachlässigen mußte, suchte ich nun durch Lesung alter und neuer
Bücher nachzuholen, und es kamen mir dabei verschiedene, seit
kurzer Zeit erschienene s. g. Literaturgeschichten trefflich zu statten,
weil ich die darin zum Theile oft in so verschiedenem Sinne entwickelten Ansichten mit meinem eigenen Urtheile vergleichen und
mir so ein immer klareres Bild von diesen Erscheinungen entwerfen
konnte. Dabei drang sich mir immer mehr die Ueberzeugung auf,
daß in dem Grade, als viele Bücher geschrieben werden, auch
weniger dieselben auf Unsterblichkeit Anspruch machen dürfen, und
die Frage: welche auf dauernde Anerkennung, auf s. g. Classicität
bei der Nachwelt zählen können, wird immer schwieriger zu beantworten. Sehen wir doch täglich, wie sich die Lesesucht nur auf
die neuesten Erzeugnisse wirft und, wenige Lieblingsschriftsteller
ausgenommen, man selten mehr ältere Bücher zur Hand nimmt.
Dieß ist zumal bei den Romanen der Fall, und der Geschmack
an denselben verliert sich mit jedem Jahrzehnt so, daß es oft kaum
begreiflich ist, wie man einst Gefallen an solchen Schriften finden
konnte; wer vermag jetzt noch die einst so beliebten Erzählungen
von Kotzebue, Lafontaine, Tromliz, Clauren, Lamotte Fouqué,
van der Velde, Spindler u. a. m. zu verdauen, und jetzt schon
ist der Stern vieler französischen Novellisten unserer Tage erbleicht;
Modesache!

Aber auch die Art der Bearbeitung geschichtlicher und

politischer Stoffe wechselt, und frühere Anschauungen erscheinen uns
oft in dem Grade veraltet und ungenießbar, als wir uns lebhaft
den augenblicklich herrschenden zuwenden, welche nach kurzer Zeit
sich gleichfalls nach den Tagesbegebenheiten mobifiziren. Neulich
erst las ich in „Varnhagen's Tagebüchern" (III. S. 233):

„Betrachtungen über das, was bleibt, und was vergeht in
der literarischen Welt, das heißt in der Welt des Gedächtnisses.
Das Gehässige, Hemmende, Gemeine vergeht am schnellsten, ganze
Massen desselben sterben ohne Spur dahin; doch gelten sie im
Augenblicke immer etwas, und oft mehr als das gleichzeitige Edle,
Geniale, aber die Zeit, welche dieses auf ihre Schwingen nimmt,
läßt jene fallen."

Und in der That ist jedem wahrhaft großen menschlichen
Werke ein gewisser Stempel aufgedrückt, der es gewissermaßen adelt
und schon im ersten Momente fesselt; es weht dem dafür Empfänglichen gleich der lebende Hauch des Genie's aus demselben entgegen;
so bei klassischen Werken der Poesie, so bei dem Anblick eines
Meisterstücks der Malerei oder Skulptur, so bei dem Anhören
einer Musik, welche uns mit unwiderstehlicher Gewalt ergreift!

Unter allen wissenschaftlichen Studien wandte ich immer der
„Geschichte" die größte Vorliebe zu; es waren aber hier nicht
sowohl die einzelnen Thatsachen, Daten, genealogische oder antiqua-
rische u. dgl. Merkwürdigkeiten, welche mich bei diesen Forschungen
fesselten; ich fühlte mich vielmehr durch die Uebersicht des großen
Ganzen angezogen. Ich suchte das weite, bunte, wunderbare
Gebäude der Weltgeschichte zu umfassen, welche nur dann anspricht,
wenn man die Bilder chronologisch im Gedächtnisse aneinander zu
reihen, den möglichen Zusammenhang der Dinge unter sich zu
deuten weiß. Damit verband sich ein weiteres — ein psycho-
logisches — Interesse, und in der Betrachtung hervorragender
Charaktere, in ihrer Vergleichung mit anderen, in dem Wunsche,
die Beweggründe ihrer Handlungen zu prüfen, zu erklären, geht

eine neue Quelle anziehender Betrachtungen auf. Außer vielen dem Drucke nicht übergebenen historischen Studien versuchte ich, in einer Reihe biographischer Skizzen die in der Geschichte am meisten genannten „Frauen" *) zu schildern. Ich beabsichtigte dabei nicht, eine „Geschichte der Frauen" im Allgemeinen zu schreiben, wie manche Kritiken irrthümlich annahmen; einer solchen kulturhistorischen Aufgabe fand ich mich keineswegs gewachsen; ich wollte in jenem compilatorischen Werke nur nach der Zeitfolge dem Leser in kurzen Zügen die Charaktere jener Frauen aller Länder und Epochen vorführen, deren Namen besonders genannt werden; es sollte, mehr zum Nachschlagen, als zur fortgesetzten Lektüre geeignet, dieß Buch wißbegierigen Frauen besonders zum Leitfaden dienen, sich näher mit den Ausgezeichneteren ihres Geschlechts, im guten wie im bösen Sinne, bekannt zu machen.

In gleichem Grade, wie für die Geschichte selbst, interessirte ich mich denn auch für alle mit derselben zunächst verwandten oder Hülfswissenschaften: für Geographie, Statistik, die Länderkunde, das Staats- und Völkerrecht und für die in's diplomatische Fach einschlagenden Gegenstände. Vor der reinen Rechtslehre war es aber die Criminalgesetzgebung, mit der ich mich vorzugsweise beschäftigte.

Weniger Sinn hatte ich für Kriegs- und mathematische Wissenschaften, Mechanik, Technik u. dgl. m., und sprach die Astronomie auch meine Einbildungskraft an, so verstand ich doch ihre langwierigen Berechnungen nicht, die ich gern ohne nähere Forschung als zuverlässig annahm. Dem überwältigenden Schauspiele, mit dem uns die Natur täglich umgibt, verschloß ich mich nicht; kein fühlendes, gebildetes Gemüth kann sich so großartigen Einwirkungen entziehen; es war mir aber nicht vergönnt, mit prüfendem Auge in die innere Werkstätte der Natur hinabzusteigen,

---

*) Die Frauen in der Geschichte. Mainz 1861. Florian Kupferberg.

die Geheimnisse der Physiologie, Optik, Chemie, Physik, Anatomie, Geologie, Botanik u. a. zu ergründen.

Eigentliche Talente hat mir der Schöpfer keine, desto mehr Sinn und Freude an den schönen Künsten verliehen. Lange Jahre quälte ich mich für theueres Geld mit Zeichnungsübungen ab, ohne es zu einer Fertigkeit in irgend einem Theile dieser bildenden Kunst gebracht zu haben; auch auf dem Klavier klimperte ich immer nur zu meiner eigenen Unterhaltung, während ich die Stimme zum Singen schon früh verloren. Doch erquickte, erhob mich immer jede Gattung der Musik, wenn sie nur vollendet war; alle Mittelmäßigkeit in der Kunst überhaupt stößt immer ab, noch so zierliche Tändeleien sind ihrer Bestimmung nicht würdig. Die Malerei zog ich der Bildhauerkunst, und dieser auch wieder die Architektur mit ihren edlen, imponirenden Ver= hältnissen vor. In Gotteshäusern wie in Palästen oder anderen Bauwerken, überall fand ich Stoff zur Erholung, zur Bewunderung, und unvergeßlich wird mir bleiben, was ich auf Reisen an gewal= tigen Eindrücken in mich aufgenommen, in allen Arten von Kunst= schöpfungen gesehen, gehört, genossen habe!

Eben deßhalb gehörte auch zu meinen entschiedensten Neigungen eine unbegrenzte Reiselust. Sobald der Frühling erschien, ergriff mich stets eine wahre Sehnsucht bald nach den fernen blauen Bergen, bald nach dem Anblick, der erquickenden Luft des Meeres. Leider konnte ich diesen Trieb nicht immer, oder nur in beschränkter, unvollkommener Weise befriedigen. Jahre vergingen oft ohne alle größere Ausflüge, und statt neue Länder zu besuchen, mußte ich nicht selten längst bekannte Strecken zurücklegen. Wäre ich 50 Jahre später geboren, mein Eintritt in die Welt mit der Ent= deckung und Bewährung der Dampfkraft zu Wasser wie zu Land zusammengefallen, der Kreis meiner Wanderungen würde sich wohl weiter, vielleicht jenseits der Meere, ausgedehnt haben! Es reizten mich immer die fernen Länder der Tropen, das wundervolle Merico, die Farbenpracht, die üppige Vegetation, der Sternenhimmel der südlichen Länder, besonders Brasiliens, und hätte ich auch Konstantinopel gerne gesehen, so war nicht minder jener heilige Boden im Orient für mich wie für alle fühlende Christen ein ersehntes Pilgerziel!

Bei all diesen Anregungen wurde ich von zwei Gaben unterstützt, für welche ich Gott nicht genug danken kann — einem treuen Gedächtnisse und einer immer wachen Empfänglichkeit für bessere Eindrücke, welche mich von der Blasirtheit, jener Geistesträgheit und Gleichgültigkeit bewahrte, einer wahren Plage unserer Zeit. Hatten mich die Zerstreuungen der großen Welt, selbst Kunstgenüsse, ermüdet, so verdarben sie mir die Freude nicht an einer schönen Baumgruppe, einer beleuchteten Wolke, einem Wasserfalle, einer seltenen Blume oder der stillen Beobachtung des Treibens der Thierwelt; ein glänzender Sonnenuntergang, eine majestätische Gebirgskette, ein Komet, ein Nordlicht, vor Allem aber der gestirnte Himmel oder das Weltmeer mit seinem geheimnißvollen Rauschen rührten, bewegten, entzückten mich.

Mein gutes Gedächtniß half mir in Erlernung fremder Sprachen und versetzte mich, besonders in späteren Jahren, oft in die Vergangenheit zurück, deren Erinnerungen wehmüthig in der Gegenwart nachklingen. Seit 40 Jahren zeichne ich das Ableben aller meiner Bekannten auf; durchgehe ich diese unendlich lange Todtenliste, so treten mir oft halb vergessene Namen, wie aus einer anderen Welt, entgegen; mit jedem Tage beinahe lichten sich die Reihen der Zeitgenossen, erlöschen die Lichter, welche uns auf dem Lebenswege begleitet, bis es denn auch auf diesem bald dunkel wird, wie im Grabe selbst.

Ein gewisser Unabhängigkeitssinn hinderte mich, an Andere mich näher anzuschließen, und während ich mich dadurch manchem weisen Rathe, mancher gutgemeinten Anleitung, deren ich so oft bedurft hätte, entzog, bewahrte er mich wieder vor näheren

Verbindungen oder der Wahl schlechter Gesellschaft. Weder auf
der Universität noch später gehörte ich irgend einem Vereine an,
fand mich aber doch, ungeachtet des Sträubens gegen jede Art
von Zwang, durch Zufall oder eigene Schuld oft in einer völlig
abhängigen, jede freie Willensthätigkeit hemmenden Lage! Ich
wurde dadurch nur in meiner Anschauung bestärkt, daß mit der
politischen, immerhin unmöglichen, Freiheit auch selbst die individuelle
eine Chimäre ist, denn sind wir, was so selten ist, nicht durch
Standes-, Berufs- oder gesellige Rücksichten und Pflichten gebunden,
gedrückt, so werden wir nur zu oft die Sklaven unserer eigenen
Leidenschaften. Eine wahre Abneigung empfand ich aber immer
gegen die „geheimen" Gesellschaften. Sind ihre Zwecke gut, edel,
menschenfreundlich, christlich, weßhalb scheuen sie allein in unserer,
verborgenem Treiben so unholden Zeit die Oeffentlichkeit, weßhalb
hüllen sich diese Klubs, Logen, Zusammenkünfte, oder wie sie immer
heißen mögen, in ein geheimnißvolles Dunkel, warum wollen sie
einen Staat im Staate bilden, und maßen sich an, dem religiösen,
politischen wie sozialen Leben eine andere Richtung geben zu
wollen?

Auch eine andere Versuchung suchte ich mir fern zu halten,
und nie, selbst im Scherze, habe ich mir erlaubt, den Schleier der
Zukunft lüften, irgend eine Frage an das Geschick stellen zu wollen.
Menschen, welche sich verächtlich vom Wunderglauben abwenden,
durch gültige Zeugnisse bestätigte Thatsachen läugnen, mit göttlicher
Gnade sichtbar bewirkte Heilungen mitleidig belächeln, legen den
Wahrsagungen der ersten besten Zigeunerin oder Kartenschlägerin,
dem Zauber- oder Herenspuk, dem Tischklopfen u. dgl. m. die
größte Bedeutung bei. Dennoch sind viele solcher Erscheinungen
des thierischen Magnetismus, des Hellsehens, der Ertase u. dgl. m.
nicht zu erklären, und das Wunderbare, die Geisterwelt, mischt
sich da oft in gar seltsamer Weise mit unseren alltäglichen Begriffen. Es sind wohl Ausflüsse von uns nur geahnter Natur-

kräfte, deren Zusammenhang mit ihren Wirkungen uns nicht klar ist. Sie sind ebenso wenig zu verwerfen, als in einer unser Wissen befriedigenden Art zu deuten; der Wunsch, näher darin einzudringen, führt auf Irrwege und in jenes dunkle Reich des Aberglaubens, vor dem uns nur ein strenges Festhalten an den heiligen Schriften und deren Auslegung durch die Kirche bewahren kann.

Nicht minder verhaßt als diese frevelhaften Herausforderungen waren mir Uebermuth im Glück, Vermessenheit, stolzes Ueberheben bei errungenen Vortheilen, und immer wandte ich mich mit innerlichem Unbehagen von solchen Aeußerungen des Trotzes oder auch des Verwünschens und Fluchens in widerwärtigen Lagen ab.

In meinem Leben selbst habe ich mehr frohe und glückliche, als trübe, unheilvolle Tage gezählt, und wenn ich der göttlichen Vorsehung für so viele unverdiente Gnaden immer dankbar war, so fühle ich mich nicht minder gegen sie für das erlittene Ungemach verpflichtet, wenn mich die zum Theile selbst auf mich herabgerufenen Uebel zur wahren Erkenntniß meiner Fehler, zur nachhaltigen Reue über Verirrungen brachten, die ich als Mißbrauch der mir verliehenen Gaben beklage; wenn sie mich endlich lehrten, Nächstenliebe und Nachsicht gegen die Schwächen Anderer zu üben. Ein französischer Schriftsteller vergleicht das menschliche Herz, wenn es zum erstenmale vom Unglücke heimgesucht wird, einem Pferde, das ausschlägt und sich bäumt;*) ich wollte, es gliche

---

*) Le prémier jour, qu'un jeune et ardent cheval sent l'éperon, il se cabre, il rue; il bondit pour se débarrasser avec force de cette aiguille qui le pique au flanc; mais que le cavalier tienne bon; et que pendant un mois il prouve au noble coursier son impuissance contre une force supérieure, le cheval fléchit, se soumet, et le flanc endolori s'habitue à souffrir, ou ne resiste plus. Le coeur de l'homme est comme le dit coursier; fort rétif à la douleur d'abord,

eher dem Lamm, das in Demuth das Mißgeschick über sich ergehen
läßt und die Spornen, statt zum Widerstande aufzustacheln, als
das Eisen betrachtet, welches, unsere Wunden auch schmerzlich
berührend, dennoch innerlich läutert und heilt.

———

Im Alter vorgerückte Menschen klagen gewöhnlich über die
Gegenwart, weil sie nicht mehr mit den meist erfreulicheren An-
klängen der Erinnerung übereinstimmt. Man muß jedoch die
Dinge eben immer nehmen wie sie sind; jede Epoche, somit auch
die unsere, hat neben manch' entschieden Gutem auch gar schlimme
Zeichen; eine wahre Lebensphilosophie wird jenem Gerechtigkeit
widerfahren lassen, ohne sich übermäßig der letzteren wegen zu
ärgern, wird sich der Vorzüge der Zeit erfreuen und ihre Irrthümer, so viel in ihren Kräften steht, zu bekämpfen suchen.
Gegen das soziale Treiben des vorigen Jahrhunderts ist jetzt
ein gewisser Ernst nicht zu verkennen, und haben sich bei erhöhter
Arbeitskraft, bei größerem Gewerbfleiße und dem Sinn für nütz-
liche Erfindungen auch der Wohlstand und mit ihm Genußsucht,
Gelddurst gesteigert, so sind mit denselben doch auch mildere Sitten,
humanere Ansichten eingekehrt, und Tortur, Hexenprozesse, Leib-
eigenschaft und andere, die Menschheit unnöthig quälende Uebel
wohl auf immer verschwunden. Aber eben bei diesem zunehmenden
materiellen Wohlsein liegt die Gefahr sehr nahe, nicht nur die
Segnungen des Himmels zu mißbrauchen, es tritt auch die Versuchung an uns heran, die Zustände noch mehr verbessern zu

———

la première fois qu'elle l'éperonne, il se cabre, il veut désarçonner
le malheur qui l'a enfourché, il s'agite rudement et avec tous le cris
possibles, mais que le malheur tienne bon; le coeur s'y soumet, l'accepte
et avec ce cavalier incommode il reprend ses allures de chaque jour.

wollen; daher die allgemein verbreitete, durch keine dringende Noth gerechtfertigte Unzufriedenheit, dieses Unbehagen, diese unbestimmte Sehnsucht nach Veränderungen in jeder Richtung — es ist die Fabel von dem Hunde, der das Fleisch fallen läßt, um nach dem Spiegelbilde desselben im Wasser zu haschen! — Weil man in naturhistorischen, technischen, mathematischen und anderen Wissenschaften so viele und überraschende „Fortschritte" gemacht, will man sie auch auf andere Gebiete übertragen. Es ist die immer wieder von Zeit zu Zeit auftauchende Grund- und Erbsünde der Menschheit, — der Stolz — welcher sie verblendet. Der Stolz lehnt sich in Religionssachen gegen die kirchliche Autorität auf, häuft Systeme auf Systeme, wie einst die Titanen Felsen, um den Himmel zu erstürmen, erreicht ihn aber immer nicht; der Stolz verleitet zu politischen Irrlehren, will Staaten reformiren, während er sie nur zu Grunde richtet, und ebenso macht sich der Stolz, die Selbstüberhebung im alltäglichen Leben immer breiter; selbst bei den wahren Fortschritten in der Wissenschaft, auf die sich der gelehrte Dünkel so viel zu gut thut, welche Zweifel, welche Lücken bei jeder Frage! Wie hemmend treten uns da immer wieder die ganz kleinen Worte: warum? wie? womit? wozu? u. dgl. entgegen. Beschämt müssen wir uns nur an die Wirkungen halten, ohne die Ursachen, die geheimen Kräfte entdecken zu können; zu wie zahllosen Hypothesen nimmt man da nicht die Zuflucht, die mit Lärm als unfehlbar verkündet, morgen vielleicht schon anscheinend wichtigeren, wohl aber auch ebenso unhaltbaren Ansichten weichen. Ueberall läßt sich das „eritis sicut Deus" mit seinem unheilbringenden Fluche nachweisen.

Deßhalb erscheint auch als eines der beklagenswerthesten Uebel unserer Zeit, daß man immer mehr, mit der Vergangenheit brechend, sich der Zukunft zuwendet; man verachtet die Tradition, die Erfahrung, und hält sich an die Luftgebilde eines aus eigener Weisheit zu konstruirenden künftigen Weltzustandes. Wir träumen von einer Religion der Zukunft, von einer Alles beglückenden Staatseinrichtung der Zukunft, selbst eine Musik der Zukunft läßt man uns jetzt schon hören, worüber uns freilich noch kein Urtheil zusteht, weil sie nicht für die Gegenwart componirt ist. Aus diesem überhandnehmenden Gefühle der Mündigkeit, des sich Lossagens von den Ueberlieferungen früherer Epochen entstehen nun, erklären sich gar manche Uebelstände der Jetztzeit, und jeder Art von Prophezeiung, besonders aber des Unglücks, abhold, wünsche ich doch, daß, ehe es zu spät, man in eine Bahn ein=lenke, welche mit den inhaltreichen Lehren der Geschichte mehr im Einklang stünde — aber Warnungsstimmen werden nur selten beachtet! Mit jener Selbstüberschätzung ist denn auch der Egois=mus der Zeit, ist eine gewisse Rohheit der Sitten nahe verwandt, und spricht man von Mangel an Bildung im Mittelalter, so war damit doch eine gewisse Energie, Willenskraft und Opferwilligkeit verbunden, von der wir keine Ahnung haben. Mit der bequemen, aber durchaus unmalerischen Männertracht verbinden wir nun auch die gewaltigen Bärte, welche nicht dazu passen, und die modernen „Kneipereien" geben bei dem Umfange, den sie ge=nommen, den älteren, nicht so allgemein betriebenen Trinkgelagen wohl nichts nach.

Je mehr man aber in Jahren fortschreitet, um so mächtiger drängt sich die Ueberzeugung auf, wie bei der kurzen Spanne Zeit, welche dem Menschen auf diesem vorübergehenden Schauplatze seiner Thaten zugemessen ist, Alles so nichtig erscheint, wie dieß rastlose Treiben, dieser fortwährende Kampf des Einzelnen und der Erd=bewohner unter sich, wie diese Ausbrüche der Leidenschaften, diese Pläne und weit aussehenden Kombinationen, als gelte es, ewig zu leben, sich hier für immer heimisch einzurichten, nur um so mehr das Gepräge des Uebergangs zu einer höheren Bestimmung an sich tragen, daß mit unserem Leben noch nicht Alles abge=schlossen ist. Was wäre ohne diese Wahrheit das Wirken der

Könige, die über unermeßliche Reiche geherrscht, der Feldherren, die blutige Lorbeeren geerntet, der Staatsmänner, die sich mit Verträgen geplagt, das Streben und die Arbeit aller Stände und Klassen? Deßhalb ergeht eben bei dem eitlen Welttreiben die erste, dringendste Aufforderung an uns: unser besseres Ich zu retten; über den täglichen Sorgen steht das Seelenheil, und immer sollten wir uns an die von Christus an die beiden Schwestern gerichteten Worte erinnern: Wohl dem, der mit Maria den „besseren Theil" erwählt!